2021
中国城市轨道交通工程建设发展报告

● 赵一新 主编

中国建筑工业出版社

图书在版编目（CIP）数据

2021中国城市轨道交通工程建设发展报告/赵一新主编.—北京：中国建筑工业出版社，2021.11
ISBN 978-7-112-26813-9

Ⅰ.①2… Ⅱ.①赵… Ⅲ.①城市铁路—轨道交通—交通运输管理—研究报告—中国—2021 Ⅳ.①U239.5

中国版本图书馆CIP数据核字（2021）第232955号

责任编辑：焦 扬
责任校对：王 烨

2021中国城市轨道交通工程建设发展报告
赵一新 主编
*
中国建筑工业出版社出版、发行（北京海淀三里河路9号）
各地新华书店、建筑书店经销
北京雅盈中佳图文设计公司制版
河北鹏润印刷有限公司印刷
*
开本：787毫米×1092毫米 1/16 印张：17 字数：332千字
2021年12月第一版 2021年12月第一次印刷
定价：148.00元
ISBN 978-7-112-26813-9
（38649）

版权所有 翻印必究
如有印装质量问题，可寄本社图书出版中心退换
（邮政编码 100037）

参编人员名单

主编（课题组长）： 赵一新

编委会委员（按章节顺序）：

一、综述篇

    数据来源：中国城市轨道交通 2020 年度统计和分析报告

    负责单位：中国城市轨道交通协会

二、标准篇

    （一）参编人员：陈燕申、贺　旭、叶　敏

        参编单位：中国城市规划设计研究院

    （二）参编人员：周　勇、周明亮、徐吉庆

        参编单位：中铁二院工程集团有限责任公司

三、勘测篇

    参编人员：黄伏莲、张建全、刘永勤、黄溯航、余永明、邢立军、逯鹏宇、

            曹宝宁、任　干、李芳凝、刘力丹、颜　威、徐鹏宇

    参编单位：北京城建勘测设计研究院有限责任公司

四、规划篇

    参编人员：谢昭瑞、卞长志

    参编单位：中国城市规划设计研究院

五、设计篇

　　参编人员：张　森、熊晓峰、朱云冲、宋嘉雯、刘延晨、孙元广、湛维昭

　　参编单位：广州地铁设计研究院股份有限公司

六、施工篇

　　参编人员：张　川、刘朝明、段剑鸣

　　参编单位：上海申通地铁集团有限公司

七、竣工验收篇

　　参编人员：万丽君、林旭红、马素芳

　　参编单位：广州轨道交通建设监理有限公司

八、新技术篇

　　（一）参编人员：梁粤华、赵云云、张欣欣、项　宝、郑　聪、陈炫江、何冠鸿
　　　　　　　　　　张晓光、曾晓婷、卢小莉、苏　拓、翟利华、雷振宇

　　　　　参编单位：广州地铁设计研究院股份有限公司

　　（二）参编人员：张中杰、程　樱、金建飞、秦晓光

　　　　　参编单位：上海市城市建设设计研究总院（集团）有限公司

　　（三）参编人员：冯文丹、吴　韬、孟宝全、赵　铭、赵晓波

　　　　　参编单位：重庆市轨道交通（集团）有限公司

　　　　　　　　　　重庆市轨道交通设计研究院有限责任公司

九、上盖物业开发篇

　　参编人员：石晓伟、贾海云、綦　超

　　参编单位：深圳市地铁集团有限公司

十、质量安全篇

　　指导单位：住房和城乡建设部科学技术委员会城市轨道交通建设专业委员会

　　参编人员：刘永勤、刘　丹、韩学诠、王　波、杨　萌、陆　磊、杨永豪、刘明辉
　　　　　　　张云玲、贾思毅、王雪艳、卜　煜

　　参编单位：北京城建勘测设计研究院有限责任公司

　　　　　　　无锡地铁集团有限公司

　　　　　　　中铁十七局集团有限公司

　　　　　　　北京交通大学

前言

经过"十三五"期间的蓬勃发展，我国以稳健的步伐迈向城轨强国。当前我国城市轨道交通逐渐向智慧化、绿色化的方向发展，在建设管理、运营维护、技术研究等方面开始了一系列创新性的尝试。为了适应时代发展需要，针对中国城市轨道交通工程建设领域的实际情况，中国城市轨道交通协会工程建设专业委员会组织相关单位开展深度调研，通过了解各地轨道交通工程项目推进情况，从轨道交通工程项目的主要建设阶段进行全面的研究；以工程建设不同阶段存在的主要问题作为突破口，深度分析原因并给出意见和建议，并经过业内专家汇总提炼，形成本报告。

《2021中国城市轨道交通工程建设发展报告》由中国城市轨道交通协会工程建设专业委员会组织编制，报告涵盖城轨工程建设领域综述篇，5个工程阶段专题包括勘测、规划、设计、施工和竣工验收篇，4个特别专题包括标准篇、新技术篇、上盖物业开发篇和质量安全篇。本报告将持续记录和关注我国城市轨道交通工程建设领域的发展情况，为我国城市轨道交通工程建设的发展贡献力量。

目录

前言

1 综述篇 /010
1.1 概述 /010
1.2 建设情况 /011
1.3 规划情况 /017

2 标准篇 /026
2.1 城市轨道交通工程建设国家、行业标准 /026
2.2 城市轨道交通产品国家标准、行业标准 /028
2.3 城市轨道交通协会工程建设团体标准 /031
2.4 《城市轨道交通工程项目规范》/031
2.5 标准国际化 /032
2.6 市域快轨标准 /033

3 勘测篇 /036
3.1 综述 /036
3.2 统计数据 /036
3.3 政策剖析 /040
3.4 发展与趋势 /043
3.5 问题及建议 /044

4 规划篇 /046

4.1 概述 /046

4.2 规划统计数据 /047

4.3 年度批复建设规划 /049

4.4 发展与趋势 /055

5 设计篇 /058

5.1 概述 /058

5.2 规范及标准 /058

5.3 发展与趋势 /059

5.4 问题和建议 /108

6 施工篇 /110

6.1 概述 /110

6.2 主要施工工法及应用 /110

6.3 施工四新技术应用 /121

6.4 施工数字化、信息化、智能化技术应用 /129

6.5 工程风险防范措施与案例 /136

6.6 工程文明施工措施与案例 /144

6.7 绿色建筑施工措施与案例 /147

6.8 总结与建议 /155

7 竣工验收篇 /158

7.1 概述 /158

7.2 执行的国家政策、标准与规范 /158

7.3 验收条件 /159

7.4 2020年我国主要城市的城市轨道交通项目竣工验收情况 /159

7.5 验收管理建设案例分享（广州）/165

7.6 竣工验收面临的问题及建议 /169

7.7 发展与趋势 /170

8 新技术篇 /172

8.1 概述 /172

8.2 2020年城市轨道交通行业大事记及科研创新需求 /173

8.3 智慧地铁 /176

8.4 新型建造技术 /183

8.5 信息化数字化集成开发技术 /199

8.6 跨座式单轨轨道梁桥系统研究 /203

8.7 综合开发技术 /206

8.8 综合节能及减振降噪技术 /211

8.9 总结与讨论 /220

9 上盖物业开发篇 /224

9.1　概述 /224

9.2　政策与标准 /228

9.3　"轨道 + 物业"开发模式的典型项目 /232

9.4　上盖综合开发设计指标要求和标准 /237

10 质量安全篇 /238

10.1　概述 /238

10.2　《城市轨道交通工程建设安全生产标准化管理技术指南》解读 /238

10.3　《城市轨道交通工程地质风险控制技术指南》解读 /249

10.4　《城市轨道交通工程质量安全监管信息平台共享交换数据标准》解读 /260

10.5　2020 年度城市轨道交通工程生产安全事故统计与案例 /263

1 综述篇[①]

1.1 概述

截至 2020 年底,中国[②]共有 45 个城市开通城市轨道交通(以下简称"城轨交通")运营线路 244 条,运营线路总长度 7969.7km。其中,地铁运营线路 6280.8km,占比 78.8%;其他制式城轨交通运营线路 1688.9km,占比 21.2%。当年新增运营线路长度为 1233.5km。

拥有 4 条及以上运营线路,且有换乘站 3 座及以上的城市 22 个,占已开通城轨交通运营城市总数的 49%。2020 年全年累计完成客运量 175.9 亿人次,同比下降 25.8%,总进站量为 109.5 亿人次,同比下降 26.8%,总客运周转量为 1486.4 亿人公里,同比下降 25.8%,受新冠肺炎疫情影响,一季度运营规模断崖式下降,后期逐渐恢复,与 2019 年同期相比,全年运营规模整体下降。

2020 年中心城市城轨交通客运量占公共交通客运总量的 38.7%,比上年提升 4.1 个百分点,其中上海、广州、南京、深圳、北京、成都 6 个城市的城轨交通客运量占公共交通出行比率超过 50%。

2020 年全年共完成建设投资 6286 亿元,同比增长 5.5%,在建项目的可研批复投资累计 45289.3 亿元,在建线路总长 6797.5km,在建线路规模与上年接近,年度完成建设投资创历史新高。

截至 2020 年底,共有 65 个城市的城轨交通线网规划获批(含地方政府批复的 21 个城市),其中,城轨交通线网建设规划在实施的城市共计 61 个,在实施的建设规划线路总长 7085.5km(不含已开通运营线路)。2020 年当年,共有 8 个城市的新一轮城轨交通建设规划或规划调整获国家发展改革委批复并公布,获批项目中涉及新增线路长度 587.95km,新增计划投资 4709.86 亿元。

"十三五"期间,累计新增运营线路长度为 4351.7km,年均新增运营线路

[①] 本篇数据来源为中国城市轨道交通协会《城市轨道交通 2020 年度统计和分析报告》。

[②] 由于统计渠道原因,本书对全国轨道交通线路的统计范围不包括港澳地区,全书中提到的中国、国内、全国、我国等统计范围,均未能统计港澳台地区。

长度为870.3km，年均增长率为17.1%，创历史新高，比"十二五"期间年均投入运营线路长度403.8km翻了一番还多，五年新增运营线路长度超过"十三五"前的累计总和；累计完成建设投资26278.7亿元，年均完成建设投资5255.7亿元，比"十二五"时期翻了一番还多；累计共有35个城市的新一轮城轨交通建设规划或规划调整获国家发展改革委批复并公布，获批项目中涉及新增规划线路长度总计4001.74km，新增计划投资合计约29781.91亿元。运营、建设、规划线路规模和投资跨越式增长，城轨交通保持快速发展趋势。

1.2 建设情况

1.2.1 在建规模持续增长

截至2020年底，中国有57个城市（个别由地方政府批复的项目未纳入统计）在建线路总规模为6797.5km（含个别2020年当年仍有建设进展和投资发生的已运营项目和2020年当年新投运的项目），在建线路297条（段），共有31个城市的在建线路为3条及以上，如再合并已运营线路，共有34个城市的在建和运营线路超过3条。

23个城市的在建线路长度超过100km。其中，成都市建设规模超过400km；北京、青岛、天津、深圳、杭州、广州6市的建设规模超过300km；郑州、西安、合肥、武汉、南京5市的建设规模超200km；建设规模在150~200km之间的有沈阳、苏州、长沙、上海、厦门5个城市，建设规模在100~150km之间的有福州、佛山、宁波、温州、贵阳、重庆6个城市。

在6797.5km的在建线路中，地下线5481.9km，占比80.6%，地面线469.2km，占比6.9%，高架线846.4km，占比12.5%。

各城市城轨交通在建线路规模情况见表1-1和图1-1。

2020年各城市城轨交通在建线路规模统计汇总表　　　　表1-1

序号	城市	线路长度（km）	各系统制式线路长度（km）					各敷设方式线路长度（km）			车站（座）	
			地铁	轻轨	跨座式单轨	市域快轨	有轨电车	地下线	地面线	高架线	车站	其中：换乘站
1	北京	397.8	364.7	—	—	—	33.1	321.8	41.0	35.0	237	102
2	上海	150.4	128.2	—	—	22.2	—	144.0	—	6.4	98	39
3	天津	321.7	321.7	—	—	—	—	285.0	4.3	32.4	238	93
4	重庆	100.0	72.0	—	—	28.0	—	61.1	3.1	35.8	54	14

续表

序号	城市	线路长度（km）	各系统制式线路长度（km）					各敷设方式线路长度（km）			车站（座）	
			地铁	轻轨	跨座式单轨	市域快轨	有轨电车	地下线	地面线	高架线	车站	其中：换乘站
5	广州	306.1	291.7	—	—	—	14.4	291.7	13.0	1.4	166	5
6	深圳	316.2	316.2	—	—	—	—	285.7	2.1	28.4	196	89
7	武汉	211.4	118.5	—	—	92.9	—	165.1	2.9	43.4	95	52
8	南京	205.9	160.2	—	—	45.7	—	178.4	2.0	25.5	132	58
9	沈阳	196.6	196.6	—	—	—	—	171.8	0.5	24.3	62	27
10	长春	97.3	91.9	5.4	—	—	—	92.8	—	4.5	77	29
11	大连	79.2	36.2	—	—	43.0	—	36.4	18.2	24.6	36	9
12	成都	459.1	391.4	—	—	38.7	29.0	372.3	33.4	53.4	279	96
13	西安	264.2	264.2	—	—	—	—	223.8	1.2	39.2	178	59
14	哈尔滨	60.9	60.9	—	—	—	—	60.9	—	—	49	16
15	苏州	186.6	186.6	—	—	—	—	186.0	0.6	—	146	49
16	郑州	296.9	265.6	—	—	31.3	—	288.9	0.4	7.6	199	90
17	昆明	99.0	99.0	—	—	—	—	97.9	—	1.1	73	31
18	杭州	312.3	288.8	—	—	23.5	—	300.2	—	12.1	197	66
19	佛山	124.9	101.8	—	—	—	23.1	86.5	14.2	24.2	80	31
20	长沙	164.4	164.4	—	—	—	—	160.2	0.2	4.0	118	36
21	宁波	124.7	103.1	—	—	21.6	—	87.2	—	37.5	83	25
22	无锡	88.6	88.6	—	—	—	—	68.7	0.2	19.7	51	8
23	南昌	99.9	99.9	—	—	—	—	62.3	0.2	37.4	70	16
24	兰州	9.1	9.1	—	—	—	—	9.1	—	—	20	—
25	青岛	339.1	150.4	—	—	188.7	—	234.3	2.7	102.1	174	57
26	福州	149.9	149.9	—	—	—	—	126.9	—	23.0	74	29
27	东莞	58.0	58.0	—	—	—	—	35.4	2.3	20.3	21	5
28	南宁	51.3	51.3	—	—	—	—	51.3	—	—	41	11
29	合肥	224.4	224.4	—	—	—	—	212.8	0.3	11.3	170	53
30	石家庄	79.5	79.5	—	—	—	—	79.5	—	—	—	—
31	济南	58.0	58.0	—	—	—	—	56.4	—	1.6	24	9
32	太原	52.2	52.2	—	—	—	—	52.2	—	—	47	14
33	贵阳	114.0	114.0	—	—	—	—	101.8	—	12.2	74	19

续表

序号	城市	线路长度(km)	各系统制式线路长度（km）					各敷设方式线路长度(km)			车站（座）	
			地铁	轻轨	跨座式单轨	市域快轨	有轨电车	地下线	地面线	高架线	车站	其中：换乘站
34	乌鲁木齐	88.7	88.7	—	—	—	—	88.7	—	—	72	20
35	厦门	150.0	150.0	—	—	—	—	120.3	2.1	27.6	88	31
36	徐州	71.7	71.7	—	—	—	—	71.7	—	—	76	27
37	常州	28.0	19.8	—	—	—	8.2	18.2	8.6	1.2	23	2
38	温州	117.1	—	—	—	117.1	—	19.6	5.9	91.6	37	4
39	呼和浩特	27.3	27.3	—	—	—	—	27.3	—	—	24	1
40	洛阳	40.8	40.8	—	—	—	—	40.8	—	—	33	6
41	南通	60.0	60.0	—	—	—	—	60.0	—	—	45	12
42	绍兴	44.9	44.9	—	—	—	—	44.9	—	—	33	5
43	芜湖	46.8	—	—	46.8	—	—	1.4	—	45.4	36	2
44	三亚	8.4	—	—	—	—	8.4	—	8.4	—	15	—
45	南平	26.2	—	—	—	—	26.2	—	26.2	—	9	—
46	红河州	32.1	—	—	—	—	32.1	—	29.4	2.7	34	3
47	文山	21.1	—	—	—	—	21.1	—	21.1	—	19	1
48	德宏州	20.5	—	—	—	—	20.5	—	20.5	—	5	—
49	台州	32.4	—	—	—	—	32.4	—	32.4	—	32	1
50	德令哈	15.0	—	—	—	—	15.0	—	15.0	—	20	—
51	天水	21.6	—	—	—	—	21.6	—	18.0	3.6	19	—
52	安顺	26.9	—	—	—	—	26.9	—	25.3	1.6	31	1
53	黔南州	22.0	—	—	—	—	22.0	—	22.0	—	18	—
54	保山	21.0	—	—	—	—	21.0	0.6	16.1	4.3	23	4
55	张掖	15.6	—	—	—	—	15.6	—	15.6	—	6	—
56	泸州	44.2	—	—	—	—	44.2	—	44.2	—	21	—
57	嘉兴	15.6	—	—	—	—	15.6	—	15.6	—	20	—
	总计	6797.5	5662.2	5.4	46.8	652.7	430.4	5481.9	469.2	846.4	4298	1357

注：1. 表中1~43项中的地铁、轻轨、跨座式单轨、市域快轨项目为国家发展改革委审批项目，1~43项中的有轨电车、磁浮交通线路和43项以后的项目均为地方政府审批项目。经国家发展改革委审批的在建项目规模总计6367.1km，占比93.7%，由地方政府审批的在建项目规模总计430.4km，占比6.3%。
2. 含部分2020年仍有建设进展和投资发生的当年新投运项目和既有运营项目。
3. 景区内旅游观光线、工业园区内仅供员工使用的通勤线路、科研试验线等不承担城市公共交通职能的线路不计入。
4. 所有建设规划项目均在2020年前已完成的城市如淮安、珠海等不再列入，2020年当年工程暂停无进展的项目不计入。
5. 红河州建设项目在蒙自和弥勒两市，德宏州建设项目在瑞丽市。
6. 2020年无磁浮交通、自导向轨道系统、悬挂式单轨、导轨式胶轮系统、电子导向胶轮系统5种制式在建。

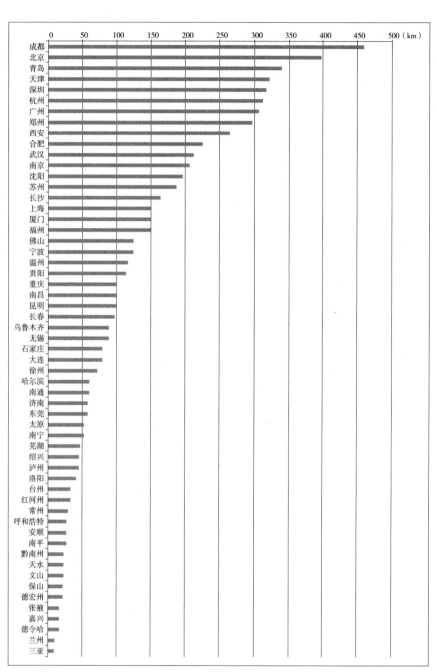

图1-1 2020年各城市城轨交通在建线路规模

1.2.2　5种制式在建，地铁占比下降，市域快轨占比增加

在6797.5km的在建线路中，地铁5662.2km，占比83.30%，同比下降2.8个百分点；轻轨5.4km，占比0.08%；跨座式单轨46.8km，占比0.69%；市域

快轨 652.7km，占比 9.60%，同比增加 2.5 个百分点；有轨电车 430.4km，占比 6.33%，同比增加 0.4 个百分点；2020 年当年无磁浮交通、自导向轨道系统、悬挂式单轨、导轨式胶轮系统、电子导向胶轮系统在建。2020 年在建线路整体制式结构情况见图 1-2。

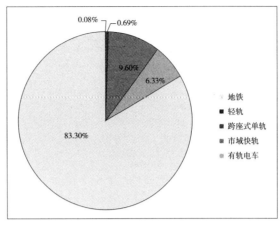

图 1-2　2020 年城轨交通在建线路制式结构

据不完全统计，全国在建线路车站共计 4298 座（按线路累计计算），其中换乘站 1357 座（按线路累计计算），换乘站占比为 31.6%，同比增加 1.1 个百分点。

1.2.3　全年完成建设投资达 6286 亿元，再创历史新高

据不完全统计（不含部分地方政府批复的项目和个别数据填报不完整的项目的资金情况），截至 2020 年底，中国在建线路可研批复投资累计 45289.3 亿元，初设批复投资累计 39365.5 亿元。一季度，因受新冠肺炎疫情的影响，城轨交通建设进度有所放缓，部分在建项目出现暂时停工状态；二季度，在抓好疫情防控的同时，快速推进复工复产，城轨交通行业上下游产业链也逐步正常化。从全年整体来看，各地克服新冠疫情的不利影响，建设项目稳步推进，基本按照原定计划完成了当年的建设任务。

2020 年当年共完成建设投资 6286 亿元，同比增长 5.5%，再创历史新高，其中车辆购置完成投资（不完全统计）426.9 亿元，占年度完成建设投资总额的 6.8%。2020 年当年完成建设投资约占可研批复总投资的 13.9%。

共有 11 个城市全年完成建设投资超过 200 亿元，共完成建设投资合计 3587 亿元，占全国完成建设投资总额的 57.1%。其中，杭州市全年完成建设投资超 650 亿元，成都市全年完成建设投资近 490 亿元，杭州、成都 2 市合计共完成建设投资约 1140 亿元，约占全国完成建设投资总额的 18.1%，深圳市全年完成建设投资超过 300 亿元，北京、西安、郑州、武汉、广州、天津、青岛、南京 8 市全年完成建设投资均超过 200 亿元。另有苏州、上海、长沙、昆明、合肥、福州、贵阳、厦门、宁波 9 市全年完成建设投资均超过 100 亿元。各地全年完成建设投资情况见图 1-3。

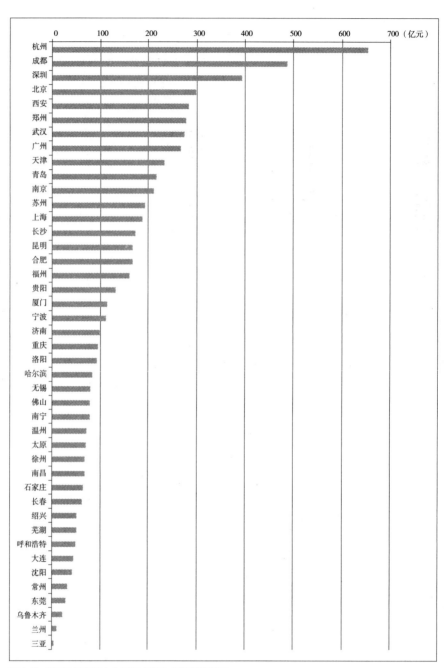

图 1-3 2020 年各城市全年完成城轨交通建设投资

1.2.4 "十三五"期间累计完成建设投资超 26000 亿

"十三五"期间,全国累计完成建设投资 26278.7 亿元,相比"十二五"期间所完成的建设投资总额 12289 亿元翻了一番还多。年均完成建设投资 5255.7 亿元。2016—2020 年历年在建线路规模和年度完成建设投资情况见图 1-4。

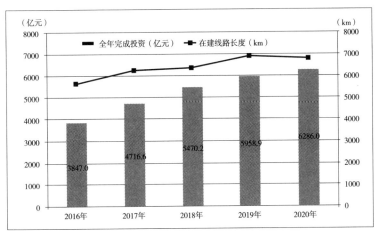

图 1-4 2016—2020 年历年在建线路规模及完成建设投资情况

"十三五"时期是我国城轨交通建设快速推进的时期,五年间,累计超过 60 座城市有城轨交通项目在建或建成投运。城轨交通的蓬勃发展带来了巨大的社会效益,投融资方式也逐渐多元化,有政府投资、专项债发行、社会资本参与等多种形式。预计进入"十四五"后,我国城轨交通的建设规模和投资还将维持较高的水平,多种资本的参与也将为城轨交通的持续快速发展带来新的助力。

1.3 规划情况

1.3.1 在实施的获批建设规划超 7000km,多地进入网络化阶段

截至 2020 年底,据不完全统计,共有 67 个城市的城轨交通线网规划获批(含地方政府批复的 23 个城市),扣除已获批建设规划线路全部完成建设并投运的呼和浩特、淮安、珠海、三亚、株洲、宜宾 6 市,2020 年仍有城轨交通线网建设规划在实施的城市共计 61 个,建设规划获批城市汇总表见表 1-2。在实施的建设规划线路总长达 7085.5km(不含已开通运营线路),各城市的城轨交通规划线路情况具体见表 1-3 和图 1-5。

扣除已运营线路后,35 个城市有 3 条及以上的线路建设规划在实施;27 个城市建设规划在实施的规模超 100km,其中,上海、广州、北京、重庆、南京 5 个城市在实施的建设规划规模均超 300km;成都、天津、深圳、武汉、济南、西安、杭州、合肥 8 市在实施的建设规划规模均超 200km。另有郑州、苏州、青岛等 14 个城市在实施的建设规划规模均超 100km。

据不完全统计,规划车站总计 4439 座(按线路累计计算),其中换乘站 1211 座(按线路累计计算),换乘站占比约为 27.3%。

城轨交通建设规划批复城市汇总表　　　　表1-2

(一) 国家发展改革委批复 (44个)

序号	省份	地/市	备注	序号	省份	地/市	备注
1	北京	北京	—	24	福建	福州	—
2	天津	天津	—	25		厦门	—
3	河北	石家庄	—	26	江西	南昌	—
4	山西	太原	—	27	山东	济南	—
5	内蒙古	呼和浩特	已建成投运	28		青岛	—
6		包头	—	29	河南	郑州	—
7	辽宁	沈阳	—	30		洛阳	—
8		大连	—	31	湖北	武汉	—
9	吉林	长春	—	32	湖南	长沙	—
10	黑龙江	哈尔滨	—	33	广东	广州	—
11	上海	上海	—	34		深圳	—
12	江苏	南京	—	35		佛山	—
13		无锡	—	36		东莞	—
14		徐州	—	37	广西	南宁	—
15		常州	—	38	重庆	重庆	—
16		苏州	—	39	四川	成都	—
17		南通	—	40	贵州	贵阳	—
18	浙江	杭州	—	41	云南	昆明	—
19		宁波	—	42	陕西	西安	—
20		温州	—	43	甘肃	兰州	—
21		绍兴	—	44	新疆	乌鲁木齐	—
22	安徽	合肥	—				
23		芜湖	—				

(二) 地方政府批复 (23个)

序号	省份	地/市	备注	序号	省份	地/市	备注
1	江苏	淮安	已建成投运	12	贵州	安顺	—
2	浙江	嘉兴	—	13		毕节	—
3		台州	—	14		黔南州	—
4	福建	泉州	—	15	云南	保山	—
5		南平	—	16		丽江	—
6	湖北	黄石	—	17		红河州	蒙自、弥勒两市均有规划
7	湖南	株洲	已建成投运	18		文山	—
8	广东	珠海	已建成投运	19		德宏州	瑞丽市
9	海南	三亚	已建成投运	20	陕西	渭南	—
10	四川	泸州	—	21	甘肃	天水	—
11		宜宾	已建成投运	22		张掖	—
				23	青海	德令哈	—

注：表中城市排序按照行政区划排列。

2020年各城市城轨交通规划线路规模统计汇总表 表1-3

序号	城市	线路长度（km）	各系统制式线路长度（km）					车站数（座）	
			地铁	轻轨	跨座式单轨	市域快轨	有轨电车	车站（含换乘站）	换乘站
1	北京	339.1	236.0	—	—	82.1	21.0	126	52
2	上海	380.2	249.4		—	130.8	—	208	80
3	天津	265.5	265.5	—	—	—	—	187	13
4	重庆	305.9	277.9	—	—	28.0	—	126	39
5	广州	366.4	352.0	—	—	—	14.4	193	—
6	深圳	237.9	237.9	—	—	—	—	128	65
7	武汉	234.3	117.6	—	—	116.7	—	82	33
8	南京	300.5	190.2	—	—	110.3	—	134	58
9	沈阳	140.4	140.4	—	—	—	—	62	27
10	长春	162.6	105.6	28.8	—	28.2	—	121	35
11	大连	127.8	85.0	—	—	42.8	—	64	20
12	成都	269.1	201.1	—	—	—	68.0	179	58
13	西安	214.9	214.9	—	—	—	—	147	55
14	哈尔滨	64.1	64.1	—	—	—	—	48	16
15	苏州	186.6	186.6	—	—	—	—	146	49
16	郑州	199.9	168.6	—	—	31.3	—	120	53
17	昆明	41.1	41.1	—	—	—	—	39	15
18	杭州	214.6	214.6	—	—	—	—	300	106
19	佛山	126.6	102.5	—	—	—	24.1	80	15
20	长沙	121.3	121.3	—	—	—	—	154	51
21	宁波	152.2	152.2	—	—	—	—	32	13
22	无锡	60.2	60.2	—	—	—	—	30	5
23	合肥	202.4	202.4	—	—	—	—	137	46
24	南昌	70.0	70.0	—	—	—	—	48	10
25	青岛	181.7	121.0	—	—	60.7	—	97	40
26	福州	169.5	169.5	—	—	—	—	78	29
27	南宁	45.0	45.0	—	—	—	—	36	10
28	石家庄	40.1	40.1	—	—	—	—	30	8
29	济南	231.5	196.0	—	—	—	35.5	151	51
30	太原	24.1	24.1	—	—	—	—	24	7
31	兰州	9.4	9.4	—	—	—	—	9	5
32	贵阳	140.9	80.3	—	—	60.6	—	90	24
33	乌鲁木齐	89.7	89.7	—	—	—	—	72	20
34	厦门	162.7	162.7	—	—	—	—	56	21

续表

序号	城市	线路长度（km）	各系统制式线路长度（km）					车站数（座）	
			地铁	轻轨	跨座式单轨	市域快轨	有轨电车	车站（含换乘站）	换乘站
35	徐州	96.7	96.7	—	—	—	—	76	27
36	常州	27.1	19.8	—	—	—	7.3	25	2
37	东莞	127.5	127.5	—	—	—	—	47	7
38	南通	59.6	59.6	—	—	—	—	45	10
39	温州	104.6	—	—	—	104.6	—	31	4
40	芜湖	46.9	—	—	46.9	—	—	36	2
41	包头	42.1	42.1	—	—	—	—	32	1
42	洛阳	41.3	41.3	—	—	—	—	33	6
43	绍兴	44.9	44.9	—	—	—	—	33	5
44	南平	26.2	—	—	—	—	26.2	9	—
45	泉州	53.7	—	—	—	—	53.7	56	—
46	台州	70.5	—	—	—	—	70.5	73	—
47	黄石	26.9	—	—	—	—	26.9	30	—
48	渭南	55.0	—	—	—	55.0	—	5	—
49	安顺	26.9	—	—	—	—	26.9	32	—
50	红河州	81.2	—	—	—	—	81.2	102	18
51	文山	17.2	—	—	—	—	17.2	18	—
52	德令哈	14.8	—	—	—	—	14.8	20	—
53	天水	21.6	—	—	—	—	21.6	19	—
54	毕节	28.1	—	—	—	—	28.1	18	—
55	泸州	44.2	—	—	—	—	44.2	21	—
56	黔南州	22.0	—	—	—	—	22.0	18	—
57	德宏州	35.5	—	—	—	—	35.5	39	—
58	保山	21.0	—	—	—	—	21.0	23	—
59	嘉兴	35.7	—	—	—	—	35.7	53	—
60	张掖	15.6	—	—	—	—	15.6	6	—
61	丽江	20.5	—	—	—	—	20.5	5	—
	总计	7085.5	5426.8	28.8	101.9	796.1	731.9	4439	1211

注：1. 表中1~44项中地铁、轻轨、跨座式单轨、市域快轨线路为国家发展改革委批复项目，1~44项中的有轨电车线路和44项以后的项目均为地方政府批复项目。国家发展改革委审批项目总计6298.6km，占比88.9%，地方政府审批项目总计786.9km，占比11.1%。
2. 截至统计期末，已开通运营的线路不再计入此统计表内。
3. 截至统计期末，获批情况未公示的项目不计入此统计表内。
4. 景区内旅游线路、工业园区内仅供员工使用的通勤线路、科研项目或试验线等不承担城市公共交通职能的线路不计入在内。
5. 红河州规划项目在蒙自和弥勒2市，德宏州规划项目在瑞丽市。
6. 截至2020年，无磁浮交通、自导向轨道系统、悬挂式单轨、导轨式胶轮系统、电子导向胶轮系统5种制式在建。

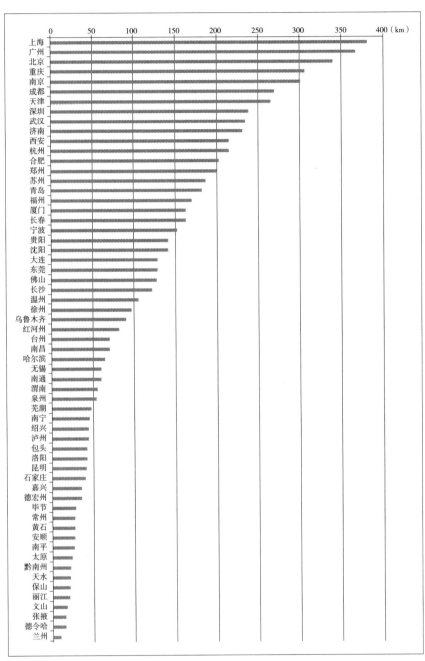

图 1-5 2020 年各城市城轨交通规划线路规模

1.3.2 地铁制式为主,多种系统制式共同发展

7085.5km 规划线路包含地铁、轻轨、跨座式单轨、市域快轨、有轨电车 5 种制式。其中,地铁 5426.8km,占比 76.58%;轻轨 28.8km,占比 0.41%;跨

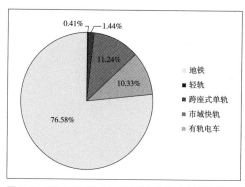

图1-6 2020年城轨交通在实施规划线路制式结构

座式单轨101.9km，占比1.44%；市域快轨796.1km，占比11.24%；有轨电车731.9km，占比10.33%；无磁浮交通、自导向轨道系统、悬挂式单轨、导轨式胶轮系统、电子导向胶轮系统线路规划。2020年度城轨交通已获批实施规划的线路制式结构见图1-6。

1.3.3 可研批复总投资稳步增长，新兴城市呈快速发力势头

截至2020年底，国家发展改革委批复的44个城市建设规划在实施的项目可研批复总投资达41614.5亿元。其中，上海、广州2市在实施的建设规划投资计划均超过3000亿元，北京市在实施的建设规划投资计划超过2000亿元，3市建设规划在实施线路可研批复投资总额达9099.1亿元，占全国建设规划在实施项目可研批复投资总额的21.9%；杭州、天津、深圳、南京、西安、成都6市在实施的建设规划投资计划均超过1500亿元，6市合计投资总额达10673.3亿元，占全国建设规划在实施项目可研批复投资总额的25.6%；苏州、郑州、重庆、长沙、合肥、武汉、青岛、福州8市建设规划在实施线路可研批复投资总额均在1000亿元以上；另有贵阳、长春、沈阳、济南、厦门、乌鲁木齐、佛山、南昌8市建设规划在实施线路可研批复投资总额超过500亿元。

1.3.4 八市新一轮建设规划或规划调整获批

2020年，新一轮城轨交通建设规划获国家发展改革委批复并已公布的有徐州、合肥、济南、宁波4市。获批建设规划分别为徐州市城市轨道交通第二期建设规划（2019—2024年）、合肥市城市轨道交通第三期建设规划（2020—2025年）、济南市城市轨道交通第二期建设规划（2020—2025年）和宁波市城市轨道交通第三期建设规划（2021—2026年）。四市新获批建设规划线路长度共计455.36km，总投资共计3364.23亿元。

另有4市城轨交通建设规划调整方案获国家发展改革委批复并公布，分别为厦门市城市轨道交通第二期建设规划调整方案（2016—2022年）、深圳市城市轨道交通第四期建设规划调整方案、福州市城市轨道交通第二期建设规划（2015—2021年）调整方案和南昌市城市轨道交通第二期建设规划调整方

案。4市获批调整方案涉及项目新增线路长度共计132.59km，新增总计划投资1345.63亿元。

2020年已公布的获国家发展改革委批复的城轨交通建设规划项目涉及新增线路长度共587.95km，新增计划投资共4709.86亿元。新增项目所涉及的城轨交通线路系统制式均为地铁。2020年当年获批城轨交通建设规划（含规划调整）情况具体见表1-4和表1-5。

2020年，城轨交通计划总投资持续保持平稳，各城市获批建设规划在实施的规模进一步扩大，部分城市启动新一轮建设规划，继一线城市后，绝大部分省会城市和部分发展较快的新兴城市的城轨交通相继成网，城轨交通网络化程度逐步提高。

2020年新获批城轨交通建设规划汇总表　　　　　　　　　　　　　　表1-4

序号	城市	批文	线路名称	起讫点	线路长度（km）		总投资（亿元）	建设期（年）	备注
					总长度	其中：地下段			
1	徐州	发改基础〔2020〕105号《关于江苏省徐州市城市轨道交通第二期建设规划（2019—2024年）的批复》	3号线二期	后蟠桃村站—下淀站（不含）南段增设麦楼站（高架站）	6.50	6.50	50.15	4	—
			4号线一期	桥上村站—驮蓝山站	25.40	25.40	173.54	5	
			5号线一期	徐矿城站—奥体中心南站	24.60	24.60	168.30	5	
			6号线一期	黄山路站—徐州东站	22.80	22.80	143.92	5	
			合计		79.30	79.30	535.90	—	
2	合肥	发改基础〔2020〕431号《关于安徽省合肥市城市轨道交通第三期建设规划（2020—2025年）的批复》	2号线东延	大众路站—泉香路站	14.50	14.50	101.07	4	6号线一期中7.8km线路拆分于4号线，新建线路27.3km
			3号线南延	方兴大道站—馆驿路站	11.25	11.25	89.68	4	
			4号线南延	丰乐河站—华南城金刚台站	12.91	6.60	70.67	4	
			6号线一期	鸡鸣路站—东风大道站	35.10	27.30	205.85	5	
			7号线一期	繁华大道松林路站—紫云路巢湖南路站	21.00	21.00	168.81	5	
			8号线一期	北城高铁站—阜阳路站	23.00	23.00	162.01	5	
			合计		109.96	103.65	798.08	—	
3	济南	发改基础〔2020〕1535号《关于山东省济南市城市轨道交通第二期建设规划（2020—2025年）的批复》	3号线二期	滩头站—遥桥机场站	12.90	12.90	61.03	4	—
			4号线一期	小高庄站—彭家庄站	40.20	40.20	311.78	8	
			6号线	位里庄站—梁王东站	39.10	39.10	317.84	7	
			7号线一期	凤凰南路站—济北站	30.00	25.20	240.22	6	
			8号线一期	邢村站—山东大学站	22.60	8.50	118.25	6	
			9号线一期	黄河南岸站—毛庄站	14.80	14.80	105.24	6	
			合计		159.60	140.70	1154.36	—	

续表

序号	城市	批文	线路名称	起讫点	线路长度（km） 总长度	线路长度（km） 其中：地下段	总投资（亿元）	建设期（年）	备注
4	宁波	发改基础〔2020〕1899号《关于宁波市城市轨道交通第三期建设规划（2021—2026年）的批复》	6号线一期	黄古路站—红联站	38.60	33.10	315.28	5	—
			7号线	云龙站—俞范路站	38.80	38.80	338.85	5	
			8号线一期	姜村站—江北大道站	22.60	22.60	199.00	5	
			1号线西延	高桥西站—石路头站	1.50	0.00	5.23	3.5	
			4号线延伸	慈城站—慈城西站	5.00	0.00	17.53	3.5	
				东钱湖站—国际会议中心站		2.50			
			合计		106.50	97.00	875.89	—	
	新一轮建设规划获批总计				455.36	420.65	3364.23	—	—

注：表中数据来自国家发展改革委公开批文信息。

2020年新获批城轨交通建设规划调整汇总表　　　　表1-5

序号	城市	批文	线路名称	起讫点	线路长度（km） 总长度	线路长度（km） 其中：地下段	总投资（亿元）	建设期（年）	备注
1	厦门	发改基础〔2020〕136号《关于调整厦门市城市轨道交通第二期建设规划（2016—2022年）的批复》	3号线二期调整	厦门火车站—厦大南门	7.35	7.35	57.69	4	终点从厦门火车站南延至厦门大学南门，增设车站4座，增加线路7.35km，增加投资57.69亿元
			合计		7.35	7.35	57.69	—	
2	深圳	发改基础〔2020〕484号《关于调整深圳市城市轨道交通第四期建设规划方案的批复》	3号线四期	双龙—坪地六联	9.35	7.42	107.85	5	—
			6号线支线二期	翠湖（原荔枝站）—光明城	4.90	4.25	37.30	4	
			7号线二期	西丽湖—学府医院	2.45	2.45	28.06	4	
			8号线三期	小梅沙—溪涌	4.26	4.26	83.18	5	
			11号线二期	福田—红岭南	5.58	5.58	66.34	4	
			12号线二期	海上田园东—松岗	8.16	8.16	90.94	5	
			13号线二期	北延：上屋—公明北	18.80	18.80	229.18	5	
				南延：深圳湾口岸—东角头	4.47	4.47	49.62	5	
			16号线二期	大运—西坑	9.53	9.53	109.95	5	
			20号线一期	会议中心—机场北	8.43	8.43	112.06	5	
			合计		75.93	73.35	914.48	—	

续表

序号	城市	批文	线路名称	起讫点	线路长度（km） 总长度	线路长度（km） 其中：地下段	总投资（亿元）	建设期（年）	备注
3	福州	发改基础〔2020〕1050号《关于调整福州市城市轨道交通第二期建设规划（2015—2021年）的批复》	2号线延伸段	鼓山站—马尾港站	16.88	16.88	126.21	4	—
			6号线东调段	万寿站—国际学校站	5.29	5.29	40.83	4	—
			合计		106.50	97.00	875.89	—	
4	南昌	发改基础〔2020〕1776号《关于调整南昌市城市轨道交通第二期建设规划方案的批复》	1号线北延	双港站北（不含）—昌北国际机场	16.62	11.86	103.41	5	—
			2号线东延	辛家庵站（不含）—南昌东站	10.52	10.52	103.01	5	—
			合计		27.14	22.38	206.42	—	
建设规划调整项总计					132.59	125.25	1345.63	—	

注：表中数据来自国家发展改革委公开批文信息。

1.3.5 "十三五"期间，多地新一轮建设规划获批

"十三五"期间，共有35个城市的新一轮城轨交通建设规划或规划调整方案获国家发展改革委批复并公布。获批项目中涉及新增规划线路长度总计4001.74km，新增计划投资总计29781.91亿元，总计划投资略高于"十二五"期间批复项目的总计划投资。"十三五"期间城轨交通建设规划获批情况见图1-7。

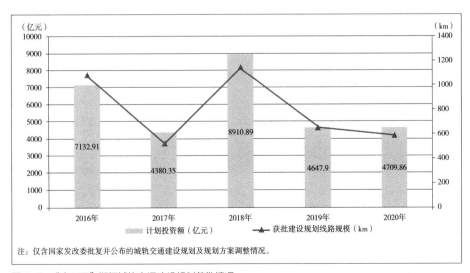

注：仅含国家发改委批复并公布的城轨交通建设规划及规划方案调整情况。

图1-7 "十三五"期间城轨交通建设规划获批情况

2 标准篇

2.1 城市轨道交通工程建设国家、行业标准

截至 2021 年 8 月 31 日,现行城市轨道交通工程建设国家标准 26 项、行业标准 30 项(表 2-1、表 2-2)。

现行城市轨道交通工程建设国家标准信息表　　　表 2-1

序号	标准名称	标准编号
1	盾构法隧道施工及验收规范	GB 50446-2017
2	跨座式单轨交通设计规范	GB 50458-2008
3	城市轨道交通技术规范	GB 50490-2009
4	跨座式单轨交通施工及验收规范	GB 50614-2010
5	城市轨道交通地下工程建设风险管理规范	GB 50652-2011
6	地铁工程施工安全评价标准	GB 50715-2011
7	城市轨道交通建设项目管理规范	GB 50722-2011
8	城市轨道交通工程安全控制技术规范	GB/T 50839-2013
9	城市轨道交通工程监测技术规范	GB 50911-2013
10	地铁设计规范	GB 50157-2013
11	城市轨道交通结构抗震设计规范	GB 50909-2014
12	城市轨道交通公共安全防范系统工程技术规范	GB 51151-2016
13	城市轨道交通客流预测规范	GB/T 51150-2016
14	城市轨道交通通信工程质量验收规范	GB 50382-2016
15	城市轨道交通无线局域网宽带工程技术规范	GB/T 51211-2016

续表

序号	标准名称	标准编号
16	城市轨道交通工程测量规范	GB/T 50308-2017
17	城市轨道交通桥梁设计规范	GB/T 51234-2017
18	轻轨交通设计标准	GB/T 51263-2017
19	城市轨道交通综合监控系统工程技术标准	GB/T 50636-2018
20	城市轨道交通信号工程施工质量验收标准	GB/T 50578-2018
21	城市轨道交通自动售检票系统工程质量验收标准	GB/T 50381-2018
22	地铁设计防火标准	GB 51298-2018
23	地下铁道工程施工标准	GB/T 51310-2018
24	地下铁道工程施工质量验收标准	GB/T 50299-2018
25	城市轨道交通给水排水系统技术标准	GB/T 51293-2018
26	城市轨道交通通风空气调节与供暖设计标准	GB/T 51357-2019

现行城市轨道交通工程建设行业标准信息表　　　表2-2

序号	标准名称	标准编号
1	城市轨道交通自动售检票系统检测技术规程	CJJ/T 162-2011
2	盾构隧道管片质量检测技术标准	CJJ/T 164-2011
3	城市轨道交通直线电机牵引系统设计规范	CJJ 167-2012
4	城市轨道交通工程档案整理标准	CJJ/T 180-2012
5	城市轨道交通站台屏蔽门系统技术规范	CJJ 183-2012
6	浮置板轨道技术规范	CJJ/T 191-2012
7	盾构可切削混凝土配筋技术规程	CJJ/T 192-2012
8	城市轨道交通接触轨供电系统技术规范	CJJ/T 198-2013
9	直线电机轨道交通施工及验收规范	CJJ 201-2013
10	城市轨道交通结构安全保护技术规范	CJJ/T 202-2013
11	盾构法开仓及气压作业技术规范	CJJ 217-2014
12	中低速磁浮交通供电技术规范	CJJ/T 256-2016
13	城市轨道交通梯形轨枕轨道工程施工质量验收规范	CJJ 266-2017
14	中低速磁浮交通运行控制技术规范	CJJ/T 255-2017
15	中低速磁浮交通设计规范	CJJ/T 262-2017
16	城市轨道交通工程远程监控系统技术标准	CJJ/T 278-2017

续表

序号	标准名称	标准编号
17	自动导向轨道交通设计标准	CJJ/T 277-2018
18	地铁限界标准	CJJ/T 96-2018
19	城市轨道交通隧道结构养护技术标准	CJJ/T 289-2018
20	城市轨道交通架空接触网技术标准	CJJ/T 288-2018
21	城市轨道交通预应力混凝土节段预制桥梁技术标准	CJJ/T 293-2019
22	地铁快线设计标准	CJJ/T 298-2019
23	城市有轨电车工程设计标准	CJJ/T 295-2019
24	跨座式单轨交通限界标准	CJJ/T 305-2020
25	地铁杂散电流腐蚀防护技术标准	CJJ/T 49-2020
26	城市轨道交通高架结构设计荷载标准	CJJ/T 301-2020
27	城市轨道交通车辆基地工程技术标准	CJJ/T 306-2020
28	中低速磁浮交通工程施工及验收规范	CJJ/T 303-2020
29	直线电机城市轨道交通限界标准	CJJ/T 309-2020
30	高速磁浮交通设计标准	CJJ/T 310-2021

2.2 城市轨道交通产品国家标准、行业标准

截至 2021 年 6 月 30 日，现行城市轨道交通产品国家标准 29 项、行业标准 34 项，其中，新发布国家标准 6 项（表 2-3、表 2-4）。2021 年 4 月，国家标准委发文《国家标准化管理委员会关于下达 2021 年第一批推荐性国家标准计划及相关标准外文版计划的通知》（国标委发〔2021〕12 号）修订《城市轨道交通安全防范系统技术要求》GB/T 26718-2011。

现行城市轨道交通产品国家标准信息表　　　　表 2-3

序号	标准名称	标准编号
1	城市公共交通标志 地下铁道标志	GB/T 5845.5-1986
2	地铁车辆通用技术条件	GB/T 7928-2003
3	城市轨道交通信号系统通用技术条件	GB/T 12758-2004
4	城市轨道交通车辆组装后的检查与试验规则	GB/T 14894-2005
5	城市轨道交通直流牵引供电系统	GB/T 10411-2005

续表

序号	标准名称	标准编号
6	城市轨道交通列车噪声限值和测量方法	GB 14892-2006
7	城市轨道交通车站站台声学要求和测量方法	GB/T 14227-2006
8	城市轨道交通自动售检票系统技术条件	GB/T 20907-2007
9	城市轨道交通接触网检测车通用技术条件	GB/T 20908-2007
10	城市轨道交通照明	GB/T 16275-2008
11	城市轨道交通客运服务标志	GB/T 18574-2008
12	城市轨道交通客运服务	GB/T 22486-2008
13	城市轨道交通内燃调车机车通用技术条件	GB/T 23430-2009
14	城市轻轨交通铰接车辆通用技术条件	GB/T 23431-2009
15	城市轨道交通安全防范系统技术要求	GB/T 26718-2011
16	城市轨道车辆客室侧门	GB/T 30489-2014
17	城市轨道交通机电设备节能要求	GB/T 35553-2017
18	城市轨道交通用电综合评定指标	GB/T 35554-2017
19	城市轨道交通能源消耗与排放指标评价方法	GB/T 37420-2019
20	城市轨道交通再生制动能量吸收逆变装置	GB/T 37423-2019
21	跨座式单轨交通单开道岔	GB/T 37531-2019
22	城市轨道交通市域快线 120km/h~160km/h 车辆通用技术条件	GB/T 37532-2019
23	城市轨道交通安全防范通信协议与接口	GB/T 38311-2019
24	城市轨道交通无砟轨道技术条件	GB/T 38695-2020
25	城市轨道交通直线电机车辆通用技术条件	GB/T 32383-2020
26	城市轨道交通永磁直驱交通车辆通用技术条件	GB/T 39426-2020
27	城市轨道交通车辆永磁直驱转向架通用技术条件	GB/T 39425-2020
28	城市轨道交通中低速磁浮车辆悬浮控制系统技术条件	GB/T 39902-2021
29	城市轨道交通六轴铰接转向架轻轨车辆通用技术条件	GB/T 40075-2021

现行城市轨道交通产品行业标准信息表　　表2-4

序号	标准名称	标准编号
1	城市公共交通主要经济技术指标综合统计报表　地铁	CJ/T 3046.4-1995
2	城市公共交通技术经济指标计算方法　地铁	CJ/T 8-1999
3	城市轨道交通站台屏蔽门	CJ/T 236-2006

续表

序号	标准名称	标准编号
4	城市轨道交通浮置板橡胶隔振器	CJ/T 285-2008
5	城市轨道交通轨道橡胶减振器	CJ/T 286-2008
6	跨座式单轨交通车辆通用技术条件	CJ/T 287-2008
7	城市轨道交通直线感应牵引电机技术条件	CJ/T 311-2009
8	城市轨道交通车辆贯通道技术条件	CJ/T 353-2010
9	城市轨道交通车辆空调、采暖及通风装置技术条件	CJ/T 354-2010
10	自导向轮胎式车辆通用技术条件	CJ/T 366-2011
11	高速磁浮交通车辆通用技术条件	CJ/T 367-2011
12	中低速磁浮交通车辆通用技术条件	CJ/T 375-2011
13	地铁与轻轨车辆转向架技术条件	CJ/T 365-2011
14	城市轨道交通直流牵引供电整流机组技术条件	CJ/T 370-2011
15	城市轨道交通设备房标识	CJ/T 387-2012
16	聚氨酯泡沫合成轨枕	CJ/T 399-2012
17	$\phi 5.5m \sim \phi 7m$ 土压平衡盾构机（软土）	CJ/T 284-2008
18	梯形轨枕技术条件	CJ/T 401-2012
19	城市轨道交通基于通信的列车自动控制系统技术要求	CJ/T 407-2012
20	中低速磁浮交通车辆电气系统技术条件	CJ/T 411-2012
21	中低速磁浮交通道岔系统设备技术条件	CJ/T 412-2012
22	中低速磁浮交通轨排通用技术条件	CJ/T 413-2012
23	城市轨道交通钢铝复合导电轨技术要求	CJ/T 414-2012
24	城市轨道交通车辆防火要求	CJ/T 416-2012
25	低地板有轨电车车辆通用技术条件	CJ/T 417-2012
26	泥水平衡盾构机	CJ/T 446-2014
27	地铁隧道防淹门	CJ/T 453-2014
28	中低速磁浮交通车辆悬浮控制系统技术条件	CJ/T 458-2014
29	城市轨道交通桥梁盆式支座	CJ/T 464-2014
30	城市轨道交通桥梁球型钢支座	CJ/T 482-2015
31	城市轨道交通车地实时视频传输系统	CJ/T 500-2016
32	城市轨道交通桥梁伸缩装置	CJ/T 497-2016
33	城市轨道交通车辆车体技术条件	CJ/T 533-2018
34	有轨电车信号系统通用技术条件	CJ/T 539-2019

2.3　城市轨道交通协会工程建设团体标准

截至2021年6月30日，中国城市轨道交通协会工程建设专业委员会在编写标准23项，已申请报批标准2项，发布标准3项，其中联合发布标准2项。

城市轨道交通协会工程建设团体标准　　　　表2-5

序号	标准名称	标准编号
1	绿色城市轨道交通车站评价标准	T/CAMET 02001-2019 T/CABEE 002-2019
2	城市轨道交通预埋槽道及套筒技术规范	T/CAMET 02002-2019
3	轨道交通车站高效空调系统技术标准	T/CAMET 02003-2020 T/CABEE 008-2020

2.4　《城市轨道交通工程项目规范》

1）现行全文强制性标准

2009年发布实施的《城市轨道交通技术规范》GB 50490-2009（后简称《技术规范》）是以功能和性能要求为基础的，具有法规地位和作用的全文强制标准，被认为是城市轨道交通系统建设运行必须严格执行的"根本法"。《技术规范》覆盖了城市轨道交通的地铁系统、轻轨系统、单轨系统、有轨电车、磁浮系统、自动导向轨道系统和市域快速轨道系统全部7种制式，是参与城市轨道交通建设和运营的各方主体必须遵守的准则，是管理者对城市轨道交通建设和运营依法履行监督和管理职能的基本技术依据，也是城市轨道交通建设标准化必须遵循的上位标准和根本依据。

《技术规范》以城市轨道交通安全为主线，统筹考虑了卫生、环境保护、资源节约和维护社会公众利益等方面的技术要求。规范共分8章，包括总则、术语、基本规定、运营、车辆、限界、土建工程和机电设备。其中，土建工程包括线路工程、轨道工程、建筑和结构工程或设施；机电设备部分包括供电，通信，信号，通风、空调和采暖，给水、排水和消防，火灾自动报警，环境与设备监控，自动售检票，自动扶梯和电梯，站台屏蔽门等机电设备系统。

2）《城市轨道交通工程项目规范》

根据中国标准化改革政策和多年的实践，2016年，住房和城乡建设部发文进行《城市轨道交通技术规范》的修订，并更名为《城市轨道交通工程项目规范》

（后简称《项目规范》）。目标是形成城市轨道交通工程建设控制性底线要求，并具有法规强制效力。

修订的《项目规范》主要规定了建设项目勘察、规划、可研（预可研）、设计、施工（制造、安装）、验收、运行（基于基础设施、设备、环境和空间）、管理、维护全过程的技术要求。

按照制定强制性国家标准的要求，形成以建设项目安全可靠、乘客卫生与健康、环境保护、资源节约、公共安全、公共利益、社会管理为核心内容的强制性规定。

《项目规范》服务于国家战略和改革，包括国家新型城镇化发展战略要求，大力发展公共交通，统筹公共汽车、轻轨、地铁等多种类型公共交通协调发展，节能和环境保护等。

《项目规范》已报送住房城乡建设部等待审批，将成为城市轨道交通行业唯一全文强制性的标准。

2.5 标准国际化

为落实工程建设标准改革的总体要求，作为标准国际化的重要内容，住房和城乡建设部于2017年、2019年制定和发布了城市轨道交通工程建设标准英文版翻译计划。至2019年12月31日，列入翻译计划的有9项标准（表2-6），其中8项中低速磁浮标准于2020年底通过标准中译英审查。

城市轨道交通工程建设标准英文版翻译项目　　　　表2-6

序号	标准名称	翻译	工程/产品
1	城市轨道交通公共安全防范系统工程技术规范 GB 51151-2016	中译英	工程
2	轻轨交通设计标准 GB/T 51263-2017	中译英	产品
3	中低速磁浮交通供电技术规范 CJJ/T 256-2016	中译英	工程
4	中低速磁浮交通运行控制技术规范 CJJ/T 255-2017	中译英	工程
5	中低速磁浮交通设计规范 CJJ/T 262-2017	中译英	工程
6	中低速磁浮交通车辆电气系统技术条件 CJ/T 411-2012	中译英	产品
7	中低速磁浮交通道岔系统设备技术条件 CJ/T 412-2012	中译英	产品
8	中低速磁浮交通轨排通用技术条件 CJ/T 413-2012	中译英	产品
9	中低速磁浮交通车辆通用技术条件 CJ/T 375-2011	中译英	产品
10	中低速磁浮交通悬浮控制系统技术条件 CJ/T 458-2014	中译英	产品

2021年1月,住房和城乡建设部发文《关于印发2021年工程建设规范标准编制及相关工作计划的通知》(建标函〔2021〕11号),立项《城市轨道交通公共安全防范系统工程技术规范》GB 51151-2016中译英,为建立中国城市轨道交通公共安全国际化建立英文基础标准。

2.6 市域快轨标准

1)市域快轨标准现状

在城市轨道交通分类中,覆盖市域范围(包括跨市域),实现公交化运营和管理的快速轨道交通系统均可以定义为市域快轨。但是,主要承担城市群或都市圈通勤的公交化服务的市域(郊)铁路和城际铁路是否纳入城市轨道交通市域快轨范围,并未在政策和标准上予以明确。随着国家关于市域(郊)铁路发展的指导意见的颁布,融合发展的要求和趋势已被提出。本报告暂将市域快轨、市域(郊)铁路和公交化运营的城际铁路均纳入市域快轨标准体系进行分析研究。

目前编制发布的除市域快轨车辆技术条件为国家标准外,还有住房城乡建设部行业标准、国家铁路局行业标准、土木协会标准、交通运输协会标准等。各地开展市域快轨工程设计时,一般还制定不同的地方标准。这些标准的及时制定和颁布,有效地指导了我国市域快轨的建设,通过项目的实践总结和运营检验,对我国标准体系的建立和完善发挥了重要作用。但是,目前标准规范分类不明、适应条件不清,标准重叠、交叉、矛盾的现象普遍存在,随着地方标准的陆续出台,还会更加凸显标准的适应性和权威性问题以及项目监管、审查及审批执行标准选择等难题(表2-7)。

国内已颁布的城际铁路、市域(郊)铁路和市域快轨的标准及规范   表2-7

序号	规范	发布单位	速度等级(km/h)	车型/牵引供电	信号系统	最小行车间隔(min)	停车线距离
1	《城际铁路设计规范》TB10623-2014	国家铁路局	120~200	CRH动车组交流	CTCS	3	20~30km
2	《市域(郊)铁路设计规范》TB10624-2020	国家铁路局	100~160	市域A、B交流/直流 市域C、D交流	CTCS/CBTC	3/2.5	≤20km
3	《市域铁路设计规范》T/CRS C0101-2017	中国铁道学会	100~160	交流市域A型、D型和CRH动车组	CTCS/CBTC	2.5	≤15km
4	《市域快轨交通技术规范》T/CAMET 01001-2019	中国城市轨道交通协会	100~160	市域A型、B型、D型和中低速磁浮、直线电机、单轨	CTCS/CBTC	2.5	15km左右

续表

序号	规范	发布单位	速度等级（km/h）	车型/牵引供电	信号系统	最小行车间隔（min）	停车线距离
5	《市域快速轨道交通规划与设计导则》RISN-TG032-2018	住房城乡建设部	100~160	SK-A、SK-B	CBTC	2.5	一般15km，困难20km
6	《上海市域铁路设计规范》T/SHJX 002-2018	上海交通运输行业协会	100~160	CRH6型动车组	CTCS-2	3	20~30km
7	《市域快速轨道交通设计规范》T/CCES 2-2017	中国土木工程协会	120~160	市域A、B交流/直流 市域D型车交流	CTCS/CBTC	2.5	15km左右
8	《城市轨道交通市域快轨车辆通用技术条件》GB/T 37532-2019	国标委员会	120~160	市域A型、B型、D型车/交流	—	—	—

2）城市轨道交通快轨与市域（郊）铁路（含城际铁路公交化）的技术标准差异

城市轨道交通快线系统与市域（郊）铁路系统（含城际铁路公交化）技术标准的差异主要体现在车辆与限界标准、行车规则、车站客运组织与票务系统、信号系统与列车控制、无线通信系统、系统设计能力、线路与站场/车站配线、有效站台长度与到发线标准、供电系统、防灾与安全疏散、网络化运营等方面（图2-1）。

引起以上技术标准差异的核心技术条件就是车辆、信息与列控系统和供电制式。

（1）车辆

市域快轨平均运距较长，客流周转量大，但高峰小时运输能力要求普遍小于市区地铁线路。从运输能力来看，城轨A/B型车（直流/交流）、市域D型车和CRH型动车组的运输能力均适应市域快轨的运营需求。但是，我国标准城际动车组在车辆牵引制动性能、超员能力、车厢布置和车门设计等方面对大运量公交化服务市域快轨的适应性较差。基于以上原因，我国主要机车车辆厂家也先后推出了自主知识产权的双制式市域动车组、市域D型车和适应公交化运营的

图2-1 轨道交通快线技术标准体系

CRH6 各型车辆，以上车型均具备铁路限界兼容条件；同时，结合市域快轨最高运行速度高和站间距大的特点，在城轨车辆的基础上，研发了交流牵引的地铁 A 型车以实现与城市轨道交通线路的限界兼容和资源共享条件。

随着市域快轨的规划建设和技术发展，市域快轨系统制式的选择更加灵活多样。但是，在市域快轨规划设计时，首先需要从国家和行业层面进行分类和标准的标准化、系列化和规范化，再从网络规划和运营的角度出发，结合线路功能定位和技术条件以经济高效的原则和方向确定车辆选型。

（2）信号与列控系统

信号制式的选择应考虑系统"安全、成熟、可靠、高效、经济、适用"，满足运输能力和公交化运营需求。根据国家、行业和团体相关标准，对市域快轨信号系统制定了相应的标准和规范。主要的信号与列控系统分为两类：采用铁路 CTCS 的列控系统和基于移动闭塞的列控系统。以 8 辆编组城际动车组为例，采用 CTCS 的列控系统的贯通式到发线有效长度规范要求不小于 400m；而采用城轨 CBTC 制式的移动闭塞列控系统可缩减至 230m 左右。另外，基于 CTCS 的列控系统最大行车能力不超过 20 对 /h，基于移动闭塞的列控系统最大行车能力可以增加至 24~30 对 /h（图 2-2、图 2-3）。

（3）供电制式

市域快轨需要从工程全系统的角度进行技术经济综合比选，确定适应不同市域快轨的供电制式。车辆供电制式的选择主要考虑三个方面的因素：首先是牵引供电系统自身的经济性和合理性；其次是牵引供电系统对土建工程投资的影响；第三是土建工程规模是否受到限界制约，还是受到运行舒适性对阻塞比要求控制。通过综合技术经济分析比选，确定采用 AC25kV、AC25kV/DC1500V 或者 DC1500V 供电制式。同时，还需要考虑网络化运营和资源共享需求。

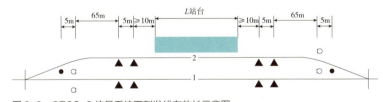

图 2-2　CTCS-2 信号系统下到发线有效长示意图

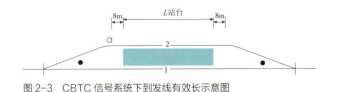

图 2-3　CBTC 信号系统下到发线有效长示意图

3 勘测篇

3.1 综述

近年来,城市轨道交通工程建设的迅猛发展已使中国步入世界城市轨道交通建设大国和强国行列,工程建设、装备制造、运营管理技术水平不断提升,地铁建设从机械化、自动化、信息化逐渐进入智慧化时代,"智慧地铁、勘测先行"是利好城市轨道勘测行业的重大机遇,使城市轨道交通建设勘测进入了大发展的时代。我国已经成为世界上最大的轨道交通建设市场。

相应地,由于城市轨道交通工程建设具有规模大、周期长、地质条件复杂,对周边环境影响大,施工工法多、难度高,参建单位多、专业广等特点,而且目前我国轨道交通建设的设计水平、施工能力及管理经验与轨道交通建设的发展速度、规模不相匹配,各地安全事故时有发生。为保证工程施工安全、周边环境稳定及线路结构自身的安全,勘测的重要性日益凸显。

3.2 统计数据

3.2.1 勘察信息化技术

目前轨道交通建设在国内如火如荼,随着个人电脑、互联网以及各项信息技术的普及,轨道交通的建设和发展越来越重视信息化建设,以便用于提升日常管理效率、降低信息传输成本、解决海量数据的存储与利用以及基于海量数据的动态分析进行决策支持等工作。

轨道交通勘察信息化技术主要包括以下内容。

(1)办公自动化方面。目前流行的技术主要为办公自动化技术(Office

Automation，简称OA）、工作流技术（Workflow Management System，简称WfMS）、管理信息系统技术（Management Information System，简称MIS）这三种主流技术。

（2）专业工具方面。主要采用CAD辅助制图、Office文档处理、基于CAD与数据库结合进行制图以及基于专业理论进行计算分析的工具等。

（3）结合目前流行的可视化管理主要采用的技术包括"3S""4D"技术。"3S"即全球定位系统（GPS）、地理信息系统（GIS）、遥感（RS）。所谓的"4D"，即数字高程模型（DEM）、数字正射影像（DOM）、数字栅格地图（DRG）和数字线划地图（DLG）。

此外，随着信息化研究进程的逐渐深入，目前全生命周期信息化项目管理系统（FIAPP）是国际和国内研究的热点，代表了工程建设的最高水平。主要表现为结合GIS的空间管理功能、结合地下三维空间地质信息化模型（GIM）的三维可视化功能以及工作流管理系统（WMS）、层级化分解管理（WBS）等从信息的输入、处理到输出的全过程进行整体规划、开发、应用的理念。

1）城市轨道交通勘察信息系统顶层设计思路

城市轨道交通勘察信息系统，是为轨道交通设计提供边界条件的最基础的数据支撑。其数据的准确度很大程度上影响着轨道交通建设的投资与工期的方方面面。

城市轨道交通勘察信息化系统，从业务的角度出发，可以分为管理类系统和业务类系统，而随着信息技术、互联网、移动互联、云存储、云计算、人工智能等新技术的发展，已经越来越呈现融合的趋势。

轨道交通勘察信息化系统从规划建设阶段就需要注重顶层设计，即"整体规划、侧重发展、组件拼装、灵活嵌套、敏捷开发、分期实现、不断迭代、多源一体"的原则。既要体现系统当前的先进性、可靠性、易用性，也必须具备开放性、可扩展性以及智能化。

2）城市轨道交通勘察信息系统顶层设计案例

全过程一体化勘察生产管理系统，目标是打造勘察行业全流程的信息化产品，对下满足勘察专业生产需要，用信息化的手段实现勘察专业从项目建立、外业采集、内业整理、资料管理到信息发布、勘察生产全过程的自动化，提高勘察生产效率和管理水平，对上向政府、业主和设计者提供信息化服务，满足业主和政府对勘察安全和质量全过程的监管需求。通过对勘察的基础数据和成果资料的规范化管理，构建地铁勘察大数据，充分发挥数据的价值，对地铁工程建设中的地质风险和环境分析进行智能分析和超前预判（图3-1）。

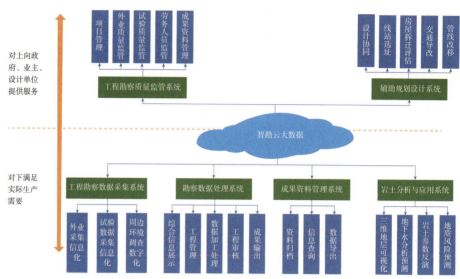

图 3-1 功能架构图

系统按照稳步推进、分步实施的原则，采取迭代式开发，逐步将勘察信息化产品打造成轨道交通勘察行业全国领先的产品，充分发挥轨道交通勘察行业的优势，将该产品向全国轨道交通市场推广。

3.2.2 检测技术

随着城市轨道交通线路里程的增加和运营时间的延长，线路的行车安全越来越受到重视，城市轨道交通检测的目的旨在了解受施工影响的城市轨道交通结构现状，为工前、工后结构安全评估提供实测参数，为新建工程设计及施工提供依据，同时为加强既有城市轨道交通设施的维护管理，保证其安全可靠提供数据支持。

检测项目主要包括：结构外观现状调查、结构裂缝检测、渗漏水调查、混凝土强度检测、碳化深度检测、保护层厚度检测、钢筋锈蚀检测、道床结构外观调查、道床与结构底板剥离情况调查、建筑限界测量、轨距与水平情况调查、扣件类型及调高情况调查、扣件各零部件及轨枕完好程度调查、线路平面及纵断面测量。

1）城市轨道交通检测智力资源

目前每条地铁线路所需检测资质和智力资源如下。

（1）资质要求：地铁建设期检测需具有建设工程质量检测资质和省级及以上质量技术监督局颁发的 CMA 计量认证合格证书；运营期检测需具有省级及以上质量技术监督局颁发的 CMA 计量认证合格证书或中国合格评定国家认可委员会（CNAS）的认可。

（2）人员要求：项目部人员应不少于 19 名专业技术人员，其中拟任项目负责人 1 人，试验工程师 6 人，试验员 12 人。项目负责人须具有相关专业高级工程师职称，具有建设行政主管部门颁发的检测人员证书。

①试验负责人：从事试验检测工作 8 年以上，有高级职称，具有建设行政主管部门试验检测培训证书。

②岩土工程师：从事检测工作 5 年以上，并具有中级职称，具有注册岩土工程师资格，具有建设行政主管部门试验检测培训证书。

③结构工程师：从事结构工程质量检测工作 5 年以上，并具中级职称，具有二级及以上注册结构工程师资格，具有建设行政主管部门试验检测培训证书。

④试验工程师：从事试验检测工作 3 年以上，有建筑、建材、公路、市政等相关专业工程师及以上技术职称，具有建设行政主管部门试验检测培训证书。

⑤试验员：从事试验检测工作 3 年以上，具有建设行政主管部门试验检测培训证书。

2）城市轨道交通检测技术装备

根据对全国开展轨道交通建设城市的安全检测项目的统计，各实施检测单位大都采用国内先进的仪器设备，仪器设备的自动化程度、检测精度都较高，能够节省大量人力资源及费用。城市轨道交通检测项目的设备配备以工作量大小、施工进度计划和检测技术要求为依据，详见主要检测设备及仪器一览表（表3-1）。

主要检测设备及仪器一览表　　表 3-1

序号	仪器设备名称	规格型号	功能用途
1	裂缝宽度测试仪	ZBL-F130	测量裂缝宽度
2	裂缝深度测试仪	KON-FSY	测量裂缝深度
3	混凝土回弹仪	ZBL-S260	测量混凝土强度
4	混凝土钢筋检测仪	ZBL-R650	测量钢筋位置
5	钢筋锈蚀检测仪	ZBL-C310A	测定钢筋锈蚀情况
6	非金属超声检测仪	ZBL-U520	测量裂缝深度
7	游标卡尺	—	测量裂缝深度
8	手持式激光测距仪	Disto-D3	测量空间距离
9	混凝土碳化深度测量仪	ZC3-A	测量混凝土碳化深度
10	裂缝显微镜	EL35	测量裂缝宽度
11	电子水准仪	DINI03	测量高程
12	全站仪	TS11-1″R1000	测量平面
13	手持 GPS	Forerunner 405	辅助检测

续表

序号	仪器设备名称	规格型号	功能用途
14	手电筒、反光筒、警示牌、发电机、灯泡、反光衣、安全帽、其他安全设施等		安全设施、夜间照明设施、电源
15	卷尺、锤子、扳手等常用工具		常用工具

3）国内建设期检测模式应用情况

目前，建设期检测在全国43个地铁建设城市有序开展，与地铁建设规模相关，分为三种模式：

（1）建设单位委托进行检测，监理平行检测，质监站抽检，如重庆等城市；

（2）施工单位委托见证取样等检测，建设单位按一定比例抽检，监理平行检测，质监站按一定比例核查检测，如北京等城市；

（3）施工单位委托见证取样等检测，监理平行检测，质监站负责监督管理工作。

3.3 政策剖析

3.3.1 城市轨道交通勘测信息化相关政策

1）法律法规

（1）1999年，建设部下发《全国工程勘察设计行业2000—2005年计算机应用工程及信息化发展规划纲要》；

（2）2003年，建设部下发《2003—2008年全国建筑业信息化发展规划纲要》《建设事业信息化"十五"计划》；

（3）2006年，建设部下发《2006—2020年国家信息化发展战略》；

（4）2011年，住房城乡建设部下发建筑行业信息化第一个行业标准《建筑施工企业信息化评价标准》JGJ/T 272-2012；

（5）2016年，住房城乡建设部下发《2016—2020年建筑业信息化发展纲要》《"十三五"工程勘察设计行业信息化工作指导意见》；

（6）2017年，国务院办公厅下发《国务院办公厅关于促进建筑业持续健康发展的意见》；

（7）住房和城乡建设部下发《关于印发工程质量安全提升行动方案的通知》及《关于开展工程质量安全提升行动试点工作的通知》；

（8）2020年，住房和城乡建设部办公厅发布《关于印发〈房屋建筑和市政基础设施工程勘察质量信息化监管平台数据标准（试行）〉的通知》。

2）主要技术标准

主要技术标准为《房屋建筑和市政基础设施工程勘察质量信息化监管平台数据标准（试行）》。

3.3.2 城市轨道交通检测政策剖析

1）法律法规文件

（1）《城市轨道交通初期运营前安全评估管理暂行办法》（交运规〔2019〕1号）

第三条　城市轨道交通所在地城市交通运输主管部门或者城市人民政府指定的城市轨道交通运营主管部门（以下统称城市轨道交通运营主管部门）负责组织第三方安全评估机构实施本行政区域内的初期运营前安全评估工作。第三方安全评估机构应当按照城市轨道交通初期运营前安全评估技术规范开展评估工作。

第四条　城市轨道交通工程项目未经竣工验收合格不得开展初期运营前安全评估，未通过初期运营前安全评估不得投入初期运营。

（2）《广州市城市轨道交通工程质量监督与验收管理办法》（穗建规字〔2019〕2号）

第九条　建设单位应在编制工程概（预）算时，单独计列工程质量检测费用，确保专款专用。建设单位应当在项目实施前，委托具有相应检测资质和能力的检测机构实施工程质量检测。委托检测机构的数量及其变更等应当符合相关规定。

第十二条　建设单位应按照本办法第九条规定，委托工程检测机构实施地基基础、主体结构、建筑节能等重要工程实体质量和主要使用功能的检测，并在项目实施前组织设计、施工、监理、检测等单位编制城市轨道交通工程结构实体质量和重要使用功能检测方案，经各方签字确认后作为开展质量检测的依据，并留置现场备份。

工程检测机构应按已确认的检测方案实施检测，未经确认的方案不得作为实施检测的依据。

（3）《交通运输部关于加强城市轨道交通运营安全管理的意见》（交运发〔2014〕201号）

规范安全保护区管理。合理划定城市轨道交通安全保护区范围，制定相关管理办法，建立安全保护区巡查制度，组织开展安全保护区巡查，对可能危及运营安全的情形，应当予以制止并及时报告相关行政主管部门或地方人民政府进行处理。

（4）《关于保障城市轨道交通安全运行的意见》（国办发〔2018〕13号）

明确了保护区范围内作业的有关程序要求，对作业影响区域进行动态监测。

明确保护区内作业巡查有关要求,加强城市轨道交通线路保护。对危害城市轨道交通设施设备运行、影响运营安全的禁止性行为进行规定。

(5)《城市轨道交通运营管理规定》(中华人民共和国交通运输部令2018年第8号)

第三十条 在城市轨道交通保护区内进行下列作业的,作业单位应当按照有关规定制定安全防护方案,经运营单位同意后,依法办理相关手续并对作业影响区域进行动态监测。

a. 新建、改建、扩建或者拆除建(构)筑物;

b. 挖掘、爆破、地基加固、打井、基坑施工、桩基础施工、钻探、灌浆、喷锚、地下顶进作业;

c. 敷设或者搭架管线、吊装等架空作业;

d. 取土、采石、采砂、疏浚河道;

e. 大面积增加或者减少建(构)筑物载荷的活动;

f. 电焊、气焊和使用明火等具有火灾危险的作业。

2)主要技术标准

(1)《城市轨道交通设施结构检测技术规程》DB 11/T 1167;

(2)《地下防水工程质量验收规范》GB 50208;

(3)《建筑结构检测技术标准》GB/T 50344;

(4)《钢筋保护层厚度和钢筋直径检测技术规程》DB 11/T 365;

(5)《回弹法检测混凝土抗压强度技术规程》JGJ/T 23;

(6)《超声法检测混凝土缺陷技术规程》CECS 21;

(7)《混凝土结构工程施工质量验收规范》GB 50204;

(8)《混凝土强度检验评定标准》GB/T 50107;

(9)《混凝土结构设计规范》GB 50010;

(10)《混凝土结构现场检测技术标准》GB/T 50784;

(11)《穿越城市轨道交通设施检测评估及监测技术规范》DB 11/T 915;

(12)《城市轨道交通工程测量规范》GB/T 50308;

(13)《国家一、二等水准测量规范》GB/T 12897;

(14)《工程测量标准》GB 50026;

(15)《城市轨道交通设施养护维修技术规范》DB 11/T 718;

(16)《地铁设计规范》GB 50157;

(17)《地铁限界标准》CJJ 96;

(18)《城市工程地球物理探测规范》CJJ/T 7。

3.4 发展与趋势

3.4.1 信息化

1）我国城市轨道交通工程勘察信息化发展历程

城市轨道交通工程勘察历来是由住房城乡建设部统一化管理，所以在政策上更多地参考房建等需求来制定，所以，工程勘察信息化的历程基本也就代表了轨道交通勘察信息化的历程。

国内岩土工程勘察信息化研究起步较晚，20世纪90年代，某些城市开始建立城市地质数据库，标志着我国正式进入了勘察信息化研究工作的初期，勘察信息化工作主要集中在将CAD技术与数据库技术相结合方面，注重系统的制图、计算和工程管理功能。

进入21世纪后，工程勘察行业开始意识到分析功能对于系统的必要性，开始着力研发基于GIS技术的工程勘察信息系统。它能够在有效完成工程勘察中的计算、制图、统计等功能的基础上实现对工程的分析，在实际工程中得到了重要的应用，为工程勘察信息化进一步发展提供了基础。

2）国内外城市轨道交通信息技术对比

国外，特别是发达国家，对于运用信息化手段提升建筑行业极度重视，在互联网产生之前，建筑业以单项专业领域为主，例如CAD（计算机辅助制图）、CAC（计算机辅助施工）和OA（办公自动化）等，几乎在所有门类所有专业均开发了不少商业软件，对建筑业产生了积极作用。后来，随着互联网的兴起，建筑信息技术应用的重点放在了基于网络的协同建设上，并造就了大量新的理念和新的建造模式，如现在比较流行的"数字地球""数字城市""数字建筑"等。基于互联网的工程项目全生命周期和价值增值的全过程制造技术的发展也如火如荼，如"全集成与自动化项目建设系统""动态联盟""网上协同建设系统"等，从项目和信息化本身进行深入研究，规范整个行业标准，未来网络协同办公的方式将会发展成为国际标准，并被工程界广泛应用。

目前，就信息技术而言，国外的技术创新较国内先进，但在应用普及方面反倒是国内要好于国外。主要是国内的应用场景广泛，尤其是近年来国家大力发展信息化技术，出台了各方面的政策，企业也因采用信息化手段而获益颇多，所以形成了较好的良性发展基础。

3）我国城市轨道交通勘察信息化发展趋势

自国家《"十三五"工程勘察设计行业信息化工作指导意见》出台以来，轨道交通从业企业积极响应国家号召，积极采用当今 IT 行业新技术、新成果，将其融入轨道交通信息化建设中。《中国城市轨道交通行业信息化发展蓝皮书 2018》指出，信息化有着明显的四大趋势：①信息化建设"先规划，后实施"；②系统建设的"集成化、一体化"；③IT 基础架构的云化、移动化；④数字化、智能化。

截至 2021 年，城市轨道交通勘察信息系统的发展还呈现出以下两个趋势：

（1）可视化

目前在城轨交通信息化建设领域里面表现得如火如荼的 BIM 技术，是可视化的代表。采用该种技术理念开发的勘察信息系统也如雨后春笋一般逐渐浮出市场。

（2）体验化

随着虚拟现实（Virtual Reality，简称 VR）技术的逐渐成熟，采用实时的三维空间表现方式，让人们沉浸其中，给人一种身临其境的感受，可以改变以往人与计算机、人与系统直接、枯燥、生硬的交互方式，创造让人流连忘返的工作环境。

3.4.2 检测技术

1）我国城市轨道交通检测技术发展历程

我国建设期地铁检测技术根据建筑业的检测技术发展而来，逐渐形成了自己的检测体系。运营期检测结合公路、铁路的检测技术，由传统的人工检测向多功能一体化检测车发展，采用自动化、AI 来识别病害的技术也日趋成熟。

2）国内外城市轨道交通检测技术对比

国外采用多功能自动化检测装置比较多，检测技术比较先进。国内目前也研发了一批多功能自动化检测装置。总体而言，两者水平日益接近，且国内案例多，有利于检测技术的不断升级。

3.5 问题及建议

3.5.1 城市轨道交通勘察信息化行业发展面临的问题及建议

（1）目前，轨道交通勘察没有形成自己独立的行业发展方向，以至于一直与工民建等其他专业混在一起，无法体现其独特性。

（2）相较于轨道交通其他部门，比如设计、施工等，行业内对于该方向的探索还比较落后，这与其在行业内所占份额有关，与整个社会对于地质资源的重视度有关，也与其本身性质复杂，难以探明，难以实现标准化，更难以形成自动化、信息化等因素相关。

3.5.2　城市轨道交通勘察信息化行业发展问题的对策分析及建议

（1）加强信息化顶层设计牵引，完善信息化基础设施的建设，建设高可用性网络；加强网络及信息安全教育，增强网络安全态势感知和监控能力，夯实信息化建设基础，为政府管理和公共服务提供有力的信息支撑。

（2）大力推动各类数据资源整合共享，消除信息孤岛，打破交互壁垒。扩大勘察成果的应用共享，主动对接有关部门，做好勘察大数据的深度挖掘，适时开展"定制化"数据服务，增强勘察成果的权威性，为轨道交通的发展提供坚实的数据支撑。

（3）构建地铁勘察大数据平台，对地铁工程建设中的地质风险和环境进行智能分析和超前预判，为相关部门的统计、分析、决策提供科学、及时、有效的信息指导。拟利用GIS、数据库技术和计算机网络技术，实现信息实时动态的采集、存储与管理，实现信息的动态查询、检索和统计等。通过智能化的处理机制和"一张图"整合地质资源，构建统一管理、统一服务的城市地质数据库，实现项目位置、地层分布、地下水变化、地质风险、岩土体物理力学性质等信息在一张地图上集成展示。

3.5.3　城市轨道交通检测行业发展面临的问题及建议

1）城市轨道交通检测行业发展面临的主要问题

城市轨道交通检测行业发展面临的主要问题是多功能检测车是否能完全替代传统人工检测手段，检测技术革新带来的检测准确度与精度是否能满足规范与业主的需求。

2）城市轨道交通检测行业发展的问题对策分析及建议

针对城市轨道交通检测行业发展的问题，应多项检测技术集成与并行处理，提高准确度与精度。

4 规划篇

4.1 概述

2020年,由于新冠肺炎疫情的原因,一季度城市轨道交通规划行业受到了一定的影响。在疫情得到整体控制后,城市轨道交通规划行业在积极做好疫情防控工作的同时,各项工作进展都较为顺利。

3月,中国城市轨道交通协会印发《中国城市轨道交通智慧城轨发展纲要》。从行业层面对智慧城轨建设的发展目标、建设目标、重点任务、实施路径、体制机制和保障措施等进行了统筹规划、顶层设计,旨在以此作为今后一个时期(2020—2035年)内引领我国城轨行业的智慧城轨建设、助推交通强国建设的指导性文件。

4月,国家发展改革委印发《关于促进枢纽机场联通轨道交通的意见》(4.1节简称《意见》),旨在要求加强枢纽机场与轨道交通的互联互通。《意见》要求,围绕航空枢纽高时效、集疏运、广覆盖的特点,做好机场与干线铁路、城际铁路、市域(郊)铁路、城市轨道交通等方式的有效衔接;对功能定位、运输规模不同的机场分类施策,科学合理地确定轨道交通的类型、建设时机和衔接方式;做到机场与轨道交通硬件、软件设施的全方位联通,提高机场轨道交通系统的运行效率和服务水平。

10月,党的十九届五中全会审议通过了《中共中央关于制定国民经济和社会发展第十四个五年规划和二〇三五年远景目标的建议》,明确了"十四五"时期经济社会发展的基本思路、主要目标以及2035年远景目标,要求突出新发展理念的引领作用,提出一批具有标志性的重大战略,实施富有前瞻性、全局性、基础性、针对性的重大举措。在统筹推进基础设施规划建设方面提出要加快建设交通强国,完善综合运输大通道、综合交通枢纽和物流网络,加快城市群和都市圈轨道交通网络化，提高农村和边境地区交通通达深度。

12月，国务院办公厅转发国家发展改革委等单位《关于推动都市圈市域（郊）铁路加快发展意见》的通知，明确了"市域（郊）铁路"的功能地位和技术标准，要求创新市域（郊）铁路市场化投融资模式，全面放开市场准入，培育多元投资主体，有序推进都市圈市域（郊）铁路建设，为完善城市综合交通运输体系、优化大城市功能布局、引领现代化都市圈发展提供有力的支撑。

轨道交通建设规划审批方面，本年度批复了徐州、厦门、合肥、深圳、福州、济南、南昌、宁波等城市的新一轮建设规划或调整规划，批复线路总规模达588.0km，与2019年一样，全部为已运营城市的新一轮轨道建设规划，从批复城市来看，厦门、深圳、福州、南昌均为已批建设规划的调整，批复的徐州、合肥、济南、宁波等城市的新一轮建设规划均以二期、三期为主。

轨道交通线网规划编制方面，成都、南宁、宁波、阜阳等新一轮轨道线网专项规划进入公示阶段，合肥、贵阳、唐山、柳州等一批城市与国土空间总体规划同步启动了新一轮轨道交通线网规划编制工作。

4.2 规划统计数据

自2003年国办发81号文颁布，至2020年末，据不完全统计，中国城市轨道交通建设项目获国家发展改革委批复的城市为44个，已批复的轨道线网规模达到约11651km，从历年批复的线网规模来看，整体趋势为稳步增长，2011年以前为平缓发展阶段，2011年后为波动发展阶段。2012年、2015年、2016年三年的批复规模均超过了1000km，其中2012年、2015年均达到1600km左右，近几年受2020年国办发52号文政策影响，批复规模有所放缓，2020年共批复588km（图4-1）。

至2020年末，从各城市已获批复的城市轨道交通建设规划总规模来看，北京、上海、广州、成都、武汉、深圳、天津7个城市均超过了500km，其中北京超

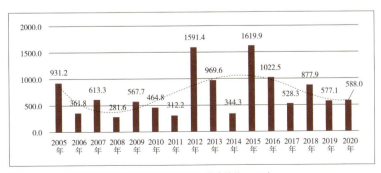

图4-1　历年国家发展改革委批复建设规划规模（单位：km）

过1000km，上海、广州超过700km。杭州、重庆、西安、苏州、郑州、南京、合肥、宁波、长沙、济南、青岛、大连、厦门、长春等14个城市获批建设规模介于200~500km之间。11个城市获批建设规模为100~200km，其余12个城市获批规模小于100km（表4-1）。

各城市已获国家批复城市轨道交通建设规模汇总表　　　表4-1

序号	城市	总批复规模（km）
1	北京	1003.7
2	上海	925.7
3	广州	716.5
4	成都	674.0
5	深圳	654.5
6	武汉	587.2
7	天津	511.7
8	杭州	453.2
9	重庆	451.4
10	西安	386.9
11	苏州	353.6
12	郑州	325.7
13	南京	315.7
14	合肥	280.0
15	宁波	278.7
16	长沙	263.5
17	济南	241.4
18	青岛	236.4
19	大连	235.2
20	厦门	234.9
21	长春	221.2
22	昆明	187.6
23	贵阳	170.1
24	福州	166.8
25	南昌	160.0
26	温州	156.5
27	徐州	146.3
28	东莞	126.9
29	南宁	126.1
30	沈阳	118.0
31	无锡	113.0
32	佛山	102.2

续表

序号	城市	总批复规模（km）
33	乌鲁木齐	89.7
34	哈尔滨	89.6
35	兰州	81.8
36	石家庄	80.4
37	南通	59.6
38	常州	53.9
39	呼和浩特	51.4
40	太原	49.2
41	芜湖	46.9
42	包头	42.1
43	洛阳	41.3
44	绍兴	41.1

注：数据来源为2005—2020年国家发展改革委正式批复文件。

2020年国家发展改革委会同住房城乡建设部，共批复8个城市共588.0km的线网。批复的建设规划分别为：2020年1月20日，徐州市城市轨道交通第二期建设规划（2019—2024年），共79.3km；2020年1月23日，厦门市城市轨道交通第二期建设规划调整（2016—2022年），共7.35km；2020年3月17日，合肥市城市轨道交通第三期建设规划（2020—2025年），共109.96km；2020年3月26日，深圳市城市轨道交通第四期建设规划调整（2017—2022年），共75.93km；2020年7月2日，福州市城市轨道交通第二期建设规划调整，共22.17km；2020年10月9日，济南市城市轨道交通第二期建设规划（2020—2025年），共159.6km；2020年11月24日，南昌市城市轨道交通第二期建设规划调整，共27.14km；2020年12月14日，宁波市城市轨道交通第三期建设规划（2021—2026年），共106.5km。

4.3 年度批复建设规划

4.3.1 徐州

1）城市轨道交通线网规划

当前徐州市执行的是2017年批复的《徐州市城市轨道交通线网规划（修编）》，根据规划，远景年徐州轨道交通线网由11条线组成，线路总长度约323km，其中中心城普线7条，223km，外围地区快线4条，100km。规划提出至远景年，公共交通出行占全方式出行比例达到35%，轨道交通占公共交通出行比例达到50%以上（图4-2）。

2）建设规划

截至目前，徐州市轨道交通建设规划共被批复过2期，当前执行的是2020年1月批复的《徐州市城市轨道交通第二期建设规划（2019—2024年）》（图4-3），2019—2024年，建设3号线二期、4号线一期、5号线一期和6号线一期共4个项目，2期规模为79.3km。根据规划，至2024年，徐州市将形成6条运营线路、总规模146km的轨道交通网络。

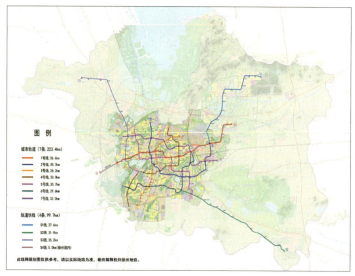

图4-2 徐州市城市轨道交通线网规划方案

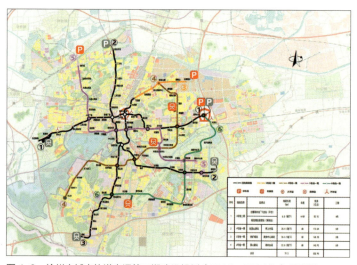

图4-3 徐州市城市轨道交通第二期建设规划（2019—2024年）示意图

4.3.2 厦门

1）轨道线网规划

当前厦门市执行的是2019年批复的《厦门市城市轨道交通线网规划（修编）调整》，根据规划，远期2020年厦门轨道线网由6条线组成，线路总长度约277km。远景年规划控制线网总规模为412km，共10条线路，其中8条线路为普线，2条为快线。普线形成"双中心放射"的网络形态，快线构建"岛内+岛外"的双走廊网络。规划提出，至远景年，公共交通出行占全方式出行比例达到45%~50%，轨道交通占公共交通出行比例达到45%以上。

2）轨道建设规划

截至目前，厦门市轨道交通建设规划共被批复过2期（含2期调整），当前执行的是2020年1月批复的《厦门市城市轨道交通第二期建设规划（2016—2022年）调整》，2016—2022年，建设2号线二期、3号线二期、4号线和6号线一期共4个项目，2期规模含调整新增共159.6km。根据规划，至2022年，厦门市将形成5条运营线路、总规模231km的轨道交通网络。

4.3.3 合肥

1）轨道线网规划

当前，合肥市执行的是2017年批复的《合肥市城市轨道交通线网规划修编》，根据规划，远景合肥轨道交通线网由15条线路及1条机场专用线组成，线路总长度约579km，其中干线5条，中心城快线3条，加密线4条，中低运量线3条，机场线1条。规划提出，至2030年，公交分担率不低于30%，轨道交通占公交出行的比例在40%左右，远景年轨道交通占公交出行比例达45%以上（图4-4）。

2）轨道建设规划

截至目前，合肥市轨道交通建设规划共被批复过3期，当前执行的是2020年3月批复的《合肥市城市轨道交通第三期建设规划（2020—2025年）》，2020—2025年，建设2号线东延线、3号线南延线、4号线南延线、6号线一期、7号线一期、8号线一期共6个项目，3期规模为109.96km。根据规划，至2025年，合肥市将形成11条运营线路、总规模280km的轨道交通网络（图4-5）。

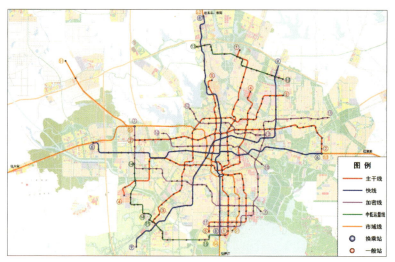

图 4-4　合肥市城市轨道交通线网规划修编远景线网方案图

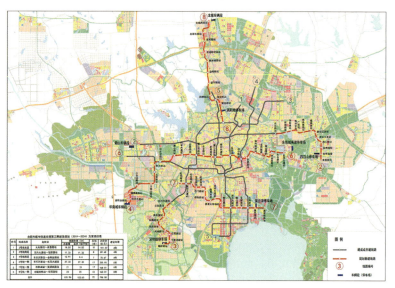

图 4-5　合肥市城市轨道交通第三期建设规划（2020—2025 年）示意图

4.3.4　深圳

1）轨道线网规划

当前深圳执行的是 2016 年《深圳市轨道交通线网规划（2016—2030 年）》，按照"对外强轴、中心加密、外围联通"的总体原则，全市共规划城市轨道交通线路 32 条，总规模约 1142km（含弹性发展线路约 53km），由市域快线和普速线路两个层次构成。其中，市域快线 8 条，总规模约 412km，普速线路 24 条，总规模约 730km。

2）轨道建设规划

截至目前，国家批复过深圳市轨道交通建设规划共 4 期，当前执行的是 2020 年 3 月批复的《深圳市城市轨道交通第四期建设规划调整（2017—2022 年）》，2017—2022 年，建设 6 号线支线、12 号线、13 号线、14 号线、16 号线 5 个项目，总长度 148.9km。4 期调整项目主要包括 3 号线四期工程、6 号线支线二期、12 号线二期、13 号线二期、16 号线二期、7 号线二期、8 号线三期、11 号线二期、20 号线一期等项目，调整规模为 75.93km，其中新增 66.6km 左右。根据规划，至 2022 年，深圳市将形成 15 条运营线路，总规模 637km 的轨道交通网络。

4.3.5 福州

1）轨道线网规划

当前福州市执行的是 2013 年批复的《福州市城市轨道交通线网规划（2012 年修编）调整》，根据规划，调整后，福州市远期线网由 6 条线组成，线网总长 210km。远景年线网方案由 9 条线组成，线网总长 344km。根据规划，2021 年，福州市区公共交通占机动化出行量比例达到 38%，轨道交通占公共交通的比例达到 30%。

2）轨道建设规划

截至目前，福州市轨道交通建设规划共被批复过 2 期，当前执行的是 2020 年 7 月批复的《福州市城市轨道交通第二期建设规划调整》，2015—2021 年，建设 4 号线一期工程、5 号线一期工程和 6 号线，总长度 89.3km。2 期调整项目主要包括 2 号线东延线、6 号线东延线，调整新增规模 22.17km。根据规划，至 2021 年，福州市将形成 5 条运营线路、总规模 170km 的轨道交通网络。

4.3.6 济南

1）轨道线网规划

当前济南市执行的是 2019 年批复的《济南市全域轨道交通线网规划》，根据规划，远景济南城市轨道线网由 15 条线路组成，线路总长度约 730km，其中中心城区普线 10 条，403km，轨道快线 5 条，327km。规划远景中心城区公共交通占机动化方式出行比例不低于 75%；轨道交通占机动化方式出行比例达到 45%，在公共交通出行总量中承担能力不低于 60%（图 4-6）。

2）轨道建设规划

截至目前，济南市轨道交通建设规划共被批复过2期，当前执行的是2020年10月批复的《山东省济南市城市轨道交通第二期建设规划（2020—2025年）》，2020—2025年，建设3号线二期、4号线一期、6号线、7号线一期、8号线一期、9号线一期共6个项目，2期规模为159.6km。根据规划，至2025年，济南市将形成8条运营线路、总规模244km的轨道交通网络（图4-7）。

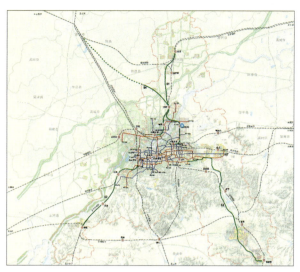

图4-6 济南市全域轨道交通线网规划方案（2019版）

图4-7 济南市城市轨道交通第二期建设规划（2020—2025年）示意图

4.3.7 南昌

1）轨道线网规划

当前南昌市执行的是2019年批复的《南昌市2014版轨道交通线网规划方案优化》，根据规划，远景南昌城市轨道线网由5条线路组成，总长约197.9km，设站146座。2020年，南昌市公共交通占机动化出行量比例达到60%，轨道交通占公共交通出行量比例达到25%（图4-8）。

2）轨道建设规划

截至目前，南昌市轨道交通建设规划共被批复过2期，当前执行的是2020年11月批复的《南昌市城市轨道交通第二期建设规划调整》，2020—2025年，建设1号线北延线、2号线东延线共2个项目，2期调整规模27.14km。根据规划，至2025年，南昌市将形成4条运营线路、总规模162km的轨道交通网络（图4-9）。

4.3.8 宁波

1）线网规划

当前宁波市执行的是2020年批复的《宁波市城市轨道交通线网规划（修编）》局部调整方案，根据规划，至2035年，宁波轨道线网由10条线路组成，形成

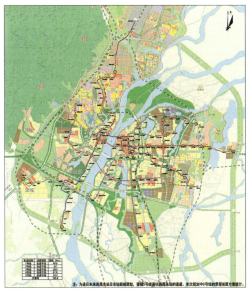
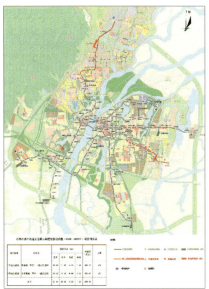

图 4-8　南昌市 2014 版轨道交通线网规划方案优化图　　图 4-9　南昌市城市轨道交通第二期建设规划调整方案示意图

"一环两快七射"的环射网络形态,线路总长度约 413.3km,其中中心城区普线 10 条,403km,轨道快线 5 条,327km。规划远景中心城区公共交通占机动化方式出行比例不低于 75%;轨道交通出行占机动化方式出行比例达到 45%,在公共交通出行总量中承担能力不低于 60%。

2)建设规划

截至目前,宁波市轨道交通建设规划共被批复过 3 期,当前执行的是 2020 年 12 月批复的《宁波市城市轨道交通第三期建设规划(2021—2026 年)》,2021—2026 年,规划建设 6 号线一期、7 号线、8 号线一期、1 号线西延线、4 号线延伸 5 个项目,3 期总规模 106.5km。根据规划,至 2026 年,宁波市将形成 8 条运营线路、总规模 279km 的轨道交通网络。

4.4　发展与趋势

4.4.1　有序推进重点区域市域(郊)铁路规划建设

1)合理把握其功能定位和技术标准

2020 年 12 月,国务院办公厅转发国家发展改革委等单位《关于推动都市圈市域(郊)铁路加快发展意见》(4.4 节简称《意见》)的通知,针对市域(郊)铁路发展面临的突出问题及新形势、新要求,聚焦加快重点都市圈的发展,对市域（郊）铁路功能定位、规划体系、运营服务等关键问题作了进一步优化完善和深化细化。

《意见》明确了市域（郊）铁路的功能定位和技术标准，提出："市域（郊）铁路是连接都市圈中心城市城区和周边城镇组团，为通勤客流提供快速度、大运量、公交化运输服务的轨道交通系统。主要布局在经济发达、人口聚集的都市圈内的中心城市，联通城区与郊区及周边城镇组团，采取灵活编组、高密度、公交化的运输组织方式，重点满足1小时通勤圈快速通达出行需求，与干线铁路、城际铁路、城市轨道交通形成网络层次清晰、功能定位合理、衔接一体高效的交通体系。"同时，在单程通行时间、设计速度、平均站间距、高峰发车间隔等方面也提出了相应的技术标准要求。

目前，我国的轨道交通规划建设仍呈现以"高速铁路、城市轨道"两头为主的推进模式，部分地区在规划建设中也不断涌现出都市圈城际、市域铁路、市郊铁路、市域快轨、市域快线等轨道层次概念。在新的发展阶段，为推动城市轨道交通的高质量发展，规划时应科学把握市域（郊）铁路的功能定位和相应的技术标准，避免出现部分城市采用城区轨道简单延伸、区域城际铁路承担市域通勤、利用城际铁路或市域（郊）铁路变相建设地铁轻轨等功能定位混乱造成的运行效率低、客流效益差、地方债务风险加剧等突出问题。

2）有序推进重点区域规划实施

我国都市圈发展正处于培育起步阶段，大部分都市圈的中心城市与外围城镇组团间尚未形成一定的通勤联系需求。规划实施时，首先要把握其以解决通勤需求为主的特征，一方面要充分考虑既有资源的利用，另一方面，对于新建线路应重点加强中心城市与外围城镇组团放射廊道的客流需求分析，与沿线产业、空间、人口布局相匹配，避免因大规模推进实施造成客流与需求不匹配而产生资源错配，盲目引导通勤圈快速扩大而促进外围卧城的形成。

因此，具体规划实施时，应在充分利用既有资源的基础上，重点支持京津冀、粤港澳大湾区、长三角、成渝、长江中游等财力有支撑、客流有基础、发展有需求的地区规划建设，优先在北京、上海、广州—深圳等核心城市周边建设具有通勤功能的放射型市域（郊）铁路，强化都市圈内中心城市城区与周边城镇组团的便捷通勤，其他条件适宜地区有序推进。

3）加强多层次轨道网络融合与衔接

面对重点都市圈轨道交通一体化发展趋势，应以满足居民的轨道出行服务需求为导向，打破现有行政壁垒，统筹研究都市圈轨道交通网络布局，推动干线铁路、城际铁路、市域（郊）铁路、城市轨道交通"四网融合"，实现轨道交通网络全面对接和融合发展，引导都市圈空间拓展和结构调整。

在都市圈轨道交通网络布局时，借鉴国际都市圈轨道交通发展经验，充分考虑运营需求，研究论证多层次网络跨制式互联互通、共线运营、快慢车运营等灵活多样的运营组织模式的实施可行性，网络融合中干线铁路、城际铁路在经过都市圈时要兼顾都市圈出行需求和服务功能，车站选址尽量靠近人口密集的组团中心。市域（郊）铁路或承担市域通勤功能的市域快线要尽量深入首位城市中心，外围尽量采取中心放射、主支线布局方式，在中心城区与城市轨道交通做到多线多点换乘或跨线运营，最终实现都市圈轨道交通网络一体化、换乘一体化、票务一体化。

4.4.2 进一步强化轨道交通与对外交通枢纽规划衔接

2020年，国家发展改革委印发《关于促进枢纽机场联通轨道交通的意见》，提出加强枢纽机场与轨道交通的互联互通是扩大机场辐射范围，提升航空服务水平和枢纽运营效率，加快构建现代化综合交通运输体系，推动基础设施高质量发展的重要举措。要强化规划引导，积极做好顶层统筹，国家铁路网、城际铁路网、市域（郊）铁路、城市轨道交通规划与机场布局规划要加强衔接；根据机场旅客集散需求和相关规划建设情况，对功能定位、规模不同的机场分类施策等。

现行国家标准《城市轨道交通线网规划标准》GB/T 50546-2018中也明确了对机场和铁路客运站的轨道交通接驳要求。机场轨道接驳提出"规划年旅客吞吐量大于或等于4000万人次的机场应设置城市轨道交通接驳，大于或等于1000万人次且小于4000万人次的机场宜设置城市轨道交通进行接驳"的具体要求。铁路客运轨道接驳提出"规划高峰小时旅客发送量大于或等于1万人次的特大型铁路客运站应设置城市轨道交通进行接驳，大于或等于3000人次且小于1万人次的大型铁路客运站宜设置城市轨道交通进行接驳"的要求。

机场、铁路枢纽等对外交通枢纽是城市融入区域发展的门户节点，在城市间出行时间大幅度下降的背景下，枢纽与城市内部交通的转换效率成为出行链中的关键环节，轨道交通作为大型对外交通枢纽衔接的重要方式，对于提高枢纽服务效率至关重要，应着力提高衔接和转换效率。规划时应根据枢纽定位和运量需求强化多层次轨道网络接入研究分析，同时做好近期建设和远景预留控制条件。

5 设计篇

5.1 概述

2020年为"十三五"收官之年,年度新增城轨交通运营线路长度为1241.99km,再创历史新高。2020年,国家发展改革委批复了徐州、合肥、济南、宁波4市的新一轮城市轨道交通建设规划,4市新获批建设规划线路长度共计455.36km,总投资额共计3364.23亿元。另有厦门、深圳、福州、南昌4市城市轨道交通建设规划调整方案获批。

5.2 规范及标准

2021年新颁布了以下标准及规范。

(1)《建筑与市政工程抗震通用规范》GB 55002-2021

(2)《建筑与市政地基基础通用规范》GB 55003-2021

(3)《组合结构通用规范》GB 55004-2021

(4)《木结构通用规范》GB 55005-2021

(5)《砌体结构通用规范》GB 55007-2021

(6)《燃气工程项目规范》GB 55009-2021

(7)《供热工程项目规范》GB 55010-2021

(8)《城市道路交通工程项目规范》GB 55011-2021

(9)《钢结构通用规范》GB 55006-2021

(10)《工程结构通用规范》GB 55001-2021

(11)《园林绿化工程项目规范》GB 55014-2021

(12)《生活垃圾处理处置工程项目规范》GB 55012-2021

（13）《市容环卫工程项目规范》GB 55013-2021

（14）《室外排水设计标准》GB 50014-2021

（15）《城市客运交通枢纽设计标准》GB/T 51402-2021

（16）《生活垃圾卫生填埋场防渗系统工程技术标准》GB/T 51403-2021

（17）《建筑金属板围护系统检测鉴定及加固技术标准》GB/T 51422-2021

（18）《自动跟踪定位射流灭火系统技术标准》GB 51427-2021

（19）《城市步行和自行车交通系统规划标准》GB/T 51439-2021

（20）《泡沫灭火系统技术标准》GB 50151-2021

5.3 发展与趋势

5.3.1 三网融合一体运营

1）都市圈在区域融合的背景

（1）京津冀协同发展

a. 京津冀协同发展概述

京津冀协同发展的核心是京津冀三地作为一个整体协同发展，要以疏解非首都核心功能、解决北京"大城市病"为基本出发点，调整优化城市布局和空间结构，构建现代化交通网络系统，扩大环境容量生态空间，推进产业升级转移，推动公共服务共建共享，加快市场一体化进程，打造现代化新型首都圈，努力形成京津冀目标同向、措施一体、优势互补、互利共赢的协同发展新格局。

b. 轨道上的京津冀

《国家发展改革委关于京津冀地区城际铁路网规划的批复》提出，以"京津、京保石、京唐秦"三大通道为主轴，到2020年，与既有路网共同连接区域所有地级及以上城市，基本实现京津石中心城区与周边城镇0.5~1小时通勤圈，京津保0.5~1小时交通圈，有效支撑和引导区域空间布局调整和产业转型升级。远期到2030年基本形成以"四纵四横一环"为骨架的城际铁路网络。

到2020年前，实施北京至霸州铁路、北京至唐山铁路、北京至天津滨海新区铁路、崇礼铁路、廊坊至涿州城际铁路、首都机场至北京新机场城际铁路联络线、环北京城际铁路廊坊至平谷段、固安至保定城际铁路、北京至石家庄城际铁路等9个项目，总里程约1100km，初步估算投资约2470亿元。远期根据京津冀协同发展战略需要，具备条件的项目经论证后可适时启动。

（2）长三角一体化发展

a. 长三角一体化发展概述

实施长三角一体化发展战略，是引领全国高质量发展、完善我国改革开放空间布局、打造我国发展强劲活跃增长极的重大战略举措。推进长三角一体化发展，有利于提升长三角在世界经济格局中的能级和水平，引领我国参与全球合作和竞争；有利于深入实施区域协调发展战略，探索区域一体化发展的制度体系和路径模式，引领长江经济带发展，为全国区域一体化发展提供示范；有利于充分发挥区域内各地区的比较优势，提升长三角地区整体综合实力，在全面建设社会主义现代化国家的新征程中走在全国前列。

b. 轨道上的长三角

中共中央、国务院印发的《长江三角洲区域一体化发展规划纲要》中提到共建轨道上的长三角。要加快建设集高速铁路、普速铁路、城际铁路、市域（郊）铁路、城市轨道交通于一体的现代轨道交通运输体系，构建高品质快速轨道交通网。围绕打通沿海、沿江和省际通道，加快沪通铁路一期、商合杭铁路等在建项目的建设，推动北沿江高铁、沿江高铁武合宁通道、沪通铁路二期、沪苏湖、通苏嘉甬、杭临绩、沪乍杭、合新、镇宣、宁宣黄、宁扬宁马等规划项目的开工建设，推进沿淮、黄山—金华、温武吉铁路、安康（襄阳）—合肥、沪甬、甬台温福、宁杭二通道的规划对接和前期工作，积极审慎地开展沪杭等磁悬浮项目的规划研究。以都市圈同城化通勤为目标，加快推进城际铁路网建设，推动市域铁路向周边中小城市延伸，率先在都市圈实现公交化客运服务。支持高铁快递、电商快递班列发展。

为贯彻落实《长江三角洲区域一体化发展规划纲要》的战略部署，共建轨道上的长三角，构建功能定位精准、规划布局合理、网络层次清晰、衔接一体高效的现代轨道交通系统，支撑区域一体化发展，国家发展改革委印发《长江三角洲地区多层次轨道交通规划》，其中提到如下发展目标。

（a）到2025年，基本建成轨道上的长三角，形成干线铁路、城际铁路、市域（郊）铁路、城市轨道交通多层次、优衔接、高品质的轨道交通系统，长三角地区成为多层次轨道交通深度融合发展示范引领区，有效支撑基础设施互联互通和区域一体化发展。轨道交通总里程达到2.2万km以上，新增里程超过8000km，高速铁路通达地级以上城市，铁路连通全部城区常住人口20万以上的城市，轨道交通运输服务覆盖80%的城区常住人口5万以上的城镇。

（b）干线铁路营业里程约1.7万km，其中高速铁路约8000km，骨干通道能力全面提升，对外构成以上海、南京、杭州、合肥、宁波为枢纽节点，以"三纵三横"干线通道为主骨架，面向北、西、西南3个方向的放射状铁路网络，形成长三角与相邻城市群及省会城市3小时区际交通圈。

（c）城际铁路营业里程约1500km，长三角地区相邻大城市间及上海、南京、杭州、合肥、宁波与周边城市形成1~1.5小时城际交通圈。

（d）市域（郊）铁路营业里程约 1000km，上海大都市圈以及南京、杭州、合肥、宁波都市圈形成 0.5~1 小时通勤交通圈。

（e）城市轨道交通营业里程约 3000km，上海、南京、杭州、合肥、宁波等城市轨道交通成网运行，一批城市建成城市轨道交通主骨架，城市轨道交通占公共交通出行比例不断提高。

（f）建成一批多种轨道交通一体衔接、高效换乘的综合交通枢纽，部分枢纽实现多种轨道交通方式贯通运营，新建枢纽基本实现同台或立体换乘，不同轨道交通系统最长换乘时间不超过 5 分钟，轨道交通站场与大型机场、公路客运站实现同站布局或快速直达，城市内重要枢纽间基本实现半小时通达。

（g）轨道交通市场化投融资改革迈上新台阶，不同轨道交通建设标准、规范、政策等顺畅衔接，一体化运营管理机制取得重大突破，轨道交通可持续发展能力和运输服务品质明显提高。

（h）到 2035 年，建成高质量现代化轨道上的长三角，实现干线铁路、城际铁路、市域（郊）铁路、城市轨道交通设施布局一张网、枢纽衔接零换乘、运营服务品质优，长三角成为轨道交通网络化、一体化、智能化、绿色化发展的样板区，轨道交通全面引领推动区域一体化发展。

（3）粤港澳大湾区建设

a. 粤港澳大湾区概述

粤港澳大湾区包括香港特别行政区、澳门特别行政区和广东省广州市、深圳市、珠海市、佛山市、惠州市、东莞市、中山市、江门市、肇庆市（以下称珠三角九市），总面积 5.6 万 km^2，2017 年末总人口约 7000 万人，是中国开放程度最高，经济活力最强的区域之一，在国家发展大局中具有重要战略地位。建设粤港澳大湾区，既是新时代推动形成全面开放新格局的新尝试，也是推动"一国两制"事业发展的新实践。

b. 轨道上的粤港澳大湾区

2019 年 2 月国务院印发了《粤港澳大湾区发展规划纲要》，提出了"构建现代化的综合交通运输体系"，"加快城际铁路建设，有序规划珠三角主要城市的城市轨道交通项目"，"按照零距离换乘、无缝化衔接目标，完善重大交通设施布局"，推广"'一票式'联程和'一卡通'服务"等要求。

2020 年 8 月，国家发展改革委批复《粤港澳大湾区（城际）铁路建设规划》，该规划将指导大湾区（城际）铁路科学、有序地规划建设，助力打造"轨道上的大湾区"。文件指出，大湾区对外辐射层面采用"四向拓展"的布局思路，规划粤港澳大湾区广佛、深港、珠澳（江中珠澳）三大发展极至区域周边经济区的各方向高速通达——北向至粤北、长江中游城市群方向，东向至粤东、海西城市群方向，西向至粤西、北部湾城市群方向，西北向至黔中、川渝城市群方向；大湾区内部交流层面，将构建"三极三轴放射"的大湾区内部城际铁路网络布局形态——强化广佛、深港、珠澳（江中珠澳）三大发展极的核心地位，支撑广佛、深港、珠澳（江中珠澳）三大发展极两两间形成的三个发展主轴的聚集效应，形成以核心区域为中心、中心与周边次级中心快速通达的放射性区域城际网络。

2）一体运营概念及研究发展情况

（1）一体化运营概念

一体化的概念最早出现在20世纪40年代末欧洲的经济学概念里，经济学家将其定义为多个单独的经济体整合为经济组合体的一种状态或过程。进入70年代后，一体化的概念逐步扩大到政治、法律、社会等范畴，20世纪80年代后，一体化的概念在交通领域越发受到重视。总的来说，一体化即两个或两个以上互不相同、互不协调的系统或者系统内部各子系统打破系统界限，采取适当的方式、方法进行结构、功能等方面的重新整合，融合成为一个整体，形成协同效力，以实现整体目标和效益最大化的一系列措施。

轨道交通一体化是一项系统工程，实现轨道交通一体化的终极目标，需要政府管理者、消费者和服务提供者共同参与，因此，可分别从三方角度系统地梳理和诠释轨道交通一体化的内涵。

2019年广州地铁集团通过大会正式发布了《新时代城市轨道交通创新与发展——广州2019》。报告提出："新时代大湾区轨道交通将从大湾区城际、区（市）域、地铁网络协同运输起步，向跨层级互联互通、跨城市一体化网络融合逐步迈进，在大湾区打造结构合理、换乘高效、共建共享的世界级轨道交通网络，并打破壁垒，形成'一张网、一张票、一串城'的格局，实现大湾区轨道交通公交化。"

所谓一张网，即通过统一规划、统一标准，打造大国铁干线、城际铁路、都市圈城际、普速地铁四网连通的线网布局；在此基础上，通过统一管理，形成资源集约、要素融合、信息共享的一体化运营的轨道交通网。

所谓一张票，即秉承以人为本的服务理念，在跨制式、跨主体、跨区域的全过程出行链中，消除重复性中间环节、中间手续，为乘客营造一票通达、一路畅通的出行体验。

所谓一串城，即以一体化轨道交通支撑产业融合、人口流动、经济互鉴、就业共享的一体化区域发展新格局。

不难看出，"一张网、一张票、一串城"满足了规划对轨道交通一体化提出的结构合理、通达性强、去边界化的要求，是顺应轨道交通与都市圈融合发展规律的客观需要，是轨道交通一体化的终极目标。

（2）粤港澳大湾区一体化运营研究发展情况

a. 一体化线网概况

目前，大湾区轨道交通线网主要包括干线铁路、城际铁路和城市地铁三个层级，正在开展都市圈城际铁路建设，湾区内部城市除香港、澳门外均有国铁、城际线路连通。

b. 一体化线网存在问题

大湾区范围内按照轨道交通的属性可以分为国铁干线、城际铁路、都市圈城际、普速地铁共四个层级。目前，四个层级基本上是独立运营的，没有实现互联互通，没有实现有机结合的立体综合交通网。

在轨道交通一体化进程中，对既有、在建以及规划线网进行合理规划、建设和衔接，是构建立体化、一体化综合交通网络的基础性问题。

c. 一体化服务现状及存在问题

a）客运服务现状

（a）客运组织现状

车站是提供运输服务的公共场所，需要有服务场地、服务设施、服务人员等。市民乘坐轨道交通出行，经过"进站—购票—候车—乘车—下车—出站"等步骤完成出行。车站客运组织就是在服务场地按照乘客进出站动线安排服务设施、服务人员，提供进出站服务。由于地铁和城际车站的建筑布局、行车模式、管理主体等的不同，各车站在候车模式、进出站模式等客运组织方面也存在差异。

（b）票务管理现状

城市轨道交通票务管理现状：广东省内各主要城市（广州、深圳、佛山）地铁全部采用自动售检票系统（AFC系统），开通线路均采用非接触式IC卡车票。此外，各城市地铁运营主体委托微信、支付宝等第三方支付平台，通过乘车二维码，实现地铁乘车（图5-1）。

城际铁路票务管理现状。粤港澳大湾区现有城际网络主要可分为深圳城际网以及珠三角城际网。票制方面，目前，深圳城际网沿用深圳地铁AFC标准建设其客票系统，研究采用非接触式IC卡车票，票制内容与城市轨道交通现状相同。

图5-1　广州——羊城通/深圳——深圳通/佛山——广佛通

图 5-2　热敏磁票 / 中铁银通卡 / 实名制电子客票

珠三角城际客票系统依托于国铁集团级客票中心，采用 12306 实名制客票，单程票采用热敏磁票，储值卡票采用中铁银通卡（非接触式 IC 卡）。单程票上没有席位，购买单程票和持中铁银通卡上车的乘客上车后可任意选座，且不同速度等级的列车票价均等（图 5-2）。

b）一体化服务存在的问题

（a）业务应用问题

• 票制服务问题

票制不统一导致异地城轨之间不能够实行一票制和一票通。一方面，各地铁公司自行发行的地铁储值卡（羊城通、深圳通、广佛通）、单程票不互认，互联网二维码不互认；另一方面，珠三角城际采用类似国铁的实名制磁介质热敏车票，采用有车次、无座次的预付费单程票制。各轨道交通体系票制差异显著，为客票系统互联互通造成了困难。

• 实名制问题

目前，大湾区内各城市地铁推行的非接触式 AFC 识别卡、单程票等尚未实现实名验证，而莞惠、穗莞深等城际铁路依托于国铁票制，支持乘客持票实名验证进站。互联互通过程中，地铁及城际客流如何实现实名制出行对于统一化运营组织影响较大。

各城市地铁 AFC 系统进行实名制改造涉及 ACC、MLC、车站 SC、AFC 终端、票制各层级以及单程票采用实名制等问题，改造工程范围广、影响面大，需建设单位、运营单位协商确定相关原则。

• 客票数据管理问题

粤港澳大湾区城市轨道交通互联互通模式下，城际网与地铁网客票系统的中心系统架构不一致，接口标准不统一，此外，没有统一的接口协议定义，造成客票系统互联互通的数据交互障碍。

（b）车站服务问题

要实现大湾区轨道交通系统互联互通，旅客出行"一票通达"，在车站服务标准方面也面临着协调统一的问题。目前，大湾区内各城市地铁之间、地铁与城际间售票、检票、行包安检互认等客运服务标准存在差异，实现旅客出行"一票通达"面临着不同制式的交通系统管理服务标准不同的问题。

d. 一体化运输组织现状及存在问题

a）运输组织现状

（a）运力安排

粤港澳大湾区城际、地铁、市域由不同运营主体运营：广州地铁集团、深圳地铁集团、广铁集团、东莞轨道公司、佛山铁投。运营主体主要分为广铁集团和城市地铁公司两大类，广铁集团主要负责建设运营相关高铁、城际、普铁，地铁公司则主要负责建设运营当地地铁线路。

（b）技术选型

既有珠三角城际铁路普遍采用 CRH6 型动车组，都市圈城际车辆选型各不相同，广州都市圈城际铁路采用市域 D 型车，深圳都市圈城际采用 CRH6 型动车组。地铁均采用地铁 A、B 型车。不同车型的限界尺寸不同，影响列车跨线运营。

既有珠三角城际铁路普遍采用 CTCS-2+ATO 信号制式，广州都市圈城际铁路采用 CBTC 信号制式，深圳都市圈城际铁路采用 CTCS-2+ATO 信号制式。不同信号制式下，不同车站作业标准不同，影响列车跨线运营。

（c）乘务管理

城际网乘务管理现状：根据初步调查，珠三角城际网现在由广铁集团运营管理，其乘务管理机构设置、管理办法、设施设备配置策略等基本与国铁动车组一致。

地铁网乘务管理现状：根据初步调查，因地铁网每条线的运行相对独立，且发车密集，因此，大湾区内各城市地铁网的乘务管理一般基于每条线进行独立管理，并根据运营公司颁布的相应管理办法进行细化。

简单总结来看，各轨道交通系统均具有明确的乘务管理机制，城际网以国铁相关乘务管理办法开展工作，都市圈城际以及地铁则以各自运营部门的乘务管理办法为标准。大湾区一体化进程中，各轨道交通系统的乘务管理机制存在明显的差异。

b）一体化运输组织存在问题

从行车组织上讲，地铁、城际由于其原始运输组织模式、车型种类、技术制式等的不同，大湾区轨道交通网络互联互通面临着技术标准兼容性和适应性问题。因此，研究满足地铁、城际一体化运营，特别是满足过轨运行条件的行车组织是一体化运营管理面临的一大重要问题。各轨道交通系统一体化过程面临如下问题。

（a）跨线运营存在问题

一是运力安排不易协调。在大湾区范围内存在广铁集团、广州地铁、深圳地铁等多家运营主体，又存在广东省铁投、广州市政府、深圳市政府等多家事权单位。多家事权单位及多家运营主体并存，目前尚未建立运力管理协同机制，运力资源难以统筹利用，跨线运营时刻不易协调。

二是技术选型影响互通。车辆不同，车门开度、车辆限界不同，屏蔽门设置及隧道工程条件不兼容，影响跨线运营；信号制式不同，影响跨线运营。

（b）乘务管理存在问题

因地铁网和城际网的运营里程、旅行速度等方面均存在一定的差别，因此其乘务管理也有不同之处，主要表现为以下几点。

• 地铁网各线一般独立运营，且车辆运行交路较为单一、里程不长，同时考虑到地铁线路一般服务于城区，因而其司乘设施一般各线独立设置，且均结合场段设置，其管理也同车辆运维一起依附于相应的运营中心。

• 随着城际网的不断完善，其运营有很多跨线列车，且车辆的运行交路较为复杂，同时里程也较长，服务范围不限于城区，一般为多个城市之间的交流。因而其司乘设施一般基于运行交路和旅行时间，于承担始发、终到列车较多的站点设置，同时根据旅行时间在线路沿途选取站点设置相关辅助司乘设施。其管理模式基本同于国铁干线动车组的管理模式，即根据运行交路成立动车运用车队，当车队较多时，可共同成立动车运用车间进行统筹管理。

• 一体化运营之后，互联互通的线路之间会开行跨线列车，而且运行交路也会较为丰富，因此司乘的设施设置及管理模式将会面临全新的问题，具体需根据运行交路、运行里程、运行时分等进行统筹考量。

e. 一体化调度指挥现状及存在问题

a）调度指挥现状

目前，大湾区内轨道交通系统主要包括依赖于国铁系统制式的调度指挥体系和依据各地铁运营主体的调度指挥体系，且大湾区内轨道交通系统面临产权复杂、多家事权单位共存的局面。

城际铁路方面：佛肇城际、莞惠城际等城际线路依照国铁制式委托广铁集团运营管理；珠三角城际在建及新建线路接入珠三角调度指挥中心，以广州地铁集团为运营主体，实现调度指挥运营。

从业务层面来看，城际铁路的运输调度指挥系统行为分为计划编制（事前）、计划执行（事中）和统计分析（事后）三个阶段。在实际工作中，由于整个运输生产是24小时不间断滚动运行的，因此计划编制、计划执行和统计分析三个阶段是同时并行存在的。

城市轨道交通方面：大湾区内各城市轨道交通运营单位自设运营调度指挥控制中心，实现各城市地铁运营指挥、资源共享协调、应急事件处理协调、信息管理和应用等功能。

b）一体化调度指挥存在的问题

各系统调度中心之间没有建立统一的调度协同规则，在运营指挥、资源共享协调、应急事件处理协调、信息管理等方面未能统一，制约了一体化运营的实现。

f. 一体化运维现状及存在问题

a）运营维护现状

（a）车辆运维现状

目前大湾区内已运营城际、在建都市圈城际（广州地铁18/22号线）及已运营地铁等轨道交通系统在车辆选型、维修管理机制等方面均具有相对成熟的体系且彼此之间差异性较为明显。

• 车辆选型

目前，大湾区轨道交通线网车辆选型主要有四类：市域D型车、A型车、B型车及L型车。其中，各城市地铁网络主要运用车型为A、B、L型车；广州18号线和22号线采用市域D型动车组。而已开通运营的珠三角城际铁路车辆选型一致，均采用CRH6系列动车组。

• 维修机制

大湾区内轨道交通各系统均存在明确的维修管理机制。其中，珠三角城际网现状由广铁集团运营管理，其配置的惠州北运用所、佛山西运用所等均隶属于广铁集团广州动车段，并由江门修造基地承担高级修任务。其相关管理机构设置、管理办法、设施设备配置策略等基本与国铁动车组运维模式一致。目前在建的都市圈城际网（18/22号线），隶属于广州地铁城际公司管理，配套设有1段2场，分别为万顷沙车辆段、陇枕停车场和陈头岗停车场。其中2条线的定修、架修和大修由万顷沙车辆段承担。

大湾区各地铁系统则依据各自运营事业总部颁布的相应的运维管理办法实施作业，各地铁网络均在各线建设初期根据车辆设备运维需求考虑建设适用的车辆段和停车场，但车辆大架修段为各地铁系统运营线网共享资源。下文以广州地铁为例进行详细分析。

广州地铁低速网的车辆运维管理模式为由运营事业总部下设的运营中心（共4个）及基地维修中心（1个）对各条线进行分类、分线管理。各个运营中心下设行车设备维保部、车站设备维保部、通号维保部、车务部、车辆维保部等多个部门。广州地铁运营总部颁布相应的车辆运维管理办法指导各维保部门组织生产。

（b）综合维修现状

目前，粤港澳大湾区内各轨道交通系统均已具备较为明确的综合维修体制。其中，已开通的佛肇、莞惠、穗莞深城际铁路采用综合维修的方式，依托于国铁维修机制,委托广铁集团管理;地铁则通过广州地铁、深圳地铁、佛山地铁等运营公司的运营事业总部实现轨道交通的综合维修,各轨道交通体系所依据的综合管理机构以及机制原则等均存在明显差异。

- 城际铁路维修现状

粤港澳大湾区内委托广铁集团运营的城际铁路均采用综合维修的方式,线路的日常养护维修由线路沿线的综合维修车间、工区负责,线路的综合检测及大机作业由广铁集团相关机构负责。

- 地铁维修现状

区域内地铁主要为广州地铁、深圳地铁、佛山地铁等,各地铁公司的维修管理架构类似,各维修管理部门多设在运营事业总部,运营事业总部下设多个运营分中心以及基地维修中心,共同构成了地铁的基础设施维修体系。

- 都市圈城际铁路维修管理现状

都市圈城际与普速地铁相互独立,在建的18号线、22号线地铁在万顷沙车辆基地内配置综合检测车、网轨检测车、钢轨打磨车、钢轨探伤车等大型检测维修车辆,负责都市圈城际铁路的大型检测维修作业。日常养护维修由各专业维保部及工班负责,与普速地铁类似。

广州市轨道交通已在新造车辆段设置一处大型综合维修基地,近期在广钢新城车辆段设置一处大型综合维修基地,远期在化龙车辆段预留综合维修基地用地,含机械、电子、供电、工建等维修车间,共同承担整个线网设备设施的大修及故障修任务。目前,18号、22号线车辆段只设置机电、供电和工建检修工区,承担全线工务、建筑、机电、供电、通信、信号、自动售检票、防灾报警、机电设备监控等设备设施的日常检查保养和维护任务,停车场设备专业维护工班。

(c) 运营管理现状

梳理大湾区城市轨道交通车站的岗位设置情况,车站岗位基本可以分为以下几种:站长、值班站长、值班员、站务员、保安、保洁等。车站实施站长负责制,实行由上至下的管理制度和由下至上的汇报制度。站长为日勤岗,值班站长为倒班岗,负责相应班次的管理,指导和组织值班员、站务员、保安、保洁开展工作。

城际铁路车站同样实行站长负责制,车站日常生产实行单一指挥制,车站组织机构和定员根据车站的等级和工作量确定。一般包括运转主任领导的运转部门、客运主任领导的客运部门以及负责全站技术工作和财会工作的总工程师、总会计师等。

总结来看,由于运营管理主体不同、运营作业标准不同,城际铁路与城市轨道交通岗位设置不同,故两者分开运营管理。

b）一体化运维管理存在问题

（a）车辆运维——车型不兼容、管理不协调。

（b）综合维修——标准不兼容、机构不协调。

（c）运营管理——多套人马、协同性差。

g. 一体化票务清分现状及存在问题

a）票务清分现状

城市轨道交通票务清分现状：大湾区城市轨道交通系统主要存在同城清分、异地清分两种票务清分形式；同城清分方面，广东省内各主要城市（广州、深圳、佛山等）轨道交通统一设置清分系统 ACC 实现各线路票务收入统一清分；异地清分的典型代表为广佛地铁线路清分机制，目前，广佛地铁由单独成立的广佛运营公司统一运管，在佛山设立广佛地铁 LCC，接入广州地铁清分中心 ACC，实现广佛地铁客票系统的清分清算。

城际铁路票务清分现状：城际铁路线路票务清分方面，深圳圈城际网线路清分规则与城市轨道交通相同，此处不作赘述，珠三角城际铁路则依托于现行国铁客票机制实现票务管理。详细来看，珠三角城际铁路票制主要借助 12306 实名制客票系统，在线路上各车站分别设置相应的车站客票系统，各车站票务信息直接汇总到广铁路局票务中心，各路局的票务信息通过线路传输发送给铁路总公司既有的客票中心，再由客票中心将相关信息传输给铁路总公司资金清分中心，完成各线路的票款清分。

b）一体化票务清分存在的问题

珠三角城际、都市圈城际、城市轨道交通分属不同的运营主体，运营主体间的联系机制不完善，缺少更高层级的票务清分体制和线路清算机制，无法实现跨区域、跨主体、跨制式的一票通达。

h. 一体化应急救援现状及存在的问题

a）应急救援现状

目前，城市轨道交通、城际轨道交通突发事件应急管理工作都是围绕"一案三制"的框架来开展的，"一案"指制定应急预案，"三制"是指建立应急管理体制、应急管理机制和应急管理法制。

（a）应急预案编制

各地地铁公司根据《国家突发公共事件总体应急预案》《国家城市轨道交通运营突发事件应急预案》，省级政府制定的《广东省突发事件总体应急预案》《广东省突发事件预警信息发布管理办法》，分别编制应急预案，存在差异。

（b）应急管理体制

粤港澳大湾区城市轨道交通应急救援管理主要依托于各地铁公司运营管理部

门（广州地铁集团、深圳地铁集团、广铁集团、东莞轨道公司、佛山铁投等），各地区应急管理体制不同。

珠三角城际轨道交通与国铁连通，且目前由广铁集团运营，城际轨道交通应急管理体制与铁路一致，除要遵循一般应急管理基本原则外，还应充分考虑行业自身特点，涉及多部门、多环节。

不难看出，由于不同地区的行政管理特点不同，各地区的应急管理体制也不同。同时，考虑到行业自身的管理特点，珠三角城际轨道交通应急管理体制与国铁一致。

（c）应急管理机制

各地区应急管理预案不同、应急管理体制不同，相应的应急管理机制也不同，且相对独立。

（d）应急管理法制

目前，国家出台了《中华人民共和国突发事件应对法》，广东省发布了《广东省城市轨道交通运营安全管理办法》《广东省突发事件应对条例》等突发事件法规、规章，地方政府也发布相应法规、规章等，应急管理法制正在逐步健全，但目前没有都市圈、大湾区层级协同响应、协同作战的应急管理办法。

b）一体化应急救援存在的问题

（a）一体化应急救援基础建设不足

因地铁网和城际网车辆的救援理念、方案及设施布局不一致，因此其救援管理也有不同之处。地铁网救援主要依托于各城市地铁运营单位，而城际网的救援设施及管理都依托于国铁的救援资源。一体化运营之后，互联互通的线路之间会开行跨线列车，车辆救援的方案设计、布局规划会变得较为复杂，因此其救援管理也会产生一定的问题，尚未建立两网融合之后的救援方案。

（b）一体化应急救援响应机制不足

不同的轨道交通可能由不同的运营单位负责管理，其车站管理组织架构不同，岗位设置不同。对于不同运营管理主体管辖线路的换乘车站，现状通常采用分区管理的模式，即一个车站、多班人马，不利于车站应急救援的统筹管理和协同。

（c）一体化应急救援信息化程度不高

目前，大湾区内各主体应急救援分开管理，横向、纵向信息不畅，协同作战的信息流动不畅。

（3）长三角城市群轨道交通一体化运营现状及存在的问题

a.一体化线网概况及存在的问题

a）线网概况

根据长三角地区轨道体系的建设情况，现状长三角轨道交通体系一般分为干线铁路、城际铁路、市域铁路和城市轨道四个层次，现状长三角范围内轨道总里程达到了5265 km，已经覆盖了92%的地级市，轨道上的长三角已初具规模。

国家发展改革委印发《长江三角洲地区多层次轨道交通规划》（以下简称《规划》）提出，到2025年基本建成轨道上的长三角，长三角地区成为多层次轨道交通深度融合发展示范引领区。《规划》充分体现了长三角地区的特点和需求，紧扣"一体化"关键词、突出"大轨道"发展理念，从构建多层次网络布局、打造优衔接枢纽体系、提升一体化融合水平等方面提出了长三角多层次轨道交通发展的重点任务。《规划》对提升轨道交通的运输服务水平、推动构建现代综合交通运输体系、推动区域一体化发展具有重要作用，对全国其他地区发展多层次轨道交通具有重要的参考和借鉴意义。

（a）干线铁路

截至2020年底，长三角地区铁路营业里程超1.3万km，占全国近9.0%，其中高速铁路通车里程超6000km，占全国的16%，铁路网密度、高铁网密度分别是全国的2.4倍、4.3倍。

国家发展改革委发布的《长江三角洲地区交通运输更高质量一体化发展规划》中指出，将加快沪通铁路一期、沪通铁路二期、上海经苏州至湖州铁路等项目建设，规划建设沿江高铁（武合宁、北沿江段），南通经苏州、嘉兴至宁波铁路（含如东延伸段），镇江至宣城铁路，南京经滁州至蚌埠铁路等干线铁路项目。

（b）长三角城际铁路

长三角地区作为我国发展较为成熟的区域之一，是城际铁路规划建设发展较早的区域之一，经过多年的发展，长三角地区轨道交通体系逐步完善，各网络层次快速发展，铁路轨道系统已经成为助推长三角现代化建设的强大引擎，对于加快转变经济发展方式，长三角地区各城市的同城效应显著。

结合长三角地区城际铁路规划建设历程，随着区域城际铁路需求的增加，中央和地方事权责任划分逐步明确，城际铁路的规划建设由国家主导逐步向地方倾斜。2005年国务院审议并原则通过《长江三角洲地区城际客运铁路网规划》。规划覆盖以上海市为龙头的15个地级市，以上海为中心，以南京、杭州、宁波为三个次中心的城市布局，以沪宁、沪杭、杭甬为主轴，共同构造了一个"Z"字形发展构架，形成了向整个长江三角洲地区辐射的"主轴+鱼刺"形的网络结构，基本形成以上海、南京、杭州为中心的"1~2小时交通圈"。规划至2020年末通车里程达815.1km。该规划对目前长三角城际铁路的建设和实施起到了指导性作用，其中规划沪宁、杭甬城际建成通车，规划同时也指导了国内其他城市群城际铁路的规划和建设。

2016年国务院常务会议原则通过了《中长期铁路网规划（2016—2025年）》，提出构筑"八纵、八横"高速铁路主通道；规划中明确提出在优先利用高速铁路、普速铁路开行城际列车服务城际功能的基础上，规划建设支撑和引领新型城镇化发展的城市群城际客运铁路，优先考虑在长三角城市群建成城际铁路网，为充分利用国铁干线资源开设城际铁路提供基础。

2010年起，苏浙皖三省结合各自都市圈的打造，先后启动了城际铁路网规划的编制。2012—2015年，国家发展改革委先后批复了《江苏省沿江城市群城际轨道交通网规划（2012—2020年）》《浙江省都市圈城际铁路近期建设规划（2004—2020年）》《皖江地区城际铁路网规划（2015—2020年）》三个地方性的城际铁路网规划，规划线路涉及6个都市圈。本轮地方层面主导编制都市圈城际铁路网规划，主要结合都市圈城镇、产业、交通分布特征，构建南京、杭州、合肥、苏锡常、宁波五大都市圈核心城市、中心城市与周边大、中、小城市之间的城际铁路网，打造都市圈内0.5~1小时通勤圈，规划的城际铁路43条（含已建成6条），总里程为2487.1km（含既有的288km）。

（c）市域（郊）铁路

线网规划方面，"探索期"市域（郊）铁路网以"放射状"布局为主，与城市轨道交通实现"多点换乘"。如南京都市圈规划了"七射、一联"线网格局，线网里程为427km；杭州都市圈规划了"八射、一联"的线网格局，线网里程为372km。南京、杭州都市圈市域（郊）铁路网规划如图5-3所示。

b）存在问题

长三角轨道交通发展时间较早，但在规划建设、运营管理、资金筹措等方面尚未形成科学合理的机制，国铁网、城市轨道网、市域铁路与城际铁路之间尚未实现较好的融合，都市圈之间规划建设不统一，导致长三角区域城际铁路发展较慢。城际铁路网规模与长三角一体化高质量发展不相匹配，是区域一体化综合交

图5-3　南京、杭州都市圈市域（郊）铁路网规划

通运输体系发展的短板，对长三角一体化的引领作用尚未形成。

b. 一体化服务现状

长三角地区的七座城市，已率先在手机刷码进出地铁站方面实现了互联互通。上海、杭州、南京、合肥、苏州、宁波、温州七座城市的轨道交通在互联网数字技术的支持下，实现了轨道交通二维码手机扫码过闸"一码通行"，第一张覆盖长三角地区三省一市等主要城市的轨道交通"通票"就此诞生。长三角区域成为国内首个实现轨道交通刷码互联互通的城市群。

c. 一体化运维现状——市域（郊）铁路

目前，长三角已经率先建成了一批市域（郊）铁路项目，不同线路在线路长度、设站数量、站间距、速度目标值、系统制式及车辆选型、车辆编组等方面均有差异。速度目标值方面，可以采用100~160km/h 的不同标准；系统制式方面，可以采用直流、交流2种制式；车辆选型方面，可以采用A型车、B型车、D型车、CRH6等；车辆编组方面，可以根据客流需求灵活编组。此外，长三角地区积极利用金山铁路、萧甬铁路等开行市域（郊）列车，从线路、车站、售检票等方面对既有铁路进行了改造。

d. 一体化运营现状——市域（郊）铁路

（a）运营服务。利用既有铁路方面，除金山铁路开行37.5对/日外，大多数线路在10对/日以下；新建线路基本在50对/日以上。

（b）客流水平。利用既有铁路方面，除金山铁路为3.04万人次/日外，大多数线路在1万人次/日以下。新建线路平均客运量为4.7万人次/日，最高的宁天线为10.8万人次/日，最低的宁溧线为0.68万人次/日。

（c）运营补亏。利用既有铁路线路收入以政府补贴为主，大部分线路亏损。新建线路运营收入以票务收入为主，平均收支比为19.7%，全部亏损。

（4）京津冀都市圈轨道交通一体化运营现状及存在问题

京津冀都市圈是我国三大都市圈之一，地处环渤海地区，经济实力雄厚，具有独特的政治地位，是北方地区最具活力和前景的经济增长极。

京津冀城市轨道交通主要是指京津冀铁路轨道网络方面，国家对于不同地区按照不同的服务特征进行部署，主要包括四层轨道网：干线铁路、城际铁路、市郊铁路和地铁。干线铁路网方面，将连接距京150km 及以上的区域，例如在建的京张、京沈铁路将在京沪、京广等既有网络的基础上，加密三地间的沟通；城际铁路网，将主要连接距京70~150km 区域，例如京唐城际、京滨城际、京霸城际等；市郊铁路方面，则是解决30~70km 出行距离的需求，未来平谷线是一条具有典型意义的京津冀一体化市郊铁路；另外，30km 以内的出行则将主要依靠地铁来完成。

a. 线网概况

a）铁路干线运输

京津冀都市圈干线铁路运输都在北京铁路局管辖范围内。北京铁路局线路营业里程已达到6246.4km，其中速度在200km/h以上的高速铁路1148.8km，包括京津城际、石太客专、京沪高铁和京广高铁的部分区段。目前，京沪高铁、京广高铁、津山铁路、京哈铁路、锦承铁路、京通铁路、京沪铁路、京九铁路、邯济铁路、京广铁路、邯长铁路、京原铁路、京包铁路、石太铁路、石太客运专线、张集铁路、那黄铁路、石德铁路、京承铁路、津秦客运专线、京哈高铁等长大干线已经共同构成了一个以北京首都为核心，以天津、石家庄两个枢纽城市为辅助的放射型铁路干线网络。铁路干线网络覆盖了京津冀都市圈的核心区域，为京津冀的经济发展、人员往来产生了重要作用。路网中的京沪、京哈、京广三条干线高铁和京广、京沪、京哈、京九四大普速干线构成了京津冀都市圈的骨干快速交通网，承担了都市圈出入境的绝大部分客运量（图5-4）。

b）城际轨道运输

（a）京津城际铁路

在京津冀都市圈内，城际轨道交通首条线路运行于北京至天津区段的京津城际高速铁路。该线设计速度达350km/h，是我国第一条城际间高速铁路，已于2008年8月正式通车运营。

京津城际铁路连接核心城市北京和次中心城市天津，沿途设立北京南站、亦庄、永乐、武清、天津、天津西等站，为双线电气化铁路，线路全长120km。其运行速度约330km/h，因此，京津两地最短33分钟便可直达，公交化运行特点明显，间隔小、密度大、有重联，早晚高峰时段发车间隔仅10分钟，其他时段间隔不超过25分钟。

京津城际铁路开通运营以来，客流稳步增长，旅客发送量从开通初期的635万人次，逐年递增至2013年的2585万人次，累计发送旅客1.17亿人次，平均客座率72%，达到了很好的输送短途旅客的运营效果。

（b）京雄城际铁路

2020年12月京雄城际铁路大雄段（大兴机场站至雄安站）开通运营，标志着京雄城际铁路全线开通运营，京雄城际铁路全线贯通后，雄安新区融入京津冀城际铁路网，实现了雄安新区与北京、天津的半小时交通圈。

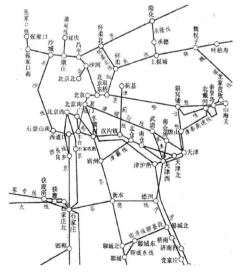

图5-4 北京铁路局干线网络

京雄城际铁路全长 91km，最高设计速度 350km/h，其中北京西至大兴机场段已于 2019 年 9 月 26 日开通运营。雄安站总规模为 13 台 23 线，京港台高铁、京雄城际、津雄城际三条铁路交会于此，总建筑面积 47.52 万 m^2，未来可实现国铁干线、城际铁路、地铁和多种交通方式一体换乘。京雄城际铁路开通运营后，北京西站至雄安新区间最快旅行时间为 50 分钟，大兴机场站至雄安新区间最快 19 分钟可到达。初期，京雄城际铁路每日安排开行 16 对复兴号动车组列车，单日可发送旅客 2 万人。

（c）京津冀城市群城际铁路网规划

2016 年 11 月，国家发展改革委批复了京津冀城市群关于城际铁路网的规划。京津冀地区规划的城际铁路网以"四纵四横一环"为主骨架，形成了"鲲鹏展翅、两翼齐飞"的城际线网形态。规划线网覆盖了城市群内的主要节点城市以及沿海经济带和北京新机场等重要枢纽节点，实现了城际网网络化及区域城际铁路间的互联互通。京津冀"四纵四横一环"的城际铁路网规划见表 5-1。

京津冀"四纵四横一环"的城际铁路网　　　　　　　　　表 5-1

四纵	京石邯城际	北京—保定—石家庄—邢台—邯郸
	京霸衡城际	北京—首都第二机场—霸州—衡水
	津承沧城际	沧州—天津—宝坻—蓟县—遵化—承德
	环渤海城际	秦皇岛—曹妃甸—滨海新区—黄骅—滨州
四横	京津唐城际	北京—天津—于家堡
	京唐城际	通州—香河—宝坻—唐山—曹妃甸
	津保铁路	天津—霸州—保定
	石沧黄城际	石家庄—沧州—黄骅
一环	环北京城际铁路	涿州—首都第二机场—廊坊—香河—平谷—密云—怀来—涿州

规划的城际线网规模达到 3796km，其中新建城际铁路 23 条，约 3400km。2020 年，城际线网规模达到 1355km，其中新建 1034km；2030 年，城际线网规模达到 3172km，其中新建 1817km。

c）城市轨道运输

京津冀都市圈的城市轨道交通发达，尤其是北京市和天津市，作为我国开通地铁的第一、第二城市，其地铁线路发展到现在已建成网络，承担城市内居民通勤、旅游、购物、上学等日常出行；河北地铁建设滞后，目前只有石家庄开通了地铁，其首开线路于 2017 年 6 月开通试运营，石家庄地铁运营线路有 1 号线、2 号线、

3号线，里程总长约 76.5km。

（a）北京城市轨道交通

北京是全国最早建立较为完善的城市轨道交通网络的城市之一。截至 2020 年 12 月，北京市轨道交通路网运营线路达 24 条，总里程 727km，车站 428 座（包括换乘站 64 座）。2017 年，北京地铁年乘客量达到 45.3 亿人次，日均客流为 1241.1 万人次，单日客运量最高达 1327.46 万人次。地铁为城市客流的出行提供了最方便和快捷的交通模式，舒缓了拥堵的地面交通（图 5-5）。

（b）天津城市轨道交通

天津是中国第二个拥有地铁的城市，截至 2019 年 12 月，天津市开通地铁线路共 6 条，线网覆盖 11 个市辖区，总运营里程 233km，共设车站 143 座。2019 年，天津地铁年客运量为 5.2506 亿人次，日均客运量约为 143.85 万人次（图 5-6）。

b. 存在问题

京津冀都市圈范围内主要包括四层轨道网：干线铁路、城际铁路、市郊铁路和地铁。目前，四个层级基本上独立运营，没有实现互联互通。此外，河北的地铁建设滞后，城市轨道交通发展起步晚、实力弱，是京津冀城市轨道交通发展的薄弱环节，也是日后建设城市轨道交通的重点方向。

3）一体化运营原则、目标及策略

（1）一体化运营构建原则

基于一体化线网规划和生产力设施布局规划，以目标和问题双导向，提出一体化运营构建原则，即围绕一个终极目标，将城市与轨道融合，协调三方关系，面向四个维度，搭建一套支撑体系（图 5-7）。

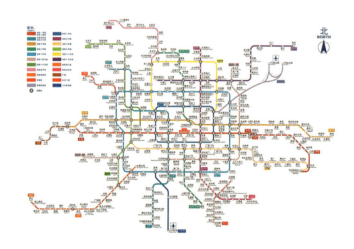

图 5-5　北京市轨道交通线网图

图 5-6　天津市轨道交通线网图

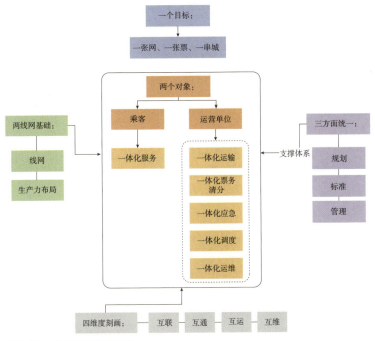

图 5-7 一体化运营构建原则

（2）一体化运营的目标

基于一体化运营构建的原则，统一对准"一张网、一张票、一串城"这一终极目标，从乘客和运营单位的角度，统一规划、统一标准、统一管理系统各要素，打造互联、互通、互运、互维的轨道交通网。

基于上述原则，为便于识别和执行，将一体化运营规划的目标具体细分为 9 个目标因子。

a. 一体化线网

从乘客的角度，实现一体化线网的工作内涵是：通过三层级统筹规划，选择三层级线路互联节点的合理衔接方式，提出城际、都市圈城际和城市轨道交通的多网融合方案。

一体化线网是线网优化的工作目标，是一体化运营管理的工作基础。

b. 一体化生产设施布局

从运营单位的角度，实现一体化生产设施布局的工作内涵是：通过资源共享降低建设和运营成本、通过协调管控降低交易成本，以有限的资源创造最大的效益。结合全网运输组织需求，协调兼容不同制式的标准接口，通过规划新建或利用既有场段，提出一体化生产设施布局方案。

一体化生产设施布局是生产力布局的工作目标，是一体化运营管理的设施布局层面的支持。

c. 一体化服务

从乘客的角度,实现一体化服务的工作内涵是:在多个运营主体下,共用一套服务标准,构建乘客全程无感知的一体化管理情景,实现一体化车上服务、一体化车站服务和一体化票务服务。

一体化服务是一体化运营从乘客的角度要实现的重要目标。

d. 一体化运输

从运营单位的角度,实现一体化运输服务的工作内涵是:统一运营接续标准,做好运力资源统筹管理,整合全网运力资源,满足全域客流需求,全面提升客流出行频次、扩展出行半径。

一体化运输是一体化运营从运营单位的角度要实现的重要目标。

e. 一体化调度

从运营单位的角度,实现一体化调度的工作内涵是:实现上下传导快、同级协调顺畅的调度管理机制,搭建线网信息共享、调度指挥协调、多元管理集成的调度指挥系统。

一体化调度是一体化运营管理从运营单位的角度要实现的重要目标。

f. 一体化运维

从运营单位的角度,实现一体化运维的工作内涵是:构建一体化的协调机制与规则、一体化的管理体制,实现多主体、多制式、多区域格局下轨道交通的协调管理;研究标准兼容,实现车辆和设施各自修程修制统一、设备统型统购、备品备件统筹存放。

一体化运维是一体化运营从运营单位的角度要实现的重要目标,是一体化生产设施布局的工作基础和原则。

g. 一体化票务清分

从运营单位的角度,实现一体化票务清分的工作内涵是:实现票款清分合理化、简易化、标准化;实现各类线路清算规则设置合理、覆盖情景全面、清算到账迅捷,管控减少交易纠纷。

一体化票务清分是一体化运营从运营单位的角度要实现的重要目标。

h. 一体化应急

从运营单位的角度,实现一体化应急的工作内涵是:应急救援管理协同,应急救援设备设施共享,实现跨制式、跨主体、跨区域的协调联动,决策层高效划一、执行层响应迅速。

一体化应急是一体化运营从运营单位的角度要实现的重要目标。

i. 一体化技术标准

从运营单位的角度,实现一体化技术标准的工作内涵是:规避由于主观认识和规范理解不同造成的技术标准执行差异，从设计阶段即建立完全统一的标准体系，利于各类线路标准兼容、接口兼容，为轨道交通一体化提供技术支撑。

一体化技术标准是技术标准和工程改造的工作目标，是一体化运营管理的技术支撑。

总结上述九个目标因子，一体化线网、一体化生产设施布局是物质基础，一体化技术标准接受一体化运营的指导，决定了一体化线网、一体化生产设施布局的技术特征。其余为一体化运营目标。因此，在构建一体化运营目标时，主要选取一体化服务、一体化运输、一体化调度、一体化运维、一体化票务清分、一体化应急等六个目标因子。

（3）一体化运营策略

a. 规划审批：打破行政边界，统筹规划布局策略。

b. 运营事权划分：简政放权、放管结合、优化服务的划分策略。

c. 运营主体协调：核心城市主导运营，发挥集约效益的协调策略。

d. 运营补贴政策：风险共担、利益共享的补贴策略。

e. 乘客反馈机制：以人为本的乘客参与策略。

f. 监督管理：高效、全面、可控的监督管理策略。

4）一体化运营方案

（1）一体化运输组织方案

结合国家及地方政策要求，适应客流出行特征，轨道交通一体化运输组织提出了"公交化运营""长时运营""跨线运营""快慢车运营"四个对策，如图5-8所示。

（2）一体化调度指挥方案

根据同一运营主体管辖线路只能由一个调度中心指挥的原则，各运营主体分别构建各自集调度指挥和应急响应于一体的线网运营调度（应急）指挥中心（COCC/NOCC）。

（3）一体化票务清分方案

可在区域内构建上层统一中心。在各城市区域清分中心等其他城际地铁客票中心的基础上，新构建一个统一的一体化清分中心。

（4）一体化车辆维修方案

从改造小、易管理的角度出发，CRH6、市域D两种车型宜首先充分利用与各自车型相适应的既有及在建基地进行车辆运用维修作业。

结合过轨运输的情况，可分需求等级（只存少许车、还要承担部分一级修或日检、临修是否考虑兼容等）对既有运用维修设施设备提出利旧、适应性改造方

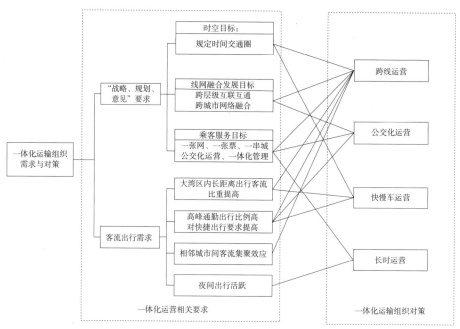

图 5-8　一体化运输需求与对策的对应关系

案，或新增方案等。

统筹考虑城市群城际线网范围内以互换修为主的部件专业化集中修布局。

（5）一体化综合维修方案

都市圈城际实现综合检测车的共享，对综合检测车的性能提出要求（主要是接触网、通信、信号系统），以满足共享需求；地铁网各线实现网轨检测车的共享，进一步提升大型检测车的利用效率，推进地铁综合检测车的开发应用。

都市圈城际实现钢轨探伤车的共享，地铁网各线实现钢轨探伤车的共享，开发同时适用于城际、地铁限界和使用需求的钢轨探伤车。

都市圈城际实现钢轨打磨车的共享，地铁网各线实现钢轨打磨车的共享，开发同时适用于城际、地铁限界和使用需求的钢轨打磨车。

都市圈城际实现道岔打磨车的共享，地铁网各线实现道岔打磨车的共享，开发同时适用于城际、地铁限界和使用需求的道岔打磨车。

供电维修中的接触网作业车及接触网检测车应考虑适应城际铁路和地铁线路的限界要求，能够满足作业车辆在不同供电制式线路中的运行需求。在检测装置配置方面，应考虑接触网检测、接触网成像检测等装置的适应性问题，在既有单一功能的基础上，应进行综合功能开发研究，满足检测装置对柔性接触网、刚性接触网以及接触轨系统的综合检测要求。

城际、地铁一体化管理后，应着力推进维修设施的资源共享，助力一体化的管理。主要侧重于维修基地、大机维修设施、维修材料供应基地等层面的设施共享。

（6）一体化应急救援方案

《国务院办公厅关于保障城市轨道交通安全运行的意见》（国办发〔2018〕13号）指出："对跨城市运营的城市轨道交通线路，有关城市人民政府应建立跨区域运营突发事件应急合作机制。"

应急救援组织机构是应急体系的中枢，是日常应急救援体系建设和应急救援规章制度监督的主体机构，同时，在突发事件发生时，应急救援组织机构也是应急指挥的决策和执行机构。以粤港澳大湾区为例，根据轨道交通线网化的特点，轨道交通应急救援组织机构要进行分级设置，分为3个级别，分别是大湾区层级应急救援组织机构、各地市层级应急救援组织机构和线路级应急救援组织机构（图5-9）。

（7）一体化车站布局原则

通过构建"一个车站一个站长、一套管理机构和一套管理办法"的一体化车站管理机构，更好地实现一体化车站管理。

按照线路级设备设施原则上遵循各线设置原则不动、车站级设备设施充分利旧的原则，实现车站管理设施布局的一体化。

为进一步满足旅客出行需求，要求城市轨道交通应急响应更快速、应急救援更高效，迫切需要建立与安全风险相匹配的应急管理体系。针对应急指挥过程中存在的组织难、效率低、失误多和突发事件应急救援指挥涉及部门多的情况，车站一体化运营管理后，需有效协调各部门、调配各种资源和设备来应对突发事件，降低社会负面影响，保障乘客的安全，提升服务质量。应整合各自原有的应急指挥系统设施，优化应急指挥功能设施布局，实现一个车站设置一套应急管理体系和应急预案的应急指挥一体化。

城际和地铁站的旅客服务和运营管理主要目标一体化后，需要在旅客流线组织、安检、进出站、候车、票务设施、导向标识等车站功能布局方面充分实现一体化，方便旅客便捷出行，提升车站服务的便捷性，为乘客提供高品质的车站服务。

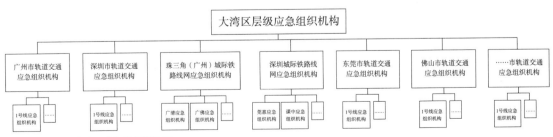

图5-9 案例：大湾区应急组织机构图

5）一体化运营管理规则与协调机制

区域轨道交通一体化运营将会涉及多个主体，包括多个城市及其所属地铁公司，各主体间利益诉求各不相同，管理各自为政，遇到问题需各自协调，耗时较长，对资源造成较大浪费。因此，基于一体化在规划、标准、运营等方面进行统筹管理的需求，研究考虑了两种一体化联合管理的组织架构方案。

考虑以地铁集团等运营单位作为主体，成立区域轨道交通一体化企业联盟，设置企业联合工作组，其组长采用轮流制或推选制选出。联盟日常管理规则由各家单位共同制定确认，管理费用由各方分摊。该机构负责落实一体化运营规划及相关政策。联盟下设运输组织、调度指挥、票务清分、云平台和建设协调等部门。

其次，考虑到在轨道交通一体化的推进过程中，还会涉及投融资、用地、补亏等复杂的利益问题，单纯依靠企业，协调难度较大。因此，考虑在企业联盟之上构建政府领导小组，由省、市政府、发展改革、交通、国土、财政等相关职能部门的成员组成，研究制定区域轨道交通一体化规划、标准、运营的政策机制、法定许可程序、轨道交通联运协议等相关内容，协调解决轨道交通一体化工作中遇到的重要问题。

以粤港澳大湾区为例，组织架构如图5-10所示。

图5-10 大湾区一体化管理组织架构

(1) 一体化运营管理规则与协调机制研究

a. 一体化运营管理规则与协调机制

a) 规划管理规则

区域规划管理规则可提炼为"一张网、三统一",是以"一张网"为基础,对区域轨道交通规划统一编制、统一审批、统一执行,最终实现线网架构合理,技术方案协调,建设时序衔接,路网资源共享。

(a) 规划统一编制规则

区域内各制式、各运营主体的规划在规划管理部门的领导下统一编制,明确建设时序,考虑资源共享,在规划时即实现路网资源最大化利用。

(b) 规划统一审批规则

规划管理部门对规划进行统一管理,城际网规划、各城市轨道交通网规划均经其审查并报批上级管理部门,并由其统一协调地方城市规划、建设规划,尽可能满足各交通运输企业的利益诉求以及社会发展需求。

(c) 规划统一执行规则

区域规划项目由规划管理部门统一监督管理,统一执行,实现路网功能的匹配;统一评价区域内该规划执行效果,并采取整改措施。

b) 规划管理协调机制

(a) 规划编制协调机制

规划管理部门负责区域内轨道交通路网规划,各城市区域内编制线网规划时要执行区域级规划,各城市轨道交通规划要报规划管理部门审查和归口。

城市级规划与区域级规划或城市与城市间规划发生冲突时,应由规划管理部门组织召开沟通会议,依据各城市发展需求和资源,提出相应的解决方案,统筹协调和裁决。

(b) 规划执行协调机制

规划管理部门负责区域规划的执行和监督,负责各城市互联互通项目建设时序与建设模式,把握区域轨道交通发展方向与节奏。若区域级互联互通项目与某城市自身项目建设时序有冲突,由政府领导小组统筹协调和裁决。

b. 区域标准管理规则及协调机制

a) 标准管理规则

区域标准管理规则是为建立一体化标准体系而制定的编制、审理、实施等方面的规则,实现"一体系,三统一"。

(a) 统一编制的规则

区域轨道交通线路的技术标准体系由标准管理部门牵头进行编制,兼顾线网的既有情况,统一确定区域各制式、各层级"互联、互通、互运、互维"四个方面的标准,从顶层制定区域内线路应该采用的技术标准。

(b)统一审批的规则

由区域内政府领导小组的标准管理部门对各线路确定的技术标准统一进行审批,协调互联互通引起的技术标准改动问题。

(c)统一执行的规则

由区域内政府领导小组的标准管理部门对于各线建设标准的执行情况进行针对性的监督管理,保证其符合技术标准体系的要求,避免出现因不符合规划要求而引起的改建工程。

b)标准管理协调机制

政府领导小组成立标准管理部门,建立区域互联互通技术标准体系,协调技术标准管理相关事宜。

(a)标准编制协调机制

标准管理部门负责建立区域轨道一体化标准协会,制定协会工作管理守则,协调协会人员和资源;负责编制、颁布区域轨道交通互联互通项目技术标准文件,构建一体化轨道交通标准体系。

区域互联互通项目技术标准编制中出现冲突时,由标准管理部门负责组织标准协会召开沟通会议,协调解决标准冲突问题,报企业工作组裁定。

(b)编制执行与监督协调机制

标准管理部门负责审批区域内由于互联互通产生的技术标准改动项目,负责对各线建设标准的执行情况进行监督。

若出现不符合技术标准的项目,由标准管理部门组织召开技术交流会议,协调解决新建线路、在建项目、既有线路技术标准兼容性问题,保障轨道交通一体化整体推进。若标准管理部门在监督各线标准执行时发现问题,应由政府领导小组统筹裁决。

(2)研究主要结论与建议

a.管理体系

a)提出"围绕一个目标、聚焦两个对象、基于三个统一、面向四个维度"的一体化运营构建原则;

b)构建由一体化服务、一体化运输、一体化调度、一体化清分、一体化运维和一体化应急救援6个因子组成的目标体系;

c)构建由政府领导小组、企业联盟组成的顶层管理架构,负责统一规划、统一标准、统一管理;

d)构建协同服务标准和运营管理规则的体系框架。

b.主要系统设施布局

a）筹建区域级调度指挥中心，负责运输计划总制定、运营总协调、行车总监督、资源总调配、应急总指挥；

b）保留各城市既有清分中心，筹建区域级总清分中心；

c）为提高区域城际轨道交通运营管理智慧化水平，筹建轨道交通云平台；

d）综合维修采用管、检、修分离模式，推荐贯彻"线上专业化、线下市场化"原则；

e）应急救援采用小型化、快速通达式救援设备，辅以地面设备的救援模式，应急救援线上设备宜结合车辆维修和综合维修布点考虑，地面设备宜按区域化布置，以实现救援设备的快速进场；

f）新规划车站按照一体化理念建设，在建车站根据一体化的要求能改尽快改，既有车站根据具体情况研究确定。

5.3.2 标准先行 互联互通

历经多年发展，都市圈地铁，从核心城市独立发展，到核心城市与周边多个城市互联互通；都市圈轨道，从"普速铁路＋地铁"的传统二元结构，发展成为"国铁、城际、地铁"多网并存的多层级网络体系。以粤港澳大湾区为例，截至 2020 年底，大湾区轨道交通（含国铁、城际、地铁）规划总里程超过 9000km，已建成超 3000km，大湾区轨道交通规划建设位居全国前列。

对标更高质量的一体化发展要求，目前轨道交通一体化发展水平仍待提升，对都市圈空间分布、人口与产业发展的支撑与引领作用有待加强。主要表现在两个方面。一是协同机制体制亟待健全，多网融合和区域设施资源共享水平亟待提升。受制于行业技术标准或行政区界管理体制，都市圈轨道交通仍存在跨层级、跨区域互通互联和协同运输的障碍；运营维修、维护成本居高不下，可持续发展能力亟待加强。二是都市圈轨道互联互通技术亟待突破，技术标准亟待统一。在轨道交通自主建设运营及新技术快速迭代的发展背景下，多网深度融合，高质量互联互通的轨道交通技术储备不足，仍需进行技术突破、标准创新，装备研发。

1）国际经验借鉴

欧盟为了确保跨欧洲铁路安全可靠地实现可互通性运行，建立了层次清晰、相互协调支持，充分考虑安全性、经济性和可操作性，并且内容详尽的技术法规和标准体系。

日本东京为解决私铁进中心区的问题，缓解换乘压力，提升直达性，采用外围私铁与中心区地铁跨线运营模式，实现互联互通。

(1) 欧洲经验

欧洲主要通过制定相关互联互通标准实现欧洲各国(或运营主体)、各种制式、各等级线路互联互通,欧盟技术法规及标准体系架构包括 4 个层次:

a. 欧盟铁路指令(EC);

b. 欧洲铁路互通性技术规范(TSI);

c. 欧洲标准(EN);

d. 欧盟各国国家、协会和企业标准。

欧盟铁路指令规定,每个子系统都应符合 TSI。制定并实施 TSI 的目的是:通过建立跨欧洲铁路系统各子系统之间必要的相互功能关系,确保通过该系统的相容性来满足指令规定的基本要求。

(2) 日本经验

日本东京主要在既有轨道交通的基础上,通过标准创新、各运营主体间运营规则互认等实现各运营主体、各种制式、各等级线路的互联互通。

a. 基本是多条私铁通过地铁贯通到城市中心,以 2~3 条线贯通为主,跨线运营标准兼容,线路组合根据需要可灵活调整;

b. 全线行车对数为 15 对左右,地铁自身内部开行 6~8 对,各线贯通进入的对数以 4~6 对 /h 居多;

c. 列车编组以 8~10 辆为主,车门基本都是 4 对 / 辆,贯通交路列车与本线列车不尽相同,部分线路定制跨线专用列车。

2)既有规范分析与技术发展目标

互联互通,是多网深度融合的重要前提,是通过统一的技术标准设置,实现多网的协同运营,满足乘客一站式服务需求的关键基础。本次主要以粤港澳大湾区城际与地铁都市圈快线融合为例,制定相应的互联互通标准。

既有的城际铁路设计标准体系《城际铁路设计规范》《市域(郊)铁路设计规范》均提出可采用"高密度、小编组、公交化"的运输组织模式,如大湾区既有城际按照国铁模式,采用 CRH 型车 +CTCS 信号系统,部分线路承担国铁下线功能,跨线运营。大湾区已实施的都市圈快线按照城市轨道交通的服务标准和公交化运营模式,采用了市域 D 型车 +CBTC 信号系统。

以粤港澳大湾区为例,在多网融合的背景下,需通过技术创新与标准融合来引领大湾区城际铁路建设,构建大湾区地铁都市圈快线与城际融合的新标准,打造更满足大湾区都市圈间通勤需求与大湾区内商旅出行需求的公交化运营高质量发展的大湾区新城际铁路。

为实现大湾区轨道交通发展目标,新建城际线路、都市圈快线(含广州都市圈快线、深圳都市圈快线）线路按照"一张网、一张票、一个技术标准、一个运营服务标准、一个指挥调度和票务清分中心"的总目标进行统一的规划设计建设。

（1）"一张网"

大湾区城际（含既有运营、在建及规划城际线）与国铁线网、各城市地铁线网实现互联互通、资源共享。

（2）"一张票"

大湾区城际、地铁线网能够兼容既有城际 12306 系统、省市等地方多种购票方式和票卡，可实现乘客一票通达。各城市按照共同达成的协议对票款进行清分。

（3）"一个技术标准"

大湾区城际、地铁按照"互联（换乘或联络线连接）、互通（列车过轨运营）、互运（整体运营管理）、互维（统一、共享维修维护资源）"四个层次，研究制定并统一执行新的大湾区城际铁路技术标准（既有运营线路适时改造）。

（4）"一个运营服务标准"

大湾区城际执行统一的运营服务标准，并与各市地铁线网服务标准相衔接、协调。

（5）"一个中心（调度指挥、票务清分）"

兼顾既有各市调度指挥、票务清分体系，利用云平台等先进的信息化技术，研究物理或者逻辑上共同形成大湾区调度指挥、票务清分中心的方案，实现城际、地铁线网跨线、跨城市运营的统一调度指挥、票务清分的机制、体系。

3）标准总则

以粤港澳大湾区城际与地铁都市圈快线融合为例，为满足都市圈快线与城际互联互通的跨线运营需求，互联互通技术标准体系按照服务的品质性、制式标准的包容性、技术先进性、建设运营经济性等原则进行编制。重点推进城际公交化运营与城际进中心。

（1）服务的品质性：公交化运营，高密度，大运量，便捷高效。

（2）制式标准的包容性：包容兼顾，互联互通，资源共享。

（3）技术先进性：技术先进，可迭代升级，满足未来发展。

（4）建设运营经济性：投资节省、运营经济。

4）主要专业技术标准

以粤港澳大湾区城际与地铁都市圈快线融合为例，既有城际线路与新建都市圈快线（含广州都市圈快线、深圳都市圈快线）线路在技术标准方面，重点统一

"车辆、信号、系统运输能力和服务标准、站台门、车站站台长度及建筑布局、通信系统、调度与票务清分系统"等 7 个方面，确保新建都市圈快线与既有城际线路的互联互通。

（1）车辆标准

经对比分析，城际铁路 CRH6 型车与都市圈快线市域 D 型车的车辆相关标准的差异主要在车长、车门数、最高速度、牵引性能、厕所配置等方面（表 5-2、表 5-3）。

CRH6 型车与市域 D 车辆标准对比　　　　　　　表 5-2

指标	市域 D 型车	CRH6F	CRH6A
车长（8 辆编组）（m）	186	201.4	201.4
车体宽度（m）	3.3	3.3	3.3
车高（m）	3.88	3.86	3.86
车门数量	头车 3 对，中间车 4 对	头车 2 对，中间车 3 对	头车 2 对，中间车 2 对或 3 对
车门宽度（m）	≥ 1.3 双开门	≥ 1.3 双开门	≥ 1.1 单开门
开门时间（s）	3 ± 0.5	3 ± 0.5	7 ± 0.5
信号制式	CBTC	CTCS-2+ATO	CTCS-2+ATO
卫生间	无	有	有
载客量	超员：2576（8 人 /m^2）	超员：1998（6 人 /m^2）	超员：1488（4 人 /m^2）
启动加速度（m/s^2）	≥ 1.0	≥ 0.8	≥ 0.65
平均加速度（m/s^2）	≥ 0.53	≥ 0.44	≥ 0.35

车辆维修标准表　　　　　　　表 5-3

类别	修程	检修周期		检修时间
		走行里程（km）	时间间隔	
日常维修	一级修	0.15	2 天	2 小时
	二级修	1.5~20	1~12 月	8 小时
定期维修	三级修	60	3 年	15 天
	四级修	120	6 年	35 天
	五级修	240	12 年	45 天

结合大湾区城际的实际需求，研究满足都市圈内部通勤出行需求与跨都市圈的湾区商旅出行需求的大湾区新车，新型大湾区车辆遵循的统一技术标准如下：

a. 最高速度 160km/h、200km/h，满足与城际跨线运营快速通达的需求；

b. 列车编组不宜大于 8 辆，站座结合，站立人数标准宜按定员 4 人 /m^2、超员 6 人 /m^2 计算；

c. 动力性能满足列车快速启停的要求，牵引加速性能不低于市域 D 型车的性能（0→160km/h 平均加速度 ≥ 0.53m/s^2）；

d. 车门数 3 对以上，采用双开门形式，满足乘客快速乘降，缩短停站时间，提升系统能力。

（2）信号标准

经对比分析，城际铁路与都市圈快线采用的信号系统相关技术标准存在一定差异，主要差异如下。

城际 CRH6 型车采用与高铁兼容的 CTCS-2 信号系统，其理论最小追踪间隔为 3~4 分钟。目前，城际采用的 CTCS-2 列控系统列车不能实现自动折返功能，正线行车间隔约为 5 分钟，系统允许的车站到发线长不小于 372m。

市域 D 型车采用 CBTC 信号系统，系统追踪间隔为 2.5 分钟，可实现列车自动折返，8 节编组对应车站到发线长不小于 202m。

2021 年 5 月 28 日，广州市发展改革委在广州市召开了"互联互通信号技术标准选型"专家研讨会，会议邀请了来自北京、上海、天津、武汉、长沙等地的 6 名专家组成专家组，广东省发展改革委到会指导，广州地铁集团有限公司、广州地铁设计研究院股份有限公司等单位相关人员参加了会议。专家组讨论后认为，针对未来城际公交化运营需求，采用兼容 CTCS-2 系统的 CBTC 系统是合理可行的，建议开发更符合技术发展方向的兼容 CTCS-2 系统的大湾区新型 CBTC 信号制式，以节省工程投资，提升系统能力，满足都市圈快线与城际的跨线运营需求。主要标准如下：

a. 新建互通线路的信号系统宜采用统一的信号制式，采用不同信号制式时，应能通过制式转换或统一设计原则实现互联互通。

b. 新建城际线路根据最小行车间隔要求和互通需求，宜采用兼容 CTCS-2 级的 CBTC 系统。

c. 新建城际线路均采用 CBTC 系统时，宜符合中国城市轨道交通协会发布的互联互通标准的有关规定。

d. 当采用不同信号制式的线路跨线运营时，跨线列车宜安装双车载信号设备，通过制式转换实现图定的本线列车以及跨线列车正常运行。

e. ATS 子系统应满足互联互通要求，当设置线网级调度系统时，ATS 系统应能与线网级调度系统接口。

f. 不同信号制式的行车调度指挥系统间需要互联、互通时，应在行车调度指挥中心实现接口信息透明，并实现列车进路等信息的互传，跨线列车在 CTCS 与 CBTC 制式转换过程中，同一时刻的列车运行调度应由 CTC 或 ATS 系统两者之一进行管理。

g. 列车运行调度系统宜具备跳停、扣车功能。

（3）系统运输能力和服务标准

a. 大湾区城际应实行一体化运营管理。各项目应按照一体化运营管理规划，以提高管理效率和效益、保障运营安全为目标，落实运营管理方案，配置调度、票务、应急等管理设施设备。

b. 大湾区城际应实现信息联通，以满足旅客服务、调度指挥、票务清分、养护维修、应急救援等一体化运营管理功能要求。

c. 行车组织依据线网互联互通规划、客流需求及其特征，合理确定各项目的系统能力、开行方案、配线设置等。

d. 大湾区城际应实行一体化维护与管理。各项目应按照区域轨道交通一体化生产力布局与管理规划，落实管理及设施设备的配置。

e. 线路的系统设计能力不宜小于 24 对 /h，互通线路跨线列车开行对数不宜少于 4 对 /h，跨线列车和大站快车宜具备时刻表服务功能。

f. 跨线运营接轨站的配线设置宜具备各自独立运营和同台换乘的条件。

g. 大湾区"城际 + 地铁"在一张网的运营中要协调好全网运输组织的匹配与衔接，实现全网协同运输。

（4）站台门标准

为实现新建都市圈快线与城际列车跨线互通运营，建议新建都市圈快线采用新型站台门，可兼容 CRH6 两门、CRH6 三门、市域 D 型车四门、大湾区新型城际车辆等四种车型，以降低建设成本。

a. 运行不同车型的线路采用新型站台门，站台门的开度和位置应满足轨道交通车型要求。

b. 站台门的类型应考虑车站的建筑形式、通风与空调制式等因素，并尽量统型。

c. 站台门应设置必要的安全防护设施及障碍物探测装置。

（5）车站站台长度及建筑布局

CRH6 车型 8 编组列车长度为 201.4m，市域 D 型车 8 编组列车长度为 186m，两者长度相差 15.4m，新建都市圈快线站台长度应按照大湾区新型列车的技术标准进行制定，本阶段暂按 202m 的站台长度规模标准进行包容控制。

车站建筑布局应按照一站式服务理念，采用利于一体化运营的技术标准，确定车站布局原则，实现旅客服务与车站管理一体化。

a. 结合车站布局一体化的要求，确定车站出入口、安检、旅客流线、候车方式、票务设施、导向标识等的技术标准。

b. 合理设置出入口数量，并提高交通接驳的便捷性；实现各出入口与站内各公共区域的顺畅连通，方便旅客进、出车站，提高服务水平。

c. 车站应按照安检互信、旅客换乘不同线路只需一次安检的原则设计。

d. 采用付费区换乘方式；有差异票价及不同票制需求的车站，应设置相应的物理分隔设施，并预留改为付费区换乘的条件。

e. 车站应采用站台候车方式。

f. 票务设施应按照满足双向进、出站的原则进行布局。

（6）通信系统

城际铁路采用GSM-R无线调度系统，在建广州地铁18号线、22号线采用1.8G地铁专用无线频段，TD-LTE无线调度系统，基于4G/5G新技术的发展，为实现大湾区城际线路互联互通，建议新建线路专用无线通信系统统一采用4G/5G标准。

a. 通信系统不仅应满足粤港澳大湾区一体化运营和管理的需求，还应与粤港澳大湾区内各城市已建及在建的城市轨道交通、城际铁路通信系统进行必要的互联互通，并应为今后其他线路的接入预留条件。

b. 通信系统应实现传输系统、专用电话系统、专用移动通信系统等的互联互通。

c. 传输系统应采用光纤数字传输技术，可采用同步数字系列（SDH）、光传送网（OTN）或分组传送网（PTN）等技术体制。传输系统宜分层组网，采用骨干层、汇聚层、接入层三层结构或骨干层/汇聚层、接入层二层结构。

d. 专用电话系统可采用数字程控调度电话系统或IP调度电话系统，也可与公务电话系统合设。根据调度指挥方式，专用电话系统采用三级架构，宜由一级调度指挥中心交换设备、二级调度指挥中心交换设备以及三级调度指挥中心交换设备组成。

e. 专用移动通信系统的无线制式应符合国家有关技术标准的规定，工作频率的使用应符合国家无线电管理有关规定，并由当地无线电管理部门批准。专用移动通信核心网宜在大湾区调度中心设置一级核心网，区域内各主要城市设置二级核心网，各城市的二级核心网分别与一级核心网相联，相邻城市的二级核心网相互联通，从而实现大湾区专用移动通信系统核心网的互联互通。各城市辖区内新建线路共用该城市二级区域核心网。完成整个大湾区专用移动通信系统核心网的互联互通。

（7）调度与票务清分系统

调度系统按照"统筹运营"的要求，在广州、深圳、广铁所辖线路调度指挥中心的上层，构建大湾区一体化调度指挥中心，与深圳地铁 NOCC、广州地铁 COCC 以及广铁所辖线路调度中心设置信息互通接口，实现省级层面的信息共享和统一调度指挥。

票务清分系统在保留既有城际线路 12306 票务系统的基础上，新增城际铁路公交化多元支付票务系统，并在与地铁换乘车站，按照付费区换乘方式建设，实现城际与地铁的"便捷换乘、一票通达"。

a. 票务及清分系统设计应满足粤港澳大湾区一体化运营、统一票制、统一清分的需求。

b. 票务及清分系统宜满足乘客在线网内一票换乘的需求；票制宜兼容新建及既有区域轨道交通现状及未来发展需求。

c. 票种可分为单程票、储值票、电子客票、生物特征票，根据需要可设置其他票种，并应选用方便快捷、经济适用的媒介。

d. 应支持现金、银行卡、储值卡及电子支付等多种支付方式。

e. 票务及清分宜采用一级中心、二级中心分层架构，可根据需要设置三级中心。

f. 票务及清分系统各层级互传数据应采用统一数据格式。

5.3.3　平台解耦　迭代更新

1）云平台应用背景

国家战略要求建设新时代轨道交通应以人民为中心，贯彻创新、协调、绿色、开放、共享的新发展理念，构筑多层级、一体化的综合交通枢纽体系，大力发展智慧交通，推动新技术与交通行业深度融合，构建现代化的综合交通运输体系，构筑快速交通网。

信息化技术是智慧城轨建设的核心和基础，而云计算作为信息化技术创新服务模式的集中体现，已经成为支撑各行业发展的关键信息基础设施，云计算的超大规模、虚拟化、高可靠性、通用性、高可伸缩性、按需服务等特点，驱动业务能力快速复制、灵活扩展、简单通用，革命性地改变了传统 IT 服务提供方式。城市的地铁线网化发展，线路开设速度快，新线开通使地铁运管难度指数级增加，破解 ICT 基础设施、运维管理面临的巨大挑战，云计算技术是最佳方案。云计算作为信息产业的全新业态，是引领未来信息产业创新发展的关键技术和手段。以云计算的 IaaS、PaaS、SaaS 服务平台为依托，推动以云计算为基础的增值服务产品开发和云应用服务等措施，推进云计算重点项目建设，增强云计算应用和服务能力。

因此，利用云计算技术可以实现统一基础信息平台，改变轨道交通不同线路管理分离的格局现状，建立统一功能应用架构的云平台，达到各系统功能统一的快速部署能力，以实现综合交通一体化运营与智慧协同服务。

2）云平台顶层设计方法

（1）统一规范

由于云计算是一个复杂的体系，应在统一的框架体系下，参考国际、国内各方面的标准与规范，严格遵从各项技术规定，做好云平台的标准化设计与规划。

（2）成熟稳定

由于云计算的发展变化很快，而轨道交通项目涉及业务面广，应用性强，因此，城轨云平台设计应选择成熟、稳定的技术和产品，充分考虑冗余、容错能力，制定可靠的网络、计算、存储备份策略，保障故障自愈能力，最大限度地支持轨道交通业务正常运行，确保建成上云服务的连续性，同时节约项目施工时间。

（3）高可用性

关键设备和链路采取冗余设计，保证在设备或链路出现故障的情况下，服务不间断；同时，考虑云数据中心与同城容灾中心以及未来异地容灾中心间的业务及数据备份，保证数据中心在不同程度故障的情况下业务能够快速切换，不影响用户业务。

（4）业务需求快速响应

通过部署具备云业务自动化管理能力的云平台，自动提醒相关人员对业务部门提交的需求电子流进行需求审核，并为业务部门创建、分配相应的虚拟机资源，无需传统数据中心硬件设备选型、采购、上线、配置等复杂流程，实现业务上线时间最短可达半小时，大大提升数据中心对业务部门的响应速度。

（5）运维高效

通过建设集设备管理、业务管理、状态监控、事件分析于一体的云运维管理平台，降低运维复杂度和系统故障率，提升故障定位及恢复效率。

（6）扩展灵活

选用具备冗余业务插槽、支持功能和性能灵活扩展的设备，实现在不影响现有业务的前提下进行网络扩容，满足不断增长的业务对数据中心功能和性能扩展的需求。

（7）全方位安全防御

云数据中心方案设计需要以公安部《信息系统安全保护等级定级指南》和《信息系统安全等级保护测评准则》为指导，从网络、主机、应用、数据等多层面综合考虑，建设全方位安全防御体系。

3）城轨云的技术优势与应用场景

（1）规模效益

云计算通过信息网络将分散的计算、存储等软硬件资源乃至数据进行集中动态管理调度，使信息技术（IT）能力如同水和电一样实现按需供给，不仅可带来信息技术产业和信息化发展模式的深刻变革，也可成为信息时代国家综合竞争力的重要组成部分。

从应用来看，建设城轨云云计算中心使分散的以IT基础设施建设为核心的信息化发展模式向集中式的以服务为核心的信息化发展模式转变，通过资源的集约化，实现轨道交通协同效益的最大化。

从技术来看，城轨云计算技术既是一场计算技术的变革，也是计算与网络技术深度融合创新后引发的轨道交通整体信息技术体系及模式的变革。

从产业来看，城轨云计算可促进城轨云企业IT服务、软件、硬件的深度融合和系统性创新，推动信息技术产业的垂直整合，也使服务在信息技术产业中的引领作用更为突出，从而重塑信息技术产业格局。

从基础设施来看，建设城轨云云计算中心可构筑包括传输、计算、存储、处理等功能的新型综合信息基础设施，是城轨信息经济和信息发展的关键数字底座。

城轨云需要通过规模效益的充分发挥才能为用户提供优质的、有竞争力的服务，从而赢得轨交企业用户的信任。这里，独立的运营主体、市场化途径整合资源、市场化模式提供服务、打造核心技术能力这四个条件是充分发挥规模效益能力的基石。

资源集中建设：城轨云要按"一云"的方式规划建设，首先要建立"规划—建设—管理—运维"一体化的、相对中立的运营组织，以此获取各轨交企业的信任，统一上线城轨云平台后，城轨各个企业在业务上是各自独立的，实现了统一平台、独立运营，可减少维护成本，又可增强业务的发展能力。城轨云，要尽可能以市场化方式整合各轨交企业的信息化基础设施资源（包括机房、服务器、存储设备、网络和安全设备等分类资源和灾备），通过云计算技术实现资源的统一调度，实现资源利用的集约化。

技术体系标准化：城轨云可依据云计算生态系统中的技术和产品服务应用等关键环节，构建云计算综合标准化体系框架，包括"云基础""云资源""云服务"和"云安全"四个部分。

云基础标准：用于统一轨道交通云计算及相关概念，为其他部分标准的制定提供支撑。主要包括云计算术语、参考架构、指南等方面的标准。

云资源标准：用于规范和引导建设轨道交通云计算系统的关键软硬件产品的研发以及计算、存储等云计算资源的管理和使用，实现云计算的快速、弹性和可扩展性。主要包括关键技术、资源管理和资源运维等方面的标准。

云服务标准：用于规范轨道交通云服务设计、部署、交付运营和采购以及云平台间的数据迁移。主要包括服务采购、服务质量、服务计量和计费、服务能力评价等方面的标准。

云安全标准：用于指导轨道交通云计算环境下的网络安全、系统安全、服务安全和信息安全，主要包括云计算环境下的安全管理、服务安全、安全技术和产品、安全基础等方面的标准。

市场化资源运营：城轨云的运营组织，应通过市场化途径获取资源，以资源服务化为导向开展资源整合、服务设计和营销推广，以市场化模式为资源服务定价和提供优质服务，为行业内企业提供有市场竞争力的云资源服务。后续可以统一高效地扩充城轨云平台资源池，实现计算、存储、安全等云资源按需弹性分配、灵活扩展、高效服务。城轨云的运营组织，应当由该组织根据市场机制自行制定相应的人员组织架构和薪酬体系，应当着力培养人才梯队，形成研发能力，真正实现关键技术自主可控，产品可持续迭代发展。

数字能力生态化：城轨云的数字能力可依托于物联网、大数据、人工智能等新兴技术。这些能力需要基于开放、合作、共赢的原则进行打造，平台基础能力能向所有城轨云合作伙伴开放，能与全行业共建轨道交通智慧生态。

（2）云资源服务提供能力

云平台为应用系统提供弹性计算能力、高可靠性能力、统一的安全管控和权限管理能力、智能运维能力、数据库支持和大数据处理能力、数据交互能力、智能化基础能力、共享技术组件能力、应用开发平台能力等。

云平台的弹性计算能力、高可靠性能力、数据库支持、数据交互能力、共享技术组件是几乎所有应用系统的技术架构都需要依赖的基础性能力。统一安全管控和权限管理能力就是应用架构的组成部分，建设完成后集成到云平台的 PaaS 并通过云平台为所有基于云平台的应用系统提供相关服务。应用开发平台为云原生应用的开发提供了统一的开发环境和开发框架，使得云原生应用的开发得以大幅简化和标准化，有利于提升开发效率和开发质量。智能化运维能力为所有应用系统的持续稳定运行提供了技术工具层面的保障。大数据处理能力则是数据应用乃至数据中台所需的基础性技术能力，包括数据汇集、数据处理分析、数据存储和数据展示所需的技术组件和底层硬件设备等。而智能化基础能力则是人工智能应用乃至 AI 中台所需的技术基础设施，其中包括 AI 模型的训练和使用所需的技术组件和底层硬件支持。业务中台和业务应用都基于城轨云平台的技术体系进行开发与测试。专项技术平台和业务中台提供轨交行业的通用业务能力，其设计目标是兼容主流云平台，必要时可以在不同技术类型的

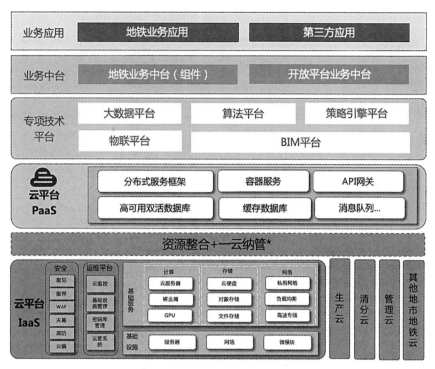

图5-11 云平台服务能力示意图

云平台上运行（图5-11）。

多层次的云服务由以下组件组成：

a. IaaS云服务能力：为城轨云计算提供基础云资源及其上的云安全能力。

b. PaaS云服务能力：提供基础PaaS服务能力，如分布式数据库、文件存储等。

c. 持续部署能力：基于各技术栈，提供统一的开发环境及持续集成、持续部署能力。

d. 技术框架集成能力：提供对大数据、人工智能及物联网技术框架的集成，为应用提供无缝数据接入及支持决策等集成能力。

e. 业务系统集成能力：提供对业务应用公共组件的支持，如运营、运维、认证、组件市场等业务公共服务能力。

f. 统一API接入能力：提供统一的云服务，以API的方式向外提供支持，包括云纳管能力。

g. 应用生命周期管理能力：对轨道交通应用开发和运维过程中的活动提供统一支持的能力。

（3）泛在接入能力

泛在接入能力指通过物联、时空基准等先进的感知手段，收集地铁系统各元素综合时空信息与状态数据，提供统一的高精度时间和位置信息，对智慧地铁运营管理的基础信息状态、移动以及固定设备状态、自然环境及人文环境状态进行感知，为一体化智慧地铁夯实数据基础。在此基础上，通过大容量、高带宽的通信网络进行车载传输、车—地传输、地面传输，为智慧大脑和边缘计算节点提供原始数据资源。

设备层节点在不需要经过地铁智慧大脑进行系统级分析决策的前提下，自身依据具体业务系统的数据和信息完成计算分析，并传输至业务系统，实现业务系统的资源配置与调控。

物联网网关作为边缘计算节点，自身依据具体业务系统的数据和信息完成计算分析，并传输至云平台上的业务系统，实现业务系统的资源配置与动态管控。

云平台获取的数据进行海量数据融合与集成、元数据建模、海量数据存储与管理、数据互操作、海量数据处理与挖掘、大规模数据融合与表达，实现基础数据管理、数据集成、数据共享、大数据存储与分析等功能。在此基础上，搭建智慧地铁计算平台，引入先进的人工智能、机器自学习的通用服务模块，构成数据—信息—知识—决策的闭环，完善数据驱动能力，形成智能决策（图 5-12）。

图 5-12　泛在接入示意图

物联支持可通过设备层接入各车站和线路线网的终端设备，通过设备网关安全地传递到物联网中，云平台则需要提供设备连接、消息处理、批量上线、软件在线更新、设备审计及保护、数据分析及智能决策等服务，为轨道交通各设备接入提供支持和保障。

城轨云要选用经过多年实践检验的技术体系，该体系可以通过移动网络连接海量设备，并为设备的连接、安全认证、设备管理、海量消息处理、大数据分析和人工智能应用开发等提供全套技术支撑。

（4）云安全支持能力

城轨云在保障系统安全、数据安全、乘客数据隐私等方面需要体现整体安全的优势。通常城轨云本身已经包含了全套云安全产品，无须依靠硬件和其他软件厂家的产品进行整合，可以实现云、网、安的无缝衔接、高效联动。

轨道交通企业的智慧化运营带来了更多的应用场景、更为复杂的网络互联，面临着不断升级的 APT 攻击，被动的防御模式已经无法适应数字化转型伴随的网络安全风险，城轨云不仅应使网络系统具备良好的抗攻击能力，保护业务和数据的机密性、完整性和可用性，同时，要使系统具备在受到攻击时仍能保持运行状态，从而保障核心业务的连续性，构建主动/韧性的网络安全的能力。

a. 在安全管理方面，建立健全网络安全体系，加强人员岗位落实，建立对系统生命周期的安全管理机制；

b. 在保护能力方面，强化区域间可防可控能力，对信息化系统建立网络层面、主机层面、应用层面等多层次的纵深防御、韧性防御架构；

c. 在检测能力方面，提升主动检测能力，实现实时监测、自动预警、动态跟踪、集中管控；

d. 在日志审计方面，扩大日志收集范围，集中分析研判，识别异常，态势感知；

e. 在运维管理方面，建立安全管理中心，建立常态化、持续化的安全运维机制，规范化提升应急响应、重保响应的能力。

（5）高可靠能力

城轨云需要充分利用云平台技术保障其所提供服务的连续性和高可靠性能力。

建议城轨云用一套云管平台同时管理两个数据中心，上层的 PaaS 服务和应用系统的部署可实现用户无感，无需进行双活调试，是真正的"一云"高可靠架构（图 5-13）。

建议使用全局整体双活调配的方式统一管理高可靠能力组件，实现各类保障业务连续性的负载均衡资源跨地域、跨可用区部署，确保业务连续性不因单个机房、单个可用区，乃至单个地域的问题而受到影响。通过骨干网链接主地域和备

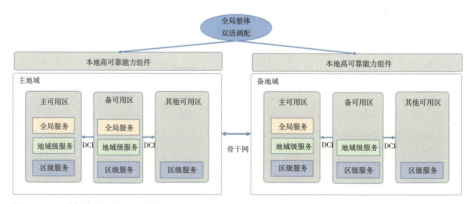

图 5-13 双数据中心云架构示意图

地域，每个地域各区通过划分全局服务，支持轨道交通全局应用，地域级服务支持市地级应用，区级服务支持线网和车站级应用。

考虑部署的业务类型，可分为"生产云""管理云"与"公共服务云"，三个资源池均完整的云。其中生产云与其他两朵云的业务实现物理隔离，通过网闸实现单项访问。运营管理云与公共服务云之间实现逻辑隔离。为满足公共服务业务区及管理业务区的系统备份需求，为不同业务区各自规划了备份区，以保障业务区域的数据高可靠性及业务连续性。为满足轨道交通企业的办公需求，可设置专门的终端服务区，通过云桌面等产品形式满足企业内的员工办公需求。为满足轨道交通企业云业务上线前的验证保障，可设置测试区，进行业务正式上线前的测试、验证。另外，需规划专门的冷备区，通过光存储设备，对需要长期保存的数据进行冷备操作。

总体架构设计的主要特点包括：

a. 同城中心间保持企业级存储和数据库复制技术，实现结构化数据复制。

b. 同城中心间保持企业级存储、复制技术，实现非结构化数据复制。

基于多中心的总体架构，各数据中心开发测试环境、生产环境和灾备环境间的生产数据和版本同步关系如图5-14所示。

c. 新的应用版本完成开发测试后，发布到生产中心生产环境，再到同城灾备环境中进行发布。

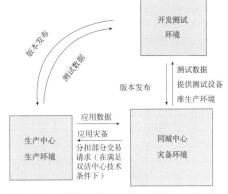

图5-14 多数据中心各环境数据及版本同步关系示意图

d. 生产环境与灾备环境保持数据和版本同步。

e. 开发测试所需测试数据则可以从生产或灾备环境中获取。

网络支持上，为满足资源池区的管理需要，各资源池配备有独立的管理网络，各资源池管理网络核心直接与云管理平台网络核心万兆双链路互联；资源池管理网络中部署有SDN控制器和服务器虚拟化管理平台，均采用集群部署，保证可靠性。

4）城轨云实施路径总体策略

（1）先易后难，逐次整合

a. 从组织范围层面，先整合地铁内部的IT资源，再拓展到有轨电车、交通梳理等的资源。

b. 从业务层面，先推进数据接口和数据格式的标准化，再推进到业务流程的衔接方面。

（2）先新后旧，分批实施

a. 从线路层面，优先考虑在建和规划线路的上云，再考虑既有线路的改造和上云。

b. 从应用系统层面，优先规划新建的线网级系统上云，再设计既有系统的改造和上云。

（3）先整合资源，再统一技术

a. 先考虑如何通过 IaaS 层云计算技术将各个组织、各个业务域和各个专业，乃至不同云平台的 IT 资源整合在一起，初步实现计算资源、存储资源和网络资源的共享。

b. 对 PaaS 层组件的整合，主要考虑新线路、新建系统的统一，既有系统仅需满足集成和数据共享方面的要求，以降低既有应用上云的实施难度。

（4）先实现协同，再整合组织

a. 优先考虑如何从轨道交通分散运营现状出发，通过定期沟通机制、虚拟协调组织等形式，加强运营实体之间的交流与合作，实现业务层面的协同。

b. 待业务协同日益深入后，适时筹备一体化运营组织的设立。

5.3.4　云网融合　协同规划

轨道交通基于云计算来提供业务已经成为大势所趋，但是目前云与网之间缺乏灵活互动的机制，通常计算资源、存储资源和网络资源彼此间是独立静态配置的，相关的资源通常无法统一按需提供。同时，在现有业务网络中，网络的分层、分域部署一般是基于业务的特点，依据逻辑区域和地理位置的划分来组织，网络中数据和流量的核心起源地和终结点数据中心（IDC）在该架构中只是以网络边缘的一类接入节点的角色存在，无法适应网络流量流向的动态变化。

轨道交通云化数据网络根据云平台技术架构的功能、应用、管理的不同，分为三种类型：安全生产网、内部管理网和外部服务网，各业务系统根据其业务属性分别承载在对应的网络中。目前的网络由各个专业"竖井式"建设，各自独立组网，基本是一个系统一张网。网络架构缺乏整体规划，网络存在互不联通、覆盖范围有限、覆盖区域不连续、网络弹性扩展困难、带宽不大、网络可靠性不高、服务质量保障能力有限、安全防护体系不完善、网络运维管理手段落后等问题。现有网络不能很好地匹配新时代轨道交通的创新发展要求，难以支撑数字化、智慧化的转型需要。

未来轨道交通云化数据网络中，业务、IT 和网络都可以基于云化技术实现和部署，从而降低网络业务部署的成本，提升效率；云化的网络资源池可以基于

IDC 集中部署，在提供计算、存储等虚级化资源的同时，网络资源也可以随云资源池的需求而按需随动，支持计算、存储和网络资源的统一动态分配和调度，通过软件定义网络技术和网络功能虚拟化技术的跨域协同，真正实现云与网的深度协同。此外，由于互联网业务的流量布局主要由数据中心决定，今后，数据中心应成为网络的核心，网络架构的设计和组网布局都应以数据中心为核心。

5.3.5 一票通达 通畅出行

随着都市圈城市群、宜居宜业优质生活圈的建设，城市群之间的交流必将日益密切，出行人群对都市圈内轨道交通，尤其是城际铁路和地铁网络之间的互联互通、便捷换乘、一票通达的需求越来越明显。以"一张网、一张票、一串城"为理念，满足都市圈人民"便捷、高效、舒适、安全、绿色"的出行需求，城市群限时通达，轨道交通融合已经成为都市圈城市群的必然发展趋势。

《中国城市轨道交通智慧城轨发展纲要》（中城轨【2020】10号）多次提到"市区城轨、市域快轨、城际铁路'三网融合'"，2035年的目标是实现"市区城轨、市域快轨、城际铁路'三网融合'，跨线运营，实现区域内不同制式的轨道交通互联互通，车辆通用、跨线运行以及网络统一调度"。

例如广东省政府对粤港澳大湾区新建城际铁路建设模式作的调整，牵头单位由原广东省铁投集团调整为广州地铁、深圳地铁，按照广州都市圈及深圳都市圈项目推动建设，城际铁路与地铁之间的贯通融合已在稳步推进。

1）国内外互联互通调研

（1）国内都市圈

a. 京津冀城市群

京津冀交通一体化的核心是打造"轨道上的京津冀"，国家干线铁路、城际铁路、市郊铁路、城市轨道构成京津冀之间的四层轨道交通网络。

城市轨道：北京地铁共24条线路，主要采用按里程分段计价方式，但首都机场线、大兴机场线单独计费，不能与其他线路一票换乘。首都机场线为单一票价25元；大兴机场线分段计价，普通车厢起步价为10元，最高票价35元。

市域（郊）铁路：北京现有市域（郊）铁路线4条，分别为S2线、副中心线、怀密线和通密线。除S2线河北段外，其他市郊铁路票制票价一致，按北京地铁票价执行，北京市政府以政府购买服务的方式，向城铁公司支付购买服务费。但市郊铁路与地铁之间为有障碍换乘，换乘需在非付费区进行，并需要重复安检。

S2线采用分区计价方式，北京段按地铁票价执行，河北段按照铁路单独定价，跨北京段和河北段出行票价按两段加总计价。

b. 长三角城市群

长三角城市群轨交网络主要有地铁、市域快轨、现代有轨电车、磁浮交通、APM 线等，长三角各中心城市之间 1 小时通勤圈基本形成。

城市轨道：上海地铁 11 号线花桥段为我国首条跨省地铁线路，线路票价计算等与上海地铁全网保持一致。上海市公共交通卡和上海市敬老卡在花桥段均可正常使用，昆山交通卡也可在上海地铁正常使用，但不享受相关的优惠政策。

市域铁路：金山铁路为长三角第一条市域铁路，由上海市委托上海铁路局运营，按地铁模式提供运输服务，以政府购买服务的方式对其进行运营及补贴。实行公交化运营模式：全程不对号，不限定具体车次与座席，旅客随到随走，可刷上海交通卡，并享受与市内公交的换乘优惠。金山铁路与地铁系统票价不一致，转乘金山铁路需出站重新购票或刷公交卡，不享受连续计费。

城际轨道：南京城际 S1、S3、S7、S8、S9 线，根据《江苏省沿江城市群城际铁路建设规划（2019—2025 年）》，属城际铁路，运营方为南京地铁，按南京地铁票价执行，与地铁无障碍换乘。

c. 成渝城市群

成渝城市群涉及重庆市、四川省共 16 个市，是西部大开发的重要平台，是长江经济带的战略支撑，也是国家推进新型城镇化的重要示范区。

城市轨道：成都、重庆的城市轨道交通均实行"里程计价、递远递减"的计程票价。

市域铁路：成灌快铁于 2010 年 5 月 12 日开通，由中国铁路成都局集团有限公司运营。成灌铁路、成灌铁路成鹏支线、成蒲铁路均采用国铁客票模式。成灌铁路与成都地铁 2 号线在犀浦站实现了安检互信、同台换乘，但换乘通道仍采用物理分离，因此不涉及两网票务清分。

（2）国外都市圈

a. 伦敦都市圈

伦敦都市圈，是指以英国首都伦敦为中心，以伦敦—利物浦为轴线所形成的城市群。

伦敦的轨道交通系统可分为地铁、有轨电车、铁路和码头区轻轨四个部分，其中地铁又由地下铁和地上铁组成，铁路由伦敦交通局铁路和横贯铁路伊丽莎白线组成，前者为大伦敦地区区域铁路，后者则属于国家铁路系统。

票价政策：地铁、码头区轻轨实施分区域定价，各制式轨交之间付费区换乘，将大伦敦区由内到外划分为九个区域，按出行所跨行的区域位置和数量定价。票价优惠机制则充分体现了年龄特征、身份特征以及时间观念，考虑年龄因素、针对特殊人群的折扣资格,通过区分全时段票价和非高峰票价来引导公共交通错峰出行。而铁路票价类似于国内机票票价,根据市场需求进行浮动。

补贴机制:主要为按年龄补贴和按身份补贴。

b. 巴黎都市圈

巴黎都市圈包括了法国的巴黎—鲁昂—阿费尔城市圈、德国的莱茵—鲁尔城市圈、荷兰的兰斯塔德城市圈以及比利时的安特卫普城市圈,是世界上最大的跨国都市圈。

巴黎的轨道交通包含地铁、区域快线、市郊铁路和有轨电车,各制式轨交之间付费区换乘,线路相互交织,功能上互为补充,形成了一张密集且通达的轨道交通网。

票价政策:巴黎的公共交通运营区域在地理上划分为 5 个区域,呈环形圈层向外辐射。其中:1~3 环是巴黎市中心区域,集中了巴黎主要的旅游景点;3 环以外为市郊地区,归属于法兰西岛大区,包括了部分旅游景点、奥利机场和戴高乐机场。巴黎的轨道交通车票多按区域发售,常见的有全区域车票、双区车票和三区车票。

c. 东京都市圈

东京都市圈以东京都为中心,覆盖周边埼玉县、千叶县、神奈川县等地区。

东京都市圈轨道交通网络主要由地铁、JR 铁路、私营铁路三部分组成。

票价政策:为方便旅客换乘,JR 铁路和地铁公司、私营铁路公司之间相互协作,使得持有新干线车票的旅客实现一票制,可减少旅客因换乘带来的时间损失。地铁采用分段计程票制,乘客乘坐距离越长,支付的票价就越高。

补贴机制:各运营商的票价自主申报,政府根据企业所报的票价和材料,组织评估后确定价格上限。企业可以根据实际情况在不突破上限的条件下进行适当调整或进行营销方面的策划。

(3)调研总结

国内城际轨道、市域(郊)铁路起步较晚,与地铁暂未实现付费区换乘,如表 5-4 所示。

国内城市轨道交通票制、票价　　　　　　　　　　表 5-4

城市及线路	票制	票价	换乘方式
北京市郊铁路	计程票制	分区段计价:北京段与地铁票价相同,河北段单独计价	非付费区换乘
上海金山铁路、成都成灌铁路	计程票制	单独定价	非付费区换乘
南京宁天城际(S8 线)	计程票制	与地铁票价相同	付费区换乘

欧洲的市域（郊）铁路与地铁换乘大多为付费区换乘，票制为单一票制或分区票制。东京由于涉及多运营商，各条线路单独定价，不同运营商之间换乘为非付费区换乘，如表5-5所示。

国外城市轨道交通票制、票价　　　　表5-5

城市及线路	票制	票价与地铁是否相同	与地铁换乘时的票务联系
东京市郊铁路	计程票制	与地铁票价基本相同	非付费区换乘，部分市郊铁路与地铁贯通
巴黎、伦敦都市圈	分区票制	相同	付费区换乘

2）车票互联互通

（1）车票互联互通分析

都市圈城市轨道交通之间存在付费区换乘与非付费换乘两种模式，例如广州地铁与佛山地铁之间，杭州地铁与绍兴地铁之间，均属于无障碍换乘，即存在"车票互联""车票互通"两种形式（表5-6）。

"车票互联""车票互通"分类表　　　　表5-6

	车票互联	车票互通
车票兼容范围	仅支持全国通用或大湾区通用车票	所有车票
换乘方式	非付费区换乘（出闸换乘）	付费区换乘（不出闸换乘）
范例	两主体可设置出闸换乘，但车票标准、票价、优惠政策均不兼容，如地铁和有轨电车、地铁和国铁	两主体票价、优惠政策兼容，具备付费区换乘条件，如广州地铁与佛山地铁

车票互通需要进行数据交互，包括：

a.各城市轨道交通的站点参数；

b.各城市轨道交通的票价参数；

c.各城市轨道交通中涉及对方的交易数据；

d.各城市轨道交通的清分比例。

车票互联需要进行数据交互，包括：

a.各城市轨道交通的交易数据；

b.各城市轨道交通的参数文件交互；

c.各城市轨道交通的设备监控。

（2）区块链在车票数据共享中的应用

a.共享方案

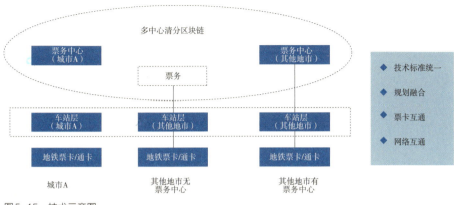

图 5-15 技术示意图

利用区块链技术实现城际互联互通区块链网络，做到轨道交通互联互通场景全流程覆盖式服务，实现跨区域、跨制式的票务互联互通，多运营主体之间数据共享、相互认证等服务（图 5-15）。

区块链技术具有"不可伪造""全程留痕""可以追溯""公开透明""集体维护"等特征。

a）由各地市运营公司集体维护区块链分布式账本，打通异地的乘车数据。发卡机构公钥链上公示，用户异地卡的绑定关系保存在链上，实现实体卡、二维码的异地互认，降低运营成本。

b）区块链去中心化和不可篡改的特征，有利于建立平等公平的协作运营机制。以区块链上的交易数据为共识基础，各地运营公司可按照约定规则和算法单独建设互联互通平台和清算平台。

c）基于区块链技术可以实现清结算流程的简化和效率的提高。

d）不仅局限于轨道交通业务，同时也可扩展到其他需要异地互联互通的业务。

b. 共享内容

a）乘客互通：通过区块链技术实现跨区域乘客实名用户体系的互联，实现以用户为中心的乘客服务、票务管理等互联互通。

b）票卡互通：基于既有地市站级设备、票务处理平台实现各地市实体票卡、多元化票卡的互联互通。

c）票务互联：利用区块链技术实现数据互联互通，实现票卡进出次序、风控以及票务处理等业务。

d）快速对账：利用区块链分布式账本以及合理的清分模型实现城际多方快速清分对账。

3）票价体系研究

（1）票价制定的目标与原则

目标：制定科学合理的票制、票价策略，保障轨道交通票款收入稳定，同时实现轨道交通运营企业内部良好的财务状况；以民意支持为基础，票价规则与票价水平是否有足够的民意支持，有良好的舆论氛围；保障社会资源公平享有，客观反映乘客所付票款与使用的轨道交通运输服务之间的对应关系，即多乘多付；票制、票价的具体策略，乘客应易于理解使用，企业票务管理可操作。

原则：体现轨道交通线路制式特征及功能定位的原则、以现行票价政策与法规为基础的原则、合理分摊及技术可行原则等。

（2）票制方案及票价策略研究

目前业界内主要有单一票制、分区票制及计程票制三类，分析如表5-7所示。

都市圈轨道交通票制适应性分析　　表5-7

类别	单一票制	分区票制	计程票制
内容	乘客在线网或者某条线路支付固定的票价，不计对象、时段和乘坐距离的计价方式	按照一定的标准划分成若干个区域，票价根据乘客所跨区域个数决定，在同一区域内出行只需支付基础票价，跨区域出行则需支付额外费用	根据乘坐距离的长短来计算票价，其票价为票价率与里程的乘积
优点	乘客易于理解使用；运营企业票务管理简单、综合成本低	对于反映轨道交通在不同服务范围内的功能定位差异是一种较好的思路；便于形成远期城市轨道交通系统多模式换乘	票价与运营成本联系紧密；保障消费公平和收益公平
缺点	不能体现出行距离与运营成本之间的关系；乘客对票价不公平的感知度高	分区边缘及票价标准制定难度较大；不能体现多乘坐多付费的原则，跨区短途出行的票价可能远高于同区中长途出行的票价，区域边缘流动性降低；如不提高起步价、提高跨区费用、细化分区，初步测算分区票制下的票务收入保障能力低于计程票制	不利于不同轨道交通模式的换乘；涉及多公交方式时出行费用较高
城市	北京（调价前）	伦敦、巴黎	日本、国内
适用性	适用于无票务收益压力的情况	欧洲老牌城市普遍使用，城市需有明显的区域中心及功能差异，城市土地使用和出行模式趋于成熟稳定；不适用于环形线路，例如广州11号线、成都7号线等	我国城市普遍采用计程票制

单一票制下不能体现出行距离与运营成本的关系；分区票制下短途出行的票价可能远高于同区中长途出行的票价，无法体现多乘坐多付费的公平性原则；国内轨道交通普遍实行计程票制，城际、市域（郊）铁路为固定费率下的计程票制，

城市轨道为"递远递减"费率下的计程票制。

从保障企业票款收入稳定、形成良好的民意氛围、保障社会资源公平分配等维度考虑，建设都市圈轨道交通应采用计程票制。但单纯的计程票制无法用于两种轨道交通制式付费区融合的情况。

在城际铁路、地铁制式付费区融合的背景下，提出分区段计程票价的方案，即根据每条城际轨道线路的特点，将其分为若干个区段，承担城市轨道功能的区段按地铁定价，承担城际轨道功能的区段按铁路运价管理规定，单独定价。线路分区段点的确定要综合考虑行政区划边界、城市功能分区等因素。

（3）跨制式、跨区段计价研究

跨制式融合后，乘客出行路径更加丰富，票价计算需考虑不同制式、不同区段对票价产生的影响。

方案一：不分段、不重新起步，指跨制式（城际、地铁）、跨区段（城际跨线路、地铁跨城市）时，票价只计算一次起步价，计价里程为不同制式、不同区段计价里程的联程数。

方案二：分段、重新起步，指跨制式、跨区段时，按制式和区段进行区分，分别计算起步价，并按计价里程测算票价，总票价为不同制式、不同区段线路票价的加总计价。

适应性分析推荐：①同制式：不重新起步计价更符合现有市民的支付习惯，例如广清城际与广州东环城际统一计价，上海11号线与上海线网统一计价，多次计算起步价导致跨区段出行票价过高，对跨市（地铁）、跨线（城际）短距离出行乘客利益会造成一定程度的损害，因此推荐不分段、不重新起步；②跨制式：在城际单独定价的条件下"不分段、不重新起步"会出现城际线路亏损较大的情况，因此推荐分段、重新起步。

（4）多路径下的票价研究

若乘客从起点站到终点站（OD）路径唯一，可直接按上述原则计价。若有多种路径、多种交通方式可供选择，存在区分路径、最低票价路径、最短路径、路径加权四种计价路径选择方案，对比如表5-8所示。

精准区分路径方案可操作性差；按最低票价计价，更符合轨道的公益性原则，乘客接受度高，但城际线路运营企业面临一定程度的亏损；按最短路径计价，票价相对较高，乘客接受度较差。综合考虑城际线路及地铁的功能定位与地铁企业的营业收入之间的关系，推荐按优选路径加权法计价。

（5）小结

都市圈跨制式轨道交通付费区融合逐步成为大型城市群发展的必然趋势，但在此背景下的票价体系研究，国内尚未开展。本节建议采用计程票制，并首

多路径下的票价计价原则适应性分析　　　　　　　表 5-8

计价原则		适应性
区分路径	区分路径是指利用路径区分技术（人脸识别、设置标记闸机等）识别乘客乘坐的路径，按照乘客所乘坐的路径计价	区分路径在技术上尚未形成可靠的方案（①大客流模式下利用高频无线感应设备或利用人脸识别精准区分乘客路径的技术不成熟；②跨制式换乘通道通过标记闸机可精确确定乘客出行路径，但给乘客换乘带来不便），方案可操作性较差
最低票价	按照票价最低的路径计价	①若城际路径票价明显高于地铁路径票价，且城际路径距离较地铁路径距离短，将该 OD 对应的票价统一至最低票价，则会造成城际亏损运营的情况。城际票价高于地铁票价的亏损部分可考虑申请财政补贴。 ②在网络不完善的情况下，可能出现乘坐里程与票价不对应的情况，即乘车距离长反而计算票价低，这种情况要结合线网节点分布手动调节票价表
最短路径	按照出行距离最短的路径计价	如果城际路径距离略低于地铁路径，则城际路径票价可能明显高于地铁路径票价，若采用最短路径票价，票价相对较高，不符合城市轨道的公益性及乘客可接受原则
优选路径加权	确定 OD 优选路径和各优选路径的效用比例，按照优选路径票价的加权平均计价	优点：优选路径及优选路径客流分配比例的确定考虑路径的距离、时间、换乘及线路运营的服务水平（发车间隔）等因素，可以较好地反映乘客路径选择及企业服务供给情况，按照优选的路径加权计价，票价可以较真实地体现服务价值。 缺点：票价介于最低票价与最短路径票价之间，票价相对较高，需协调各城市价格主管部门对 OD 票价计价方法的认同，可能涉及听证

次提出"分区段计程票价"的方式；针对跨制式、跨区域票价计算问题，推荐同制式"不分段，不重新起步"计价，跨制式"分段，重新起步"计价；在 OD 票价计算方面，综合比选并考虑轨道交通的公益性因素和地铁企业的营业因素，推荐以优选路径加权法计价，当票价与里程不匹配时，为保障公平性，需手动调节票价表。

本部分内容在一定意义上填补了国内的空白，期望可以对国内都市圈各城市制定跨制式轨道交通票价政策提供帮助和支持。

5.4　问题和建议

近年来，我国城市轨道交通建设取得了巨大的成就，爆发式增长的同时也呈现出越来越多的问题，从设计的角度来讲，主要存在的问题有以下几个方面。

（1）互联互通不足。部分线路换乘不便，甚至有障碍换乘，导向不明，耗时长，标准不明，通行能力不足，接驳设施差。

（2）效益不佳，效率不高。智慧城轨背景下，新功能、新设备普通应用，但整体对运营的宣贯力度不够，使用不顺手，效果不佳，未达到设计能力。

（3）统一规划不足。规划控制不够，建设协调力度小，特别表现在轨交云、网络、平台组件应用等方面。

在我国经济发展由高速发展转向高质量发展的时代，城市轨道交通应充分体现为人民提供高质量的服务，在建设过程中，充分考虑人性化、精细化，充分考虑行业的可持续发展，保障安全可靠，降低运营成本。从设计来讲，主要努力的方向有以下几个方面。

（1）追求人性化设计，树立高品质服务意识，为居民提供良好的出行条件。大城市，特别是特大城市，要适当提高设计标准，充分研究系统制式、换乘枢纽等，提高车站设计标准，提升客流通行能力，进而提高出行品质。

（2）精细化设计，便捷施工与运营。建立以运营需求为导向的建设理念，充分利用人工智能、云计算、大数据、BIM等技术，为建设和运营、维护提供服务。

（3）效益性，确保企业可持续发展。近年来，城市轨道交通单公里投资急剧上升，应加大投资控制，选择合理的系统制式、敷设方式等，节省工程投资与运营成本，同时做好站点周边与场站综合体的开发，实现源源不断的永久收益，弥补运营亏损，实现可持续发展。

6 施工篇

6.1 概述

截至2020年底,中国有57个城市在建线路总规模为6797.5km,在建线路297条(段),共有31个城市在建线路达3条以上,共有34个城市在建和运营线路超过3条。23个城市的在建线路长度超过100km。其中,成都市建设规模最大,超过400km;北京、青岛、天津、深圳、杭州、广州的建设规模超过300km;郑州、西安、合肥、武汉、南京5个城市建设规模超过200km;建设规模在150~200km之间的有沈阳、苏州、长沙、上海、厦门5个城市;建设规模在100~150km之间的有福州、佛山、宁波、温州、贵阳、重庆6个城市。

6.2 主要施工工法及应用

6.2.1 上海地铁

1)14号线长乐路中间风井—静安寺站区间盾构复杂穿越施工

上海轨道交通14号线长乐路中间风井—静安寺站区间总长度1180环,区间采用2台盾构机,自中间风井西端头井始发后即上穿12号线,最小距离仅1.2m,沿线下穿7号线,在砂性土中长距离掘进,需穿越130余栋建筑物,其中含历史保护建筑66栋,穿越历史建筑保护群后,在静安寺站南端头井接收。

面对中心城区施工、施工场地狭小、周边环境复杂等紧、险、难的特点,通过采取区间无渗漏控制措施、地层损失率和重要建筑物沉降控制、管片无碎裂和错台控制措施、轴线偏差控制和始发接收段管控措施实现区间静默穿越(图6-1)。

图 6-1　施工场地狭小且周边环境复杂

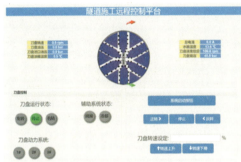 

图 6-2　智能盾构移动端控制界面与远程控制界面

（1）区间无渗漏措施

施工单位会同监理单位一起对进场管片强度进行回弹强度测试，检测实际强度是否达标；采用整圈式的遇水膨胀止水条，减少拼缝，提高止水性能。完成防水制作的管片在下井前验收，合格后方允许运送至井下使用；管片拼装前，由拼装人员进行管片的再次检查，如无破损，再进行拼装。加强管片拼装控制，要从拼装前、拼装中和拼装后三个过程上把握。在拼装之前要清除盾尾拼装部位的垃圾，并检查管片的型号、外观及密封材料的粘贴情况，如有损坏，必须修复才可拼装。

（2）地层损失率、重要建筑物沉降控制措施

项目完成了一台盾构机的改制，在远程智能控制方面，初步实现了移动手机端对盾构教练机的系统启动、刀盘转速等功能的远程控制；可实现盾构轴线预测和油压控制，根据人工沉降数据建立土压力预测。现场与管控中心实现秒级连接，共同参与施工管理，严格把关土压力、推进速度、注浆量等施工参数设定。云平台控制系统指令直传，打破传统，便捷高效，一个画面整合多信息，实时分析推进参数与地面沉降变化规律（图6-2）。采用成品砂浆，砂浆质量可控，加强运输环节的控制，进场后进行坍落度检测；送浆车作刻度标记，把好首道关，观察流量计并做好记录，人工实量浆桶刻度，浆车确保压浆量。

（3）盾构推进管片无碎裂、无错台措施

进场前与监理一同进行管片回弹测试、外观验收；进场后定制管片托架，加强防撞措施；拼装前确认无破损后再拼装。拼装前实测超前量，环面与设计轴线垂直；拼装中实量邻接块间距，环纵缝整齐，以免接缝处碎裂；控制压浆比例和压力，防止单侧堆积。盾构姿态是管片拼装的基础，以同心圆为控制原则，确保盾尾间隙均匀；采用套管法，减小封顶块螺栓和螺栓孔间隙，有效控制上浮；采用两台施维英注浆泵，四点独立注浆，顶部与下部压浆比控制为3∶2，防止管片上浮（图6-3）。

（4）盾构轴线偏差控制措施

用先进的测量、电子传感器和计算机技术，计算盾构机的位置、姿态和趋势信息，并与设计隧道轴线进行比较，以直观的方式图文并茂地给盾构机操控人员实时地提供信息，实时纠偏。同时结合人工复测，对自动测量数据进行复核，确保系统稳定可靠。云平台收集、分析、判断轴线偏差，及时作出预警。

（5）进出洞段管控措施

进出洞段环境复杂，R450m小半径出洞时洞门精确复测，始发基座沿切线定位。采用钢负环，提高始发阶段拼装质量，保证隧道施工质量。出洞段合理布置后靠、负环数量，确保出洞平齐洞门圈。进洞段采用1m管片，确保井接头施工不凿除管片，防止渗漏水；采用定型化模板，提高混凝土浇筑质量，确保无渗漏。

施工过程中，参建各方通力协作，确保了各项穿越实现毫米级沉降控制：区间地层损失率平均值为4.7‰，历史保护建筑平均沉降 −4.6mm，最大沉降不超过 −10mm，运营隧道穿越最大沉降 −8.5mm，均达到设计控制要求。

2）18号线江浦路站大断面、浅覆土车站整体冻结暗挖施工

上海轨道交通18号线江浦路站与8号线换乘，换乘段靠近8号线南、北端，由于地面管线难以迁改，设计采用"MJS围护加固＋管棚＋冻结法"进行

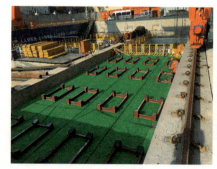

图6-3 定制管片托架及防撞措施

图6-4 18号线一期工程江浦路站

加固，采用矿山暗挖法进行施工，实现了中心城区管线"零"搬迁和交通"零"影响。暗挖段开挖尺寸最大为23.7m×12.92m，开挖断面约306m²，体积是常规联络通道的55倍之多，为全国首例大断面、浅覆土车站整体暗挖施工（图6-4）。

18号线江浦站明挖采用东侧栈桥、西侧逆作顶板、"一线天"工艺（图6-5），整个工程交通翻交多达22次。

图6-5 "一线天"开挖形式

相比正常的暗挖施工，该工程车站主体暗挖工序更为复杂，整个过程穿插了不同分部工程的施工。工作井基坑开挖至逆作顶板→暗挖的顶部管棚进场施工→管棚管廊通道，连接管路施工→第一期管棚退场→逆作顶板施工→管线割接、交通翻交→进行工作井后续的围护、加固、开挖支撑及结构施工→水平MJS施工→第二期冻结管、管棚进场施工→再按照正常暗挖工序施工→封堵墙分区凿除→施工后浇带。

为克服大断面开挖的困难，施工将整个暗挖段分成9个独立部分分区冻结，在地下插入700根冻结管来"冻结"土层，提高土体刚性，降低施工风险（图6-6、图6-7）。冻结管断裂是大型冻结工程的重要风险控制点，采取了防断管措施。通过严控各施工作业环节，用于工程作业的冻结管最长冻结时间达到300天，无一根出现断裂情况，确保了车站暗挖施工的顺利实施。

冻结管断裂是大型冻结工程的重大风险源，根据已有大型冻结工程经验，梳理总结了防断管措施如下：严控冻结管材料、焊条质量；明确冻结管接头采用"内

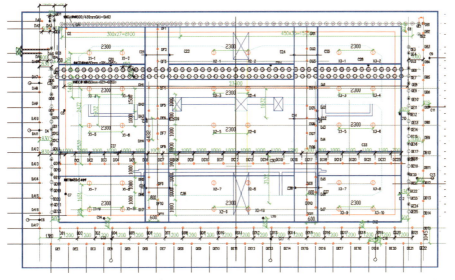

图6-6 管棚、冻结管设计横剖面示意图

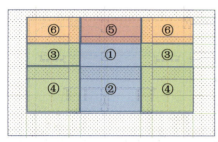

图 6-7　分区开挖示意图

衬箍 + 对焊"连接形式,相邻冻结管接头要错开;严控焊接质量;分区冻结时,除第一区外,其他分区冻结时初始盐水温度不得低于 –10℃。工程南北共计 700 根冻结管,最长冻结时间达到 300 天,目前无冻结管断裂情况发生。

开挖采用机械设备为主,人工为辅的模式;现场配有"XE17U 小型挖机 +Brokk300 机器人"的暗挖施工机械,采用皮带输送机出土,配合人工,提高了挖土效率,减少了开挖对地面的影响(图 6-8)。

为确保暗埋段结构施工的质量,采用了如下措施:①采用 C40P8 防水、高耐久性自密实聚丙烯纤维混凝土浇筑,因中板、顶板需自下而上浇筑,需要更好的流淌性能,在混凝土配比时进行流淌试验,确定浇筑孔位置;②在开挖初衬时,每个型钢空当处外挑牛腿加深 0.5m,在浇筑底板时,加大底部支腿宽度,提高抗浮能力;③因初衬型钢与底板面存在施工缝,因此应优化混凝土浇筑方式,底板分两层浇筑,减少后浇槽,缩小渗漏缝隙。

上海地铁 18 号线 15 标冻结暗挖工程,作为国内首例车站整体冻结暗挖工程,采用国际先进技术施工,目前,管线与周边环境均安全受控。

3)18 号线丹阳路—昌邑路站区间盾构接收

上海轨道交通 18 号线丹阳路站—昌邑路站区间下行线隧道长约 1257m,区间隧道纵坡为 V 字坡,最大坡度为 28‰,隧道顶部埋深为 17.9~32.3m,最小平面曲线半径为 629.851m。

盾构于 2019 年 11 月 20 日始发,一路上克服了浅覆土穿越丹东泵站顶管、渔人码头、黄浦江及两岸防汛墙,下越同步在建的江浦路隧道盾构段、工作井以

图 6-8　Brokk300 机器人与 XE17U 小型挖机

及暗埋段，长距离全断面承压含水层和复杂地层等难点，并在今年疫情时期做好了各项防范工作，于8月31日到达昌邑路站北端头井。盾构进洞处洞门下部的"⑦11"草黄色黏质粉土夹粉质黏土和"⑦12"草黄色砂质粉土为承压水层，加固深度达35m，需考虑承压水对盾构进洞的影响，防止涌水涌砂（图6-9）。

此次接收的昌邑路站被戏谑为上海轨道交通车站中的"巨无霸汉堡王"，作为轨道交通14号线与18号线的换乘站，该站结构非常复杂，共分为地下5层，第一层是在建的江浦路越江隧道，第二层是在建的东西通道，第三层是14、18号线换乘大厅，第四层是14号线，而此次进洞的位置则位于最深的第五层。除了

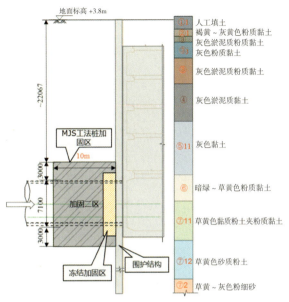

图6-9 昌邑路站北端头井地质情况

车站深且顶部在建结构较多之外，此次进洞地层全断面位于⑦层承压含水层，鉴于在如此高风险的复杂环境下盾构接收，最终确定了垂直水泥加固+水平冻结加固+明洞法+盾尾留置+备用降水井的"4+1"工法。此外，在盾构接收过程中，项目部采取了"五停五注"环箍工艺，并就整个进洞交底印制了《下行线进洞作业指导书》，分发给每一名施工作业人员，明确了岗位职责和作业内容。区间隧道在承压含水层中进出洞施工风险较大，施工中严格控制加固质量，杜绝渗漏水通道。采用外封式井接头，预先复测并调控管片里程，避免切割管片，及时制作井接头，降低井接头施工风险。在盾构出洞前，预安装止水钢箱体，计算盾构机的姿态，预留盾构机通过的空间，避免盾构机在出洞的过程中切割止水钢箱体。在盾尾通过钢箱体后，及时焊接二次端面封板，并通过钢箱体预留球阀对钢箱体内部空间进行注浆施工。建立施工应急预案，及时快速应对突发情况。

8月31日盾构机推至明洞内，经过连续20多天不停歇的施工，最终将明洞内复合砂浆凿除，完成门洞环板封闭并完成了盾尾留置。

6.2.2 深圳地铁——12号线TBM/土压平衡双模式盾构

深圳地铁12号线土建6工区项目位于宝安区，线路全长6.058km，包含机翠区间、翠岗工业园站、翠怀区间、怀德站、怀福区间、福永站、福永区间、永和站共4站4区间的土建工作内容。其中，怀德站至福永站隧道区间（怀福区间）线路环境复杂，下穿众多房屋及管线以及望牛亭山岭。区间线路单线长1750m，

其中全断面硬岩占比78%，岩石强度均在137MPa以上，是众所周知的一块"硬骨头"。

在规划前期，深圳市地铁集团、中电建南方公司、水电一局多方积极探索实践，结合怀福区间地质状况，多方面分析掘进过程中可能出现的粉质黏土地层掘进"结泥饼"问题、"上软下硬"地层刀具异常损坏、轴承偏载等问题以及掘进区间存在高强度岩石的破岩问题，进行了多次的方案论证及实地考察，最终确定使用国内先进的TBM/土压（EPB）平衡双模式盾构技术来攻克怀福区间这块"硬骨头"。

在双模盾构的掘进过程中，地铁项目部联合宝安区轨道办多次对双模盾构施工进行指导，安排专员组织业主单位、施工单位、监理单位、物业单位与场地周边商户的业主进行协调，与业主单位组织开展"共建联控"活动。同时，在深圳地铁建设集团专家的指导下，深圳地铁12号线6工区项目部积极采用科学的手段对现场施工进行合理编排及设备资源的优化，对盾构的模式转换节点、转换时间、转换工装等细节进行指引，对模式转换的施工期提出了"减少工序搭接、优化工装结构"的实际要求，最终促使全断面硬岩段当月最高掘进达到210环（315m），单班最高7环（10.5m），单日最高12环（18m）的掘进效率。

怀福双模盾构区间的"超越者10号"是深圳地铁12号线以及中国电建集团首台始发的双模盾构，是国内最新型的TBM/土压（EPB）平衡双模式盾构机。其EPB模式适应软岩地层掘进，TBM模式适应硬岩地层掘进，既能满足软土地层和极端上软下硬地层的掘进，又能满足长距离超硬岩地层掘进的多功能性需求，使其能"既快又稳"地攻克怀福区间复杂的自然环境。

在盾构科研创新工作中，该项目与北京工业大学合作，共同研发、使用了"刀具动态监测系统""刀具动态测量系统""盾构振动监测系统"等一系列盾构智能监测系统，解决了双模盾构在TBM模式下振动影响施工效率的问题，填补了目前国内盾构市场的空白。同时，深圳市地铁集团率先使用了国内较为先进的"洞内大功率冷风空调系统"，有效地解决了传统盾构在硬岩施工时"高湿高热"工作环境的问题。

针对洞内TBM与土压（EPB）平衡模式的转换，项目部联合深圳市地铁集团多次召开专题会议，邀请了张厚美、钟长平等业界专家对双模盾构的实际模式转换位置的安全性进行了分析论证，业界专家对双模盾构模式转换点选择的多项要素，如覆岩厚度超过2倍洞径、岩石掌子面检测无渗漏点等硬性指标进行了研究，为双模盾构模式转换的安全性提供了有利的技术支持。最终，双模盾构机"超越者10号"的洞内模式转换，由原先的15天缩短至10天，创造了国内双模盾构洞内模式转换的新的纪录，同时也标志着深圳地铁和中国水电一局盾构施工在技术和经验方面再上新台阶。

在双模盾构施工的初期，宝安区政府、深圳市轨道办等部门对双模盾构的施工规划非常关注。为此，工区项目引入了一整套针对双模盾构渣土处理的"泥浆压滤及碎石筛分系统"，该系统可将盾构出渣中的碎石、沙土高效分离，做到渣料的二次利用，并可将废弃泥浆中的水与泥过滤压结，在技术与经济效益上取得了良好的成绩，从而实现了环保施工，达到了可持续发展的目的。

同时，深圳地铁12号线土建6工区怀福双模盾构区间采用的TBM/土压平衡双模盾构技术相比于传统的矿山法，在粉尘降噪、对地下水质的影响方面拥有得天独厚的优势，使用双模盾构正是响应了"绿水青山就是金山银山"的理念。

6.2.3 成都地铁

1) 6号线采用盾构法直接下穿既有运营线路施工

成都地铁6号线一、二期工程人民北路站—梁家巷站区间、梁家巷站—前锋路站区间、玉双路站—牛王庙站区间盾构分别下穿已开通运营既有线路1号线、3号线、2号线。

6号线区间下穿既有1号线、2号线、3号线地层均位于中密、密实卵石层，区间埋深为15~20m，隧道与既有线路的竖向净距约4m，正穿长度约为20m。由于运营线路隧道整体沉降允许值为10mm，轨道差异沉降允许值仅为4mm，因此对盾构穿越施工控制的要求极高。为了有效地控制盾构下穿对既有线路变形的影响，盾构穿越前，车站端头采用$\phi194\times10+\phi146\times10$的管棚进行管棚群超前支护，地面采用$\phi42@1000$袖阀管对地层进行竖向注浆加固。在既有线路隧道两侧打设降水井，对下穿区域进行整体阶梯降水，同时在既有运营线路区间隧道内设置测量机器人，对既有线路进行全天候自动化监测。

根据地层特点，合理选择盾构机，同时对盾构设备进行改造，增加中盾注浆孔及单独注浆系统。盾构始发前，采用延长钢环对洞门进行改造，以便于盾构机穿越既有线路时保证土仓压力。盾构穿越时，选取合适的掘进参数，在同步注浆的基础上，采用中盾的注浆系统同步注入浆液，控制盾体穿越期间既有线路的变形。盾构通过后，通过隧道内二次注浆及时稳定地层。

通过采取先进的技术手段，6号线成功下穿各既有地铁线路，既有线路沉降均控制在允许范围内，有效保障了6号线顺利贯通及既有运营地铁线路的安全。

6号线采用盾构法下穿已开通运营地铁线路是成都范围内的首例。该方案的设计及工程实施的结果对后续成都轨道交通下穿其他既有线路具有较大的指导意义。

2）6号线叠线隧道盾构掘进及下穿建（构）筑物施工

成都地铁西北桥站为5号线、6号线换乘站，为了满足换乘需求，只能采用同台换乘形式，因此，沙湾站—西北桥站区间和西北桥站—人民北路站区间左右线隧道须重叠设置，隧道重叠长度分别为200m和257m，区间叠线隧道最小竖向净距为2m，过渡段最小竖向净距为0.48m。同时，由于重叠段隧道范围内地层主要为中密卵石层及密实卵石层，且位于成都市交通拥挤、车辆及人流量大、地下重要管线老旧密集的一环路正下方，沿线主要穿越府河、西北桥、铁路新村（3栋Du级危房）等河流及建（构）筑物，施工难度极大。

为保证叠线隧道施工及地面建（构）筑物的安全，在盾构施工前预先对重叠段隧道范围内地层采用C25素混凝土桩进行加固处理，并根据沿线建（构）筑物特点，采取针对性的补强加固及保护措施。同时，根据盾构施工地层特点，合理选择盾构机型号，并进行针对性改造，增加中盾注浆孔及单独注浆系统。在盾构掘进施工中采用先下（隧道）后上（隧道）的施工时序，以减少重叠段隧道盾构掘进施工对成型隧道的影响，并通过不断优化掘进参数和技术总结，采用同步注浆、中盾径向注浆、超前注浆、洞内深孔注浆等多重注浆方式有效确保了地层土体损失的及时补充以及区间沿线范围地面建（构）筑物的安全。在盾构通过后，及时进行隧道内二次注浆，加固重叠隧道间地层土体，有效保证后续运营期间的安全。

随着地铁建设的不断进行，叠线隧道施工的情况会越来越多，该方案的设计及工程实施的结果对后续地铁建设在城市主要道路内采用盾构法叠线施工具有较大的指导意义。

3）18号线应用8.6m大直径盾构施工工艺

成都轨道交通18号线一、二期工程区间工程为妥善解决160km/h速度带来的隧道压力波问题，经研究试验及分析计算，决定采用8.6m大直径盾构掘进，并成功运用于成都砂卵石及中风化泥岩复合地层。首开段共投入16台8.6m大直径盾构机，为成都轨道交通建设史上的首次。盾构掘进不仅要克服成都砂卵石与中风化泥岩复合地层的影响，还需要近距离穿越一系列重特大风险源，包括超高层建筑、市政立交桥、市政下穿隧道、人工湖、高速公路、超高压大直径油气管等，设计、施工难度及风险很高。为攻克大直径盾构掘进关键技术难题，参建各方提出了复合地层盾构施工组段划分方法，建立了砂卵石、泥岩复合地层盾构关键参数的匹配关系，实现了掘进施工精准控制。同时，通过研制管片抗浮榫装置及研究盾构机垂直姿态主动下压措施，解决了大直径隧道盾构管片上浮错台及渗水等难题，确保了盾构施工安全、质量可控。

4）18号线采用矿山法进行长大山岭高瓦斯隧道施工

成都轨道交通18号线一、二期工程龙泉山隧道采用左右线双洞方案，左线全长9690m，右线全长9724m，线间距30m，矿山法施工，是国内最长的地铁山岭隧道。隧道穿越龙泉山含油气构造，受苏码头气田、三大湾气田影响，高瓦斯段落7430m，施工期间多处天然气逸出，最大单孔涌出量5.5m³/min。全隧穿越多条断层、构造带、富水破碎带等不良地质。

为确保龙泉山隧道安全、质量、进度全面受控，进行了瓦斯精准预测、防爆改装、瓦斯监测、隧道通风等内容的研发；基于地质建造与区域构造演化规律、无人机Lidar构造影像识别技术，揭示了瓦斯赋存与运移机制，提出了隧道瓦斯层次递进探测与精准预报方法，建立了隧道瓦斯分区分级控制体系，为隧道安全施工提供了依据。开发了高瓦斯隧道瓦斯浓度与风机功率联动的智能通风控制技术，建立了风机运行频率分级管理体系，确保了隧道通风的安全高效。提出了高瓦斯隧道智慧平台分级安全管理机制，参建各方可实时动态获取隧道各项监测数据，提高了险情应急响应速度。建立了隧道施工瓦斯分级管理体系，开发了爆破装药结构、衬砌端模、负压带模注浆等工艺技术，确保了隧道施工安全，形成了一套完备的瓦斯隧道设备防爆改装及验收的流程。

5）6号线采用黏土咬合桩止水帷幕保证紧邻锦江深基坑施工安全

成都地铁6号线一、二期顺江路站、三官堂站紧邻锦江，围护结构距锦江最小距离为3.8m，由于砂卵石地层渗透性好，底部泥岩裂隙发育，基坑止水难度大。

顺江路站、三官堂站标准段采用φ1200@900咬合桩（1钢筋桩、1素桩间隔布置），围护桩嵌固深度取6m（局部约9m）；盾构段采用φ1200@900咬合桩（1钢筋桩、1素桩间隔布置），围护桩嵌固深度取6m，围护桩在盾构洞门影响范围内的钢筋采用玻璃纤维筋。内支撑采用"三道支撑+一道换撑"，第一道支撑为混凝土支撑，第二、三道支撑及换撑为φ609钢支撑，桩间土采用φ8.0@150×150钢筋网、150mm厚C20网喷混凝土封闭。该站的强风化泥岩岩面基本位于基坑开挖深度以上，围护桩嵌固深度主要插入坑底6m（局部约9m）处以满足抗渗流计算，同时满足进入中风化泥岩3m处进行控制。

为了有效地控制咬合桩自身存在的风险，同时综合考虑工程造价及现场实际情况，在近江侧U形范围内咬合桩外侧增设柔性止水体系——黏土咬合桩。主体结构和两端区间部分沿线路长度方向增设"柔性"止水系统。增加的"柔性"咬合桩止水系统，与基坑内侧的"刚性"咬合桩形成"四"咬合的止水系统。同时，在"刚性"咬合桩与"柔性"咬合桩之间预留注浆止水条件。

临江侧混凝土咬合桩与黏土混凝土桩相互咬合，形成"刚（混凝土咬合桩）

+ 柔（黏土混凝土桩）"的围护结构形式。在咬合桩后设置袖阀管，根据基坑渗漏水情况，采取跟踪注浆技术，确保基坑止水效果。

顺江路站及三官堂站施工过程中未出现危及基坑安全的情况，基坑止水措施效果良好，锦江河堤变形可控，有效地控制了紧邻锦江的风险源，保障了车站施工及锦江河堤的安全。

该工程是成都范围内首例成功采用咬合桩止水体系的地铁深基坑工程。该方案的设计及工程实施的结果对成都轨道交通临江深基坑设计具有较大的指导意义。

6.2.4 南宁地铁

2020 年南宁轨道交通 5 号线进入剩余区间和附属工程施工，主要工法有：区间隧道盾构施工工法、区间隧道联络通道暗挖法（部分为冷冻暗挖法）、附属深基坑明挖施工工法、附属工程过街通道浅埋暗挖施工工法、附属工程过街通道矩形顶管施工工法。

其中，区间隧道盾构施工工法应用于：那洪基地出入线区间、江周区间、周五区间、新广区间、明北区间、虎狮区间、邕降区间等，区间隧道联络通道浅埋暗挖法（部分为冷冻暗挖法）应用于 5 号线区间隧道除国那区间（2019 年完成）的 16 个区间，其中冷冻暗挖法主要应用于五一立交站—虎丘站的 6 个区间，共 9 个联络通道。5 号线附属工程（除部分过街通道）的 107 个出入口风亭深基坑均采用明挖法，附属工程过街通道浅埋暗挖施工工法主要应用于邕宾立交站 D 出入口，附属工程过街通道矩形顶管施工工法主要应用于明秀路站 C 出入口和江南公园站 C、D 出入口过街通道。

6.2.5 厦门地铁

1）明挖法

地铁车站均采用明挖法，主要应用于轨道交通 4 号线、6 号线。

2）盾构

地下区间掘进采用盾构施工工法，主要应用于轨道交通 4 号线、6 号线。

3）"矿山 + 盾构"组合工法

3 号线跨翔安海底隧道采用"矿山 + 盾构"组合工法，在海底地铁隧道施工技术方面取得了巨大的突破，共研发了 8 项工法：嵌岩超深地下连续墙成槽工法、嵌岩超深地下连续墙爆破辅助成槽施工工法、矿山法隧道台阶法帷幕注浆施工工法、海底隧道大容量泵房施工工法、水下盾构岩石深孔预爆破处理施工工法、盾构穿越海底复杂地质施工工法、洞内盾构机弃壳拆机工法、海底冻结加固地层施工工法，完成了2项科研课题："海域全风化岩层盾构刀盘刀箱冷冻法加固及修复关键技术""泥水盾构穿越海域复杂地层施工技术"，为攻克海底复杂地质难题储备了成套技术，积累了宝贵的经验。

6.3 施工四新技术应用

6.3.1 上海地铁

1）大跨度无中柱地铁车站

现代地铁车站将以大空间、大跨度，注重功能和舒适、实用为发展方向，并充分利用合理的结构设计形式，进而使现代化交通建筑类结构物应具备的特点得以体现。上海轨道交通15号线吴中路站所采用的无柱拱形顶的地铁车站建筑设计风格，能有效释放空间的压抑感，提升乘客的舒适度，满足地下车站公共空间充分利用及车站空间多元化表现的需要；站厅层公共区空间大，无立柱遮挡，视野开阔，综合管线布置灵活，装修美观。由于现浇结构施工较难达到"最美车站"的外观和质量要求，因此结合施工现场实际情况，创新大胆地提出了拱形顶板预制装配式施工的概念，为了确保这种新型预制拱形结构能够完美展现，在进行了大量计算、试验和方案优化的基础上，创新设计了具有自主专利的"黑科技"——无柱拱形顶板运架一体机。无柱拱形顶板运架一体机由两台无线遥控的液压模块车和一组大型桁架支撑组成，设备在基坑内的中楼板上运行。操作人员通过运架一体机，可对预制拱板进行平移、就位以及精确调整，使得预制拱板的拼装施工得以高效完成。同时，为解决施工场地狭小、巨型预制构件运输困难的难题，又创新性地把"预制装配"和"现浇叠合"工艺有机结合，这种国内首创的"预制+现浇叠合"新工艺，不仅拥有预制装配式的高效率、高精度、高质量、绿色环保、易于实现清水混凝土视觉效果等优点，还最大限度地解决了中心城区工地施工场地狭小和大型预制构件运输难的问题，有望成为今后中心城区地铁施工的高效解决方案。

2）长距离冻结清障及支护施工技术

上海轨道交通18号线土建工程18标清障段开挖直径达到7.9m，面积达49m^2，长度达38m，开挖断面大，开挖长度较长。为确保盾构机顺利通过清障段，采用全新的工艺进行施工。冻土开挖采用"分段分部分台阶"法施工，并遵循"短进尺,强支护,早封闭,勤量测"的十二字原则。开挖采用人工配合机械施工,采用全新的布鲁克机器人进行主面开挖,配以人工修正,可加快开挖进度,减少荒面暴露时间。采用分段分部分台阶法施工,将开挖段分为3段,分别为AB段、BC段、CD段。每一段分2个部分进行开挖,分别为上半段和下半段。上部和下部均采用正台阶法开挖,上部开挖步距1.6m,空顶距2.2m,下部开挖步距0.6m,空顶距1.5m。开挖后及时进行初期支护,每支完两榀支撑,进行喷浆支护,持续推进,下部每开挖一榀,拼装一榀支撑,并及时和上部支撑对接完成,每开挖两榀支撑,进行喷浆支护。

首创特制圆环形H型钢初衬圆环作为初衬结构,开挖过程中及时进行初期支护。开挖到位后,先进行内部支架安装,支架各部件通过"法兰+螺栓"连接,支架分上下部分安装,上部开挖时,安装上半支架,底部横梁及拱脚要支撑在底部冻土上。上部支撑安装自下而上安装内支撑→上侧翼圆弧支撑→顶圆弧支撑;上部施工完成后进行下部开挖,安装底圆弧支撑→内支撑→下侧翼圆弧支撑。支护层采用"HW300×300钢支架+ϕ20连接钢筋+ϕ6@100×100钢筋网+C25喷射混凝土"支护形式,通过钢筋及型钢进行型钢与圆环间的连接,喷射混凝土形成整体结构,使混凝土与冻土完全贴合,协调变形,每两榀支架喷射一次混凝土。

待清障段开挖支护完成后,隧道从内至外阶梯式分段充填泡沫混凝土,逐个清除地墙障碍物,最终充填至A墙。充填泡沫混凝土模拟盾构机土中进洞能有效避免盾构机后方出现渗水通道,确保盾构机进洞安全。浇筑区间采用240mm的砖墙分隔成不等的3个区域,每层浇筑需留10cm高的砖墙作为基底,砖墙浇筑在轻质发泡混凝土中不拆除,单层浇筑厚度控制在0.5~2m之间。为确保隧道填充饱满密实,当轻质发泡混凝土浇筑至距离隧道最顶端约1.3m时,放置两根输送预留软管后,再向上砌砖墙,避免后期难以放置输送管。最后,在预留口内放置事先准备好的封口用木工板和塑料薄膜、铁丝,用钢筋在预留口外链紧,将泡沫混凝土充填密实,使盾构机安全顺利地完成进洞。

3)新型内置式榫插型管片错缝拼装技术

随着轨道交通建设向着提高施工质量、推动自动化施工、减小后期运营压力等方向发展,上海轨道交通18号线沈梅路站—工作井区间入场线应用了新型管片,并为国内第一条应用新型管片的盾构区间隧道,该区间长1082.9m,埋深7.5~13.3m,线间距2.4~34m,最小曲率半径为600m,最大纵坡为29.907‰。

新型管片采用钢筋混凝土通用环管片,错缝拼装,每环管片的最大变形量为39.6mm。管片外径为6.6m,内径为5.9m,厚度为300mm,环宽为1.2m。管片分6块:1块为封顶块、2块为邻接块、3块为标准块。管片采用C55高强度混凝土，抗渗等级为 P10。连接件采用榫插型连接方式，环向为插销式连接，纵向为插入式连接；环向连接件与纵向连接件拼装允差为 1.5mm，拼装精度要求高，且纵向连接为单向连接，管片一经拼装则无法拆除。在拼装面设置两道封闭成环的遇水膨胀止水条，为减少拼装过程中受到的摩擦力，止水条在出厂前由生产厂家通过在线喷涂设备，同步涂刷减摩剂，减摩处理和止水条一次成型。止水条结构形式为等腰梯形，预留膨胀空间，避免因膨胀空间不足而导致管片密封槽破损或者管片环纵缝扩张。内弧面未设置手孔及预埋滑槽，未满足盾构施工中后配套设施的安装悬挂以及后期机电安装施工要求。在管片内弧面每 11.25° 均匀设置了预埋陶瓷螺母，共计 32 个，其材质为三氧化二铝，设计抗拔承载力 ≥ 32kN，抗剪承载力 ≥ 18kN。由于新型管片连接形式均为内置式，拼装过程中不易观察连接件是否对齐，因此，在管片生产过程中对管片内弧面纵向连接件的位置进行标记，以便拼装过程中通过位置标记进行精确定位。为避免管片拼装出现破损，增加管片的韧性以及抗裂性能，在生产过程中添加一定量聚丙烯增韧纤维，掺量为 8kg/m³。为确保新型管片拼装点位置的选择正确合理，在盾构机操作系统中增加了预拼装系统，包括管片自动选型系统和盾尾间隙自动测量系统；同时设计了点位选择转盘，将人工点位选择与预拼装系统相组合，确定每环管片的最佳拼装点位。新型管片成型隧道环纵缝很小，且内弧面无手孔，隧道贯通后无需进行管片嵌缝及手孔封堵施工，可一定程度上能节约施工成本及施工工期。

管片采用内置式榫插型连接方式，可减少盾构施工螺栓工的投入；同时，不存在后期螺栓锈蚀的病害、手孔渗漏水现象以及后期运营过车站上手孔盖帽掉落等现象，可减少后期运营维护的安全隐患；采用两道封闭成环的遇水膨胀止水条，成型隧道无渗漏水现象，大大降低了施工和后期运营过程中的堵漏成本；新型管片制作精度高，拼装允差小，管片破损现象极少，使成型隧道上浮量得到了很好的控制，较常规螺栓连接成型隧道的上浮量明显减小。采用错缝拼装形式，能有效提高管片拼装初始真圆度，较常规螺栓连接管片变形明显减小。

错缝拼装榫插型连接方式的应用，不仅可以提高盾构隧道施工质量，减少后期运营维护安全隐患及成本，同时可满足自动化拼装需求，对国内轨道交通领域实现自动化施工技术将起到积极的推动和指导作用。

6.3.2 深圳地铁

1）SPMT 模块车

在岗厦北枢纽施工过程中，拆架桥采用稳定性好、安全性高、对周边环境影响小的 SPMT 模块车，地连墙入岩成槽采用噪声小、施工进度快的双轮铣成槽机，钢便桥桥面铺装采用耐磨损、强度高、易结合的 STC 钢纤维高性能混凝土，侧墙浇筑采用受力好、变形小的移动模架，并引用了大直径钢筋直螺纹连接技术、混凝土裂缝控制技术、钢管混凝土柱与型钢混凝土柱组合结构应用技术、深基坑施工监测技术，以确保现场施工质量，以质量保障安全。

2）射流灭火系统

室内最大净空超过 12m 的场段检修库、运用库等场所，自动跟踪定位，配备全视场成像火情热点探测系统。射流灭火系统相比传统固定式消防炮，可有效解决高大净空厂房的自动灭火时效性、遮挡性隐藏火源探测难的问题，在深圳地铁四期线路中全面推广应用。

3）高压细水雾系统

高压细水雾系统灭火效率高，进入保护区域后具有高效冷却、窒息火焰、阻隔辐射热等作用，对环境、人员及设备无影响，同时可以净化烟雾和废气，有利于人员疏散及消防人员进行灭火救援工作，应用于黄木岗枢纽、大运枢纽工程中。

4）防爆型绝缘子

20 号线刚性接触网系统采用防爆型绝缘子，该绝缘子的金属辅件采用外胶封装，可靠性高于传统绝缘子的内胶装形式。防爆型绝缘子结构端面上的金具包裹瓷件，能够解决地下漏水段侵蚀胶合部位的问题。采用防爆型绝缘子后，有效地提高了运营安全水平，降低了检修成本。

5）AFC 系统设备安装线缆采用上走线工艺

相比于传统的"下走线"工艺（地下暗埋金属管槽），深圳地铁 8 号线 AFC 系统设备安装打破传统，采用了上走线工艺，将主要线缆通过天花中的综合布线桥架敷设至设备安装区域附近，再采用局部下走线方法进行安装。此方法具有以下三个优点：

（1）暗埋金属线槽减少 50% 左右；

（2）通过墙/柱面配电线箱，对电线主线（主回路）与分支线进行合理分配，充分解决了线缆多且杂乱的问题，更换电缆也非常方便；

（3）标准站设备配线分为三个区域，各区域的暗埋金属线槽不连通，避免渗漏水造成的安全隐患。经过验证，该上走线工艺可行，将在后续工程中进行推广。

图 6-10 被动式低频减振轨道结构钢弹簧浮置板轨道结构

6.3.3 成都地铁

1）地铁快线低动力特性轨道减振技术

成都轨道交通 18 号线三岔站（不含）至天府机场北站段铺设地铁快线低动力特性轨道，包含被动式低频减振轨道、钢弹簧浮置板轨道两种减振形式。其中，被动式低频减振轨道在传统减振垫浮置板的基础上，附加了被动振子及低频阻尼装置，大幅提升了轨道减振性能（图 6-10）。

被动式低频减振轨道采用现浇框架道床结构，后期运营时，隔振元件可更换维修，采用基地组装钢筋笼轨排法和现铺法施工，T 型谐振器预制装配，利于抑制低频引起的减振问题，可有效保证对敏感建筑物的减振要求。

在高速行车条件下，采用钢弹簧浮置板轨道，加大参振质量，调整隔振器布置及刚度，同时采用端部限位装置，重点对过渡段进行优化创新，保证减振效果、隔振器刚度、浮置板质量以及钢轨竖向位移的最优匹配。

2）160km/h 高速运行隧道压力波研究应用

成都轨道交通 18 号线设计最高运行速度为 160km/h，采用市域 A 型列车 8 辆编组，并存在列车以 100km/h 越行过站的运行工况。列车高速运行时产生的空气动力学效应会对车内乘客舒适度和区间隧道内轨旁设备设施的安全产生不利影响。项目实施过程中，通过数值模拟、模型试验、实车测试等方法，妥善解决了列车高速运行带来的压力波问题，为满足乘客耳膜舒适度要求、区间轨旁设备及站台门系统的安全运行等提供了可靠的技术支撑。主要采取的技术措施如下：

（1）适当增大区间隧道净空面积，减小阻塞比；

（2）适当增大快车越行站台轨行区的净空面积；

（3）提高列车车厢、司机室的动态密封指数，并采用流线型车头设计；

（4）适当提高站台门承受的最大风压值，并对开关门时承受的动态风压值提出要求，以保证站台门的可靠启闭；

（5）隧道进、出口采取泄压措施；

（6）全线地下车站均采用双活塞风井的隧道通风系统，并在车站端部设置迂回泄压风阀。

3）AC25kV 牵引供电系统

现有城市轨道交通基本采用直流牵引供电制式。成都轨道交通 18 号线为新机场快线，兼顾新机场专线功能和沿线通勤快线功能，线路设计最高运行速度为 160km/h。牵引供电制式选择的关键因素包含线路条件、速度目标值、行车组织要求、车辆选型及能耗等，合理的牵引供电制式是解决牵引供电系统能力问题的基础。经分析及供电计算，首创性地结合高速城市轨道交通市域 A 型车的特点及供电需求，采用 AC25kV 交流牵引供电制式方案。

6.3.4　南宁地铁

2020 年，5 号线"四新"技术应用：新技术应用方面有区间隧道管片定位榫、滑槽应用，盾构下穿既有铁路及既有地铁 1、2 号线自动化监测技术；新工艺应用方面有过街通道矩形顶管、区间联络通道冷冻、富水圆砾层地连墙透水渗水点检测技术；新材料应用方面有喷膜防水新材料应用；新设备应用方面有桩基钢筋笼采用滚焊机加工，五新区间采用双模盾构机掘进。现列举几项具体应用情况总结如下。

1）五新区间双模盾构机新设备、新技术应用情况

五新区间线路自五一立交站大里程端头始发后，沿直线段前行 56m 后进入右转 R700m 的曲线段（191.5m），下穿自行车总厂生活区，再沿直线段前行 174m 进入左转 R800m 的曲线段（175.3m），到达邕江南岸江滩，沿直线前行 862m 完成邕江段施工，进入右转 R500m 的曲线段（255.2m），穿越中间风井，最终以直线段到达新秀公园站接收，隧道线间距 13~16m，最小转弯半径为 500m；区间掘进需下穿邕江，邕江南宁市河段河床宽约 485m，深约 21m，平均水面宽 307m，枯水期水深 8~9m。百年一遇洪水位 80.50m。江底分布有一定厚度的淤泥，下伏半成岩的粉砂质泥岩、泥质粉砂岩，隧道结构从该半成岩岩层中通过，该层透水性弱，邕江与区间隧道所穿越圆砾地层存在水力联系。

自南宁地铁第一次穿邕江施工以来，从气垫式泥水盾构机到 3 号线使用直排式泥水盾构机，直至 5 号线使用双模盾构机。项目针对南宁的地层及各种盾构机使用情况进行摸索总结，5 号线五新区间盾构施工对刀盘刀具配置、泥水环流系统、仓压控制方式以及国内首次使用的气垫式直排双模盾构机，施工技术不断完善，施工进度不断提高，为南宁地铁后续施工积累了宝贵的经验。通过对本项目掘进情况的分析可知，双模盾构适应性良好，设备运行状态良好，双模盾构实现了在各种地层进行快速模式转换，总体掘进效率较高。区间盾构始发掘进以来，创造了单线日掘进 24m、月掘进 322.5m 的全线最高施工记录。

综上所述，双模盾构机针对本区间穿越建筑物及邕江适应性良好，能够满足施工需求，掘进效率较泥水盾构高。同时，双模盾构机作为新型设备，租赁费用较高，且配套设备增加导致整体费用提高。如后期遇有复杂多变地层或周边环境需对模式选择进行区段划分，应根据经济性分析，合理选择盾构机类型。

2）邕宾立交站 C 出入口喷膜防水新材料、新工艺应用情况

邕宾立交站 B、C 出入口暗挖防水施工采用新技术——丙烯酸盐喷膜防水技术，相较于传统的自粘式防水卷材，喷膜防水能做到更好的全面式覆盖，无对接缝，避免了传统卷材因对接缝导致结构渗漏水的情况，且对结构死角的保护更好。同时，丙烯酸盐喷膜防水材料弹性高达 500%，且具备可压缩变形能力，在受到压力时，材料能从界面挤压到混凝土空隙中，更提升了防水性能。结合邕宾立交站 C 出入口施工过程管理和成型隧道质量，总结暗挖隧道喷膜防水的优缺点如下：①喷膜工艺操作简单，工人上手快，施工速度较普通防水粘铺快，大大节约工序耗时；②接缝无需作特殊处理，减少接缝处理不到位产生的渗漏通道；③与初支粘接紧密且具备弹性伸缩，消除二衬混凝土收缩导致的防水层撕裂问题；④施工过程中，因二衬钢筋模板施工导致个别区域防水层破损，喷膜防水较传统防水材料修补简单、迅速；⑤造价高，喷膜防水单价是传统防水材料的 3 倍；⑥防水层厚度控制难，对初支基面要求高，基面不平整会导致喷膜厚度差别大，造成实际厚度超设计厚度较多。邕宾立交站 C 出入口暗挖通道对比出入口明挖区域渗漏情况，暗挖通道基本未见渗漏，明挖区域渗漏点较多，可以看出喷膜防水工艺较传统工艺优点明显，效果好。

3）明秀路站 D 出入口过街通道顶管新工艺应用情况

明秀路站位于明秀路与友爱路交叉路口东北侧，区域为老旧城区，道路狭窄且交通流量大，采用明挖法势必对市民出行造成较大影响，结合车站水文地质条

件，D出入口过街通道采用顶管新工艺，该过街通道断面尺寸为6.9m×4.9m，顶管长度39m，单管节长度1.5m，厚度0.5m。顶管段埋深约9m，上覆土主要是黏土，底板位于圆砾层，穿越土层一半黏土一半圆砾层，其中圆砾层属于强透水层。

针对此重大风险源施工，各参建单位高度重视，严格执行公司"六专"管理制度，落实人员安全培训和技术交底，严格进行同步注浆，控制掘进速度，及时调整掘进姿态，同时选用适合本工程地质的优质高分子改良剂，使改良后的土仓内土体具有良好的流塑性、封水性、和易性，做到既能减小刀盘扭矩、便于出渣和控制出渣量，又能保证开挖掌子面压力稳定。对于局部填土层地质敏感地段，采取同步注浆到位、顶管机快速掘进、二次注浆及时、加密监测和按时反馈等手段，有效确保了顶管掘进过程中的施工质量和进度，做到安全可靠、优质高效，最终顺利完成了过街顶管施工，施工过程实现了沉降"零预警"，整体质量良好。

6.3.5 厦门地铁

1）主变有载调压控制技术

由于城市电网电压过高且不同时段网压波动较大，导致地铁供电系统的整个电网电压偏高及波动较大，直接影响地铁电网的质量，而地铁电网质量的好坏直接影响到地铁供电系统、电客车牵引系统、通信信号系统和综合监控系统等重要系统能否稳定、可靠地运行。为了解决此问题，厦门地铁研究了3号线主变有载调压控制技术，针对不同时间段，结合线路的负载情况对主变有载调压控制的灵敏度进行相应设定，通过主变自动调档，使整条地铁线路35kV及以下网压不随着城市电网电压改变而大幅度波动，从而保证了3号线地铁所有系统设备能够稳定运行。另外，通过控制35kV侧的网压使得1500V直流侧电压也在设计范围内，这使得3号线再生电能吸收利用装置回馈阈值可调整范围更大，通过选取最优的阈值吸收电客车制动能量，节能效果更好。

2）3号线车站金属带锯床钢筋切割技术

车站主体施工中，大量的钢筋需要在短时间内加工完成，因主体结构直螺纹连接数量巨大，且受工艺影响，车丝前必须采用钢筋切割机切头，然后才能进行车丝，采用普通切断机远远跟不上现场施工进度，为不受钢筋加工的制约，采用了"新设备"——金属带锯床钢筋切割机，由原来的一根一根切，变成了一捆直接切割，不仅提高了效率，提高了质量，还确保了安全。

3）海底隧道大容量泵房施工工法

充分利用联络通道开展多个工作面的同步施工，提高了施工效率；将应急水仓延伸，与联络通道连通，将隧道内原垂直开挖方式转为水平开挖，解决了联络通道内垂直爆破及运输的难题；将泵房高断面分成上下两个断面，并采用台阶法进行施工，利用数码电子雷管及高精度非电导爆管雷管毫秒控制爆破，减少了施工对主隧道岩柱的扰动；应急水仓段单一断面采用模板衬砌台车进行结构施工，泵房及跟随所多断面结构采用支架及组合钢模板的方式施作主体结构，达到了提高工效、降低施工风险、节约成本的目的。

6.4 施工数字化、信息化、智能化技术应用

6.4.1 上海地铁

1）BIM 技术应用

BIM 技术深度应用于上海轨道交通项目设计、施工、运维全过程，实现了基于 BIM 技术的城市轨道交通全生命周期信息管理，优化设计方案和设计成果，控制施工进度，缩短工期，降低成本投入，提高设计质量和施工管理水平，保障了工程项目的顺利完成，同时，通过将 BIM 应用于运营维护，显著提高了运营维护管理水平。主要应用技术如表 6-1 所示。

BIM 技术应用将有效地打破数据壁垒和信息孤岛，形成建设过程中各部门之间有效的数据共享、信息传递机制，为轨道交通建设管理决策提供全面、高效的数据支持，同时为初步形成统一指挥、相互支持、密切配合、协同应对各类突发公共事件的应急管理工作提供支持。

BIM 数字化应用成果　　　　表 6-1

阶段	初步设计	施工图设计	施工准备阶段	施工实施阶段	运维阶段
BIM 数字化应用	场地现场仿真；管线搬迁	钢筋建模探索；三维管线综合设计；三维出图；大型设备运输路径检查；多专业整合与优化；装修效果仿真；专项设计方案配合；设备厂商库	施工筹划模拟；施工深化设计；高架车站外立面 PC 构件安装施工模拟	施工BIM培训、现场交底；虚拟进度与实际进度对比；PC 外立面三维扫描；乘客疏散路径、司机行走路径模拟	模型三维漫游；结构安全管理；设备运行管理；车站运营管理；资产管理；维保管理；预案管理；能耗管理

2）远程监控平台

远程监控平台是上海轨道交通建设风险管控的重要举措之一。通过现场设置各类工况数据（基坑测斜、地层损失率、隧道沉降、隧道收敛等）采集监测设备及人工采集等方式，对工程的风险状态进行有效监测。监测单位在监测工作完成后于规定时间内把真实、可靠的监测数据及时传输、上报至数据平台。以人工方式对数据进行存储，对监测数据进行系统分析，对异常数据进行提取，形成异常风险提升推送，经人工根据风险提升内容与实际现场施工核实情况，综合分析判断，将存在较大风险隐患的情况上报至各管理层级，从而形成层级化管控，有效管控施工风险。

3）盾构数字化管控平台

以盾构的数字化信息为基础，对盾构推进过程中的基础数据进行自动化采集（环号、里程、净行程、推进距离、土压以及切口/盾尾平面高程数据）及存储，掌握盾构推进基本姿态。同时，细化管控内容，增设推进系统、同步注浆、盾尾油脂系统、螺旋机、铰接装置、刀盘密封、加泥加水、实时数据曲线等关键盾构数据信息，有效掌握施工现场资源使用情况，减少管理方与施工方的信息不对称。同时通过监控平台将采集的数据直观呈现，依据预警指标及警戒值，一旦盾构推进过程中出现异常数据，进行研判，并采取有效举措进行处置，保障盾构始终处于安全可控状态。

4）伺服支撑系统

伺服支撑系统通过现代机电液一体化自动控制技术、计算机信息处理技术以及可视化监控系统等高新技术手段，对钢支撑轴力进行全天候不间断监测，监测数据具备可视、可控、可调、可存储等优势，并根据高精度传感器所测参数值对支撑轴力进行适时的自动补偿来达到控制基坑变形的效果，已经呈现出高度数字化、信息化特征，具备发展智能化装备的基础。

5）自动冻结测温系统

通过自动测温系统，对旁通道等关键工程的冻结温度进行实时监测，以可视化技术直观反映冻结测温数值及测点冻结即时状态，如发生温度偏差等情况，根据现场施工情况，人工及时干预，采取处置措施，保证冻结帷幕始终处于安全状态。

6）"全球眼"视频监控体系

"全球眼"视频监控体系，覆盖地下车站（车站主体、出入口、风井）、停车场，贯穿工程土建施工全过程。管理人员通过"全球眼"远程视频监控工程现场施工状态，重点关注现场人员不安全行为和物不安全状态，并以截图、视频录像等功能留下监控记录，采取电话等形式直接纠正施工现场安全隐患，扫清管控盲区，夯实现场管理。

7)"自主巡航"盾构

"自主巡航"盾构机就好比半自动"无人驾驶"，能在精准感知施工信息的基础上，快速判断自身状态并认知周边环境特征，通过科学决策与智能控制，按照既定轴线实现自主掘进，过程中不需要人工介入。为实现盾构施工数字智能化，目前，盾构管控中心已累计接入了16座城市、90个项目、356台次盾构、400km隧道建设的施工数据，融合了大数据、5G网络和人工智能等技术的"AI司机"是智能盾构的"超级大脑"，可以精准捕捉掘进中的地质特性、施工参数、盾构姿态、环境影响等近千组数据，通过分析发出行动命令。在建设过程中，施工现场的智能盾构和管控中心建立了远程实时反馈体系，根据对施工环境的判断，管控中心工作人员可以让智能盾构在自动巡航和远程控制两种模式间切换，确保掘进的可靠性和稳定性。

6.4.2 深圳地铁

1)BIM 技术应用

全专业、全设计阶段进行 BIM 设计及应用，自主研发数据及监控盘三维协同设计平台、区间正向设计软件、正向设计出图系统。利用 BIM 创立三维立体模型，模拟现场实际施工情况，发现施工难点问题，提前制定措施，缩短工序衔接时间，提高整体施工进度，节省工期约 15 天，创造效益约 50 万；应用 BIM 技术优化枢纽绿色建筑方案，编制了适用于大型枢纽项目的 BIM 技术标准体系，对城市轨道交通 BIM 技术标准体系的发展起到了积极的推动作用。

2)安全管理平台

平台依托于深圳地铁全部在建项目，以"分级管控、动态监控、风险隐患、双重预防"为目标，按照"关口前移、精准管理、源头治理、科学预防"的原则构建风险、隐患双重预防机制体系，通过业主及各参建单位的共同参与，实施全过程动态安全风险管理及隐患排查治理、全线网盾构施工实时监控，实现工程建设安全风险、隐患、盾构施工管理的规范化、标准化及信息化。平台主要囊括了隐患排查治理、安全风险管理、盾构实时监控三个模块。各模块均支持 PC 端、移动端，也是国内首次实现将风险、隐患、盾构三大模块深度融合到一个平台。本平台研究成果可在城市轨道交通及类似工程建设领域中广泛应用。

3）一体化工程项目管理平台

一体化工程项目管理平台依托于深圳地铁全部在建项目，针对工程项目全生命周期业务管控难的问题，借助先进的互联网技术，整合轨道交通工程项目建设上下游产业链，实现了深圳轨道交通建设工程项目管理投资、进度、质量、安全等业务的实时管控，形成了轨道交通建设全生命周期信息化管理最完整的解决方案，构建工程建设全产业链信息化，并投入到实际应用中得到验证，将轨道交通工程建设不同阶段的参建各方纳入平台进行集中管理，实现了轨道交通工程建设全产业链信息化管控，工程进度数据自动采集，工期智能化预测，投资产值实时汇总计算，整合投资计划定量考核，工程材料全生命周期数字化管控，实现线上线下设计图纸百分百精准分发流转，数字化征拆，一张图跟踪展现征拆工作难题与进展，建立了参建单位信用动态评价体系等。

4）工程数字化管理中心

借助数字沙盘轻量化引擎、倾斜摄影、BIM、GIS、全自动化监测、物联网、智能感知、云计算、大数据、AI人工智能等先进技术对工程建设过程中的安全风险及隐患、进度、投资、质量、环境等状态实时感知并进行数据分析评估，整合海量多源异构数据，通过数据融合等手段，实现深圳地铁建设工程安全巡航、实时感知，形成体系化的工程建设领域智慧建造关键技术方案，推动轨道交通乃至整个工程建设领域的管理模式革新和技术手段进步。首创轨道交通行业线网级工程数字化管理中心，实现对深圳地铁700个工地的集约化管控，打造全国首个线网级工程数字化管理中心。独创轨道交通的基坑施工—主体结构—区间隧道—轨行区全链条安全管控新模式，整合先进的信息化、数字化技术，形成最完善、最全备的数字化应用落地方案。

平台应用工程范围覆盖深圳市轨道交通项目27条线路，里程数达360km，综合交通枢纽4座、市政代建项目（含综合管廊）15个、城际铁路4条，平台应用工程项目总投资规模达5500亿元，在全国城市轨道交通企业中处于领先水平。相关研究成果可在城市轨道交通及类似工程建设领域中广泛应用。

5）智慧工地

深圳轨道交通智慧工地系统包含劳务实名制管理、车辆管理、视频监控、人员识别、人员定位、龙门吊监测、环境监测、用电安全监测、盾构机监测、工地广播系统、监测大屏等10余项内容。

6.4.3 成都地铁

1）地铁瓦斯隧道安全防控管理技术

6号线三期工程全长21.96km，瓦斯段总长达到11.3km，其中的4.7km位于高瓦斯地段，6.6km位于低瓦斯地段，是国内穿越瓦斯地层最长的地铁线路之一。鉴于此，工程在建设过程中建立了基于物联网技术的城市轨道交通集约化施工管理模式和瓦斯隧道施工管控体系。基于互联网技术，构建了"施工管理综合监控平台"，提出了全线覆盖、全员参与、全过程管理（3T）的集约化城市轨道交通施工管控模式；形成了一套针对城市轨道交通高瓦斯矿山法隧道和低瓦斯盾构隧道集监测、通风和设备防爆改装于一体的成套瓦斯管控技术，保障了城市轨道交通瓦斯隧道的施工安全和质量控制（图6-11）。

图6-11 地铁瓦斯隧道安全防控管理大屏

针对城市轨道交通隧道长距离穿越油气田瓦斯地层，建立了高瓦斯矿山法隧道和低瓦斯盾构隧道集监测、通风、设备防爆改装于一体的瓦斯管控体系。通过在隧道各工作面（矿山法隧道：掌子面、衬砌台车等部位；盾构法隧道：螺旋机出土口、人仓门口、中前盾铰接密封位置顶部、1号和5号台车顶部、皮带机卸料口等部位）安装瓦斯传感器以及在隧道回风流内安装风速传感器，对洞内瓦斯浓度及回风风速进行24小时自动化监测，实现了实时自动监测、报警、切断电源，实施瓦电闭锁和风电闭锁等功能，保障了瓦斯隧道施工阶段的全方位管控（图6-12）。

图6-12 城市轨道交通隧道瓦斯管理

2）接触网支架施工精确测量定位技术

成都轨道交通 6 号线三期工程隧道区间断面有盾构型、马蹄形、矩形等多种形式，除盾构型区间高度相对稳定，接触网悬挂装置可直接安装外，其余形式的区间结构均需要使用吊柱进行安装固定；由于存在结构样式不统一、高度不统一、断面不统一等情况，造成吊柱需在轨道架设到位后进行具体测量验算，保证吊柱底部与隧道顶部断面密贴，对技术人员要求较高，且吊柱为定制产品，传统人工测量容易发生偏差，若一处测量出现失误，构配件加工生产产生偏差，将对整个接触网施工的质量、工期等造成不可估量的影响。

项目建设过程中发明了一种"接触网支架红外线测量仪"，通过调整测量仪在轨道上的安装固定位置，能够测量隧道净空高度、隧道顶部的斜度及接触网拉出值的大小，将吊柱的底板倾斜度及吊柱高度一次测量到位，对比传统人工测量方法，测量周期缩短近 60%（图 6-13）。

其主要实现方式为：进入轨行区到达吊柱安装定位点后，将仪器放置于轨道上并进行调平，对仪器进行监测，确保各项功能使用正常，确认隧道断面是否满足设计要求，轨道面是否存在高差，根据设计要求的安装位置采用红外线进行定位，确保安装吊柱底座的螺栓间距满足设计要求，输入设计给定的拉出值，启动测试按钮进行测量，测试完毕后对测量的数据及时进行保存，通过调节测量仪器所处的位置，结合现场实际情况，模拟电客车受电弓中心高度位置，从而确定接触线的安装位置，通过计算确定吊柱的高度和底板的角度。

3）电力设备运维视频巡查系统

6 号线一、二期供电专业首次在施工期运维阶段投用"电力设备运维视频巡查系统"。该系统利用备用保护光纤搭设临时通信网络，在设备屏柜顶部布置数个球形高清摄像头，可清晰监视所内屏柜状态和屏幕数据。系统实现了一处集中监控站完成全线快速视频巡检、及时发现故障事件苗头，兼具事件调查、辅助故障分析等功能，明显提高了故障处理效率。

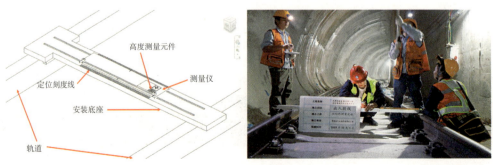

图 6-13　接触网支架红外线测量仪

6.4.4 厦门地铁

1）6号线施工现场数字工地展示

智慧工地多媒体展厅以多媒体图像为核心，将多种技术融合在一起，成为一种全新的综合的展示平台，具有展示、互动等多种功效。智能多媒体展厅可以将数字沙盘、互动投影、体感互动游戏等多种展台巧妙地结合在一起，是众多参观、旅游、展示场所所青睐的一种全新的平台。智能多媒体展厅的技术既多样化，又能协调地融合在一起，既不单调又不杂乱。

2）6号线工地安全体验馆

基于虚拟现实技术开发的VR安全体验系统，体验者通过VR头显设备，置身于施工现场，以各种特殊的视角，分别体验不同安全事故伤害的严重后果，并通过对事故原因、防范措施的简要交互问答，在震撼体验同时，进一步增强安全意识。随着建筑安全科技的发展，VR科技也开始应用于建筑安全领域，建筑VR安全教育体验馆是集安全教育、质量样板、绿色施工为一体的体验馆，建筑VR安全教育体验馆相比于PC端与手机端体验更加灵活，不受场馆限制，戴上VR设备，即可体验到安全教育、质量样板、场布及绿色施工设施虚拟场景，不但可以清晰明了地查看工程的整体概况和内部结构的每一个部件，还能进一步优化建设方案、提高工程质量。该体验馆还能模拟电击、高空坠落、洞口坠落、脚手架倾斜等效果，施工人员可以通过虚拟场景模拟，有效避免施工中的安全事故，将手机放入VR眼镜中，可对虚拟场景进行全视野观看，配合技术交底，工人可更直观地感受、学习其中的内容。

3）工程建设安全监管数据中心

2020年厦门轨道交通主要进行3号线、4号线、6号线施工，为了提升质量安全管理水平，继续在信息化方面投入，建立了工程建设安全监管数据中心，其中包括安全风险管理信息系统、隐患排查治理信息系统、安全监管平台信息系统。2020年，开展1号线、2号线、3号线、4号线、6号线风险分级管控、隐患排查治理及平台运维工作。组织风险咨询单位开展日常巡视，每日分析判定各线共73个工点的风险，发布蓝色风险提示33次，异常数据分析会39次，综合预警2次。隐患排查治理系统上传隐患7392条，其中1号线83条，2号线土建14条、3号线土建2303条、3号线机电3220条、4号线土建1179条、6号线土建593条。轨道工程在建项目工地安装监控373套，门禁17套。

6.5 工程风险防范措施与案例

6.5.1 盾构区间隧道下穿铁路框架涵风险防范

成都地铁13号线一期工程盾构区间隧道正交下穿成蒲（成雅）铁路及成都西环线框架桥涵，框架桥涵为预制（局部现浇）矩形钢筋混凝土结构。下穿铁路框架结构宽19.2m，长约18.4m，铁路框架上方西环线双线、成蒲铁路双线为碎石道床，地铁线路与铁路线路交叉角度约为100°，区间隧道顶与下穿隧道底板竖向距离约16.8m，区间隧道行走于中密及密实卵石土层。

为保证铁路运营安全，向下穿框架与盾构隧道间夹层土打设钢花管进行注浆加固，施工期间严格控制盾构机相关掘进参数，及时同步注浆及二次注浆，铁路线上实施自动化监测，动态施工，并与铁路部门建立联动机制及信息传递平台，制定应急预案，特殊情况下，可调整铁路行车方案，进行线上道砟回填振捣。

6.5.2 浅埋暗挖法区间隧道小净距上跨既有运营盾构区间风险防范

成都地铁13号线一期工程浅埋暗挖法区间隧道与既有7号线盾构隧道平面相交，夹角近70°，7号线区间为直径6m的盾构隧道，管片厚度为300mm。两区间结构竖向净距最小约1.2m，浅埋暗挖法区间隧道覆土厚度约1倍洞径，主要行走于含黏土、卵石和强风化泥岩的复合地层中。

为保证浅覆土、近距离上跨既有线的工程安全，区间采用三层衬砌的矿山法施工，开挖工法为CRD法，二衬施工时不拆除临时中隔壁，同时在两隧道间打设单层大管棚，减小既有隧道的隆起变形。

隧道开挖严格遵循"管超前、严注浆、短开挖、强支护、快封闭、勤量测"的原则，及时进行初支及二衬背后注浆，并对既有线进行自动化监测，动态施工。针对可能发生的既有线风险事件制定具有针对性的应急预案。

6.5.3 紧邻建筑物深基坑车站风险防范措施

1）工程概况

小南街站为成都轨道交通第四期建设规划13号线和17号线换乘站，采用"L"形节点换乘方式，分别在站厅层及站台层进行换乘。13号线小南街站为地下四层13m岛式车站，双柱三跨现浇框架结构，车站长度为333.283m，车站主体标准段宽为23.1m。结构顶板覆土约4.8~6.0m，本站围护结构采用"桩+内支撑"形式，为保证施工期间交通疏解，采用半盖挖法施工。标准段基坑宽度约23.1m，标准段基坑深度约34.8m，盾构下沉段基坑深度约36.7m（图6-14）。

13号线小南街站周边建（构）筑物主要有：沿锦里西路北侧的锦里西路68号院、锦里西路66号院、锦里西路34号院、锦里西路32号院、建设银行；沿锦里西路南侧的成都现代城、锦里西路115号院、成都银行、锦江时代花园等。周边建筑物多为5~8层浅基础砖混结构房屋，基础埋深约为1.0~1.5m，距离主体基坑最近处为1.7m。

本站所在区域，根据钻孔揭示，车站基坑开挖范围内土层主要为杂填土、黏质粉土、松散卵石土、稍密卵石土、中密卵石土、密实卵石土、强风化泥岩、中风化泥岩，车站底板基本位于中风化泥岩层中（图6-15）。

2）降水方案

参照小南街站周边类似工程，并结合成都地区现有降水经验及地层情况，车站降水方案按坑外降水考虑，基坑邻近建构筑物部分辅以坑内降水，并在基坑内进行汇水明排。考虑到本标段的降水范围，根据以往地铁降水施工经验，沿基坑内四周设降水井，管井采用ϕ300钢筋混凝土管，管井伸入岩层内5.0m，滤

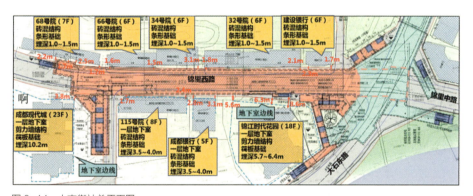

图6-14　小南街站总平面图

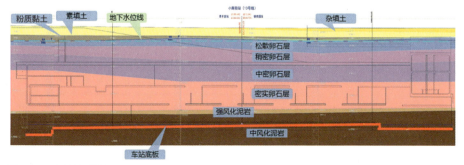

图6-15　车站地质纵断面

水管每根长度为2.5m,单侧井距平均为15m,降水深度为岩面高程,大里程盾构端部分降水井布置在坑内及坑外。

3)工程处理措施

针对本站主要风险源,采取的主要措施如下(图6-16):

(1)围护桩加密布置,采用 $\phi1.2m@1.7m/\phi1.0m@1.4m$ 钻孔灌注桩;

(2)第二、三道支撑为混凝土撑,加强支撑刚度;

(3)降水施工严格控制出砂量,控制降水引起的沉降;

(4)在施工过程中,严格遵循"及时支撑、先撑后挖、分层开挖、严禁超挖"

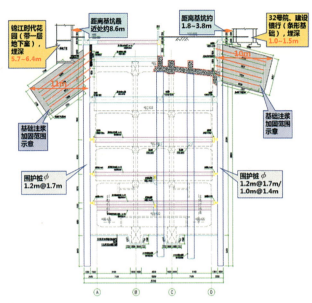

图6-16 周边建构筑物加固处理示意图

的原则,钢支撑应有防脱措施;

(5)施工时做好基坑的监测和潜水位观测及处理,加强基坑底部防水设计与处理;

(6)基坑开挖前,先对周边构筑物基础进行预注浆加固,并在基坑开挖过程中,根据监测情况跟踪注浆;

(7)施工前编制风险预警及紧急处理方案。

4)应急措施

施工过程中,如地下管线、周围建(构)筑物等的变形量或变形速率过大,经判别,安全性($F=$ 实测值/控制值)为"红色预警"时,应立即停止施工,启动应急预案,并采取以下措施:

(1)立即停止开挖,堆土反压;

(2)对开挖影响范围内的地下管线、建(构)筑物周边土体采取注浆等措施进行加固,提高地层的承载能力或调整其变形;

(3)组织有关技术人员查找地下管线、建(构)筑物变形过大的原因,并及时消除导致因素;

(4)邀请相关有资质的单位,对地下管线、建(构)筑物进行结构的加固和修补;

(5)提高监测频率,强化监测措施和要求;

(6)继续优化基坑开挖、支护施工的参数和工法。

5）应急救援设备、物资准备

（1）需要准备的抢险设备：注浆和拌浆设备、撤退及照明设备。

（2）需要准备的抢险物资：脚手架及扣件、方木、工字钢、千斤顶、木板、水泥、水玻璃等。

6.5.4 厦门地铁 3 号线过海段海底风化深槽施工

1）风险分析

五缘湾站—刘五店站区间矿山法隧道海域左右线共 9 次穿越风化深槽，长度为 28~253m 不等，总长 1200m，风化深槽与线位大角度相交，遇水后强度急剧降低，节理和裂隙密集发育，透水性相对较好，且与海水存在水力联系，施工中易产生透水、坍塌，甚至发生冒顶导致海水倒灌淹没隧道的风险，施工风险极高。

2）应对措施

（1）采用超前地质钻孔等手段精准地确定风化深槽及不良地质变化范围、规模。

（2）根据超前地质预报情况，对工作面进行全断面或帷幕注浆止水、预注浆加固。

（3）开挖施工采用环形开挖预留核心土法，采用机械开挖，必要时爆破采用减振爆破技术，以减小围岩松弛圈的厚度，保护隧道围岩及结构的稳定。

（4）加强支护措施，必要时及时施作二次衬砌。

（5）在各通道口及重要部位加设移动式防水闸门，一旦发生突泥突水灾害，人员撤离后可将防水闸门关闭。

（6）隧道内设计足够的积水坑和抽水能力，在发生大量涌水的情况下，抽排水能延迟积水上升，为人员撤离和处理提供条件。

（7）做好抢险应急预案，施工现场充分准备抢险、救灾物资和防护设备，做好人员培训，紧急情况下能够快速处置。

（8）在施工组织中要做好逃生路线、警示装置设计，并对进入洞内的人员进行训练，紧急情况下安排人员有序地撤离工作面。

6.5.5 厦门地铁海底隧道施工裂隙水量处理施工

1）风险分析

过海段隧道上方除了覆土层外，就是海水，水头压力最深可达 80m，相当于隧道每平方米承受 40 辆小汽车的压力。在开挖过程中，岩石裂隙中的海水会源源不断灌入隧道内，涌水喷射距离可达 20m，每小时的水量可达 250m^3，相当于 2 个小时可灌满 1 个游泳池。隧道开挖至今，关键线路因出水，注浆堵水 87 次，工期受影响 390 余天，矿山法隧道开挖过程中，共抽排了 1000 万 m^3 的裂隙水，这些水可灌满将近三个筼筜湖。

2）应对措施

（1）完善地质预报方案，增加超前探孔数量，并扩大钻孔角度，加大对周边的探测范围，以对掌子面周边岩层作进一步判断。钻孔出水时立即进行封堵，并重新打设超前探孔。

（2）开挖轮廓线外侧出现破碎地层时，及时组织四方会勘，确定注浆加固方案及开挖方案。

（3）加强施工过程中的监控量测，做到动态施工、动态管理。

（4）完善抢险应急预案，施工现场配备充足的大功率水泵、发电机、集成化注浆设备等应急抢险、救灾物资和防护设备，做好人员培训，紧急情况下能够快速处置。

6.5.6 厦门地铁基于安全风险管理信息系统的安全管理措施

坚持安全发展，坚守发展绝不能以牺牲安全为代价这条不可逾越的红线，以国家法律法规和行业安全标准规范为依据，准确把握安全生产的特点和规律，坚持风险预控、关口前移，全面推行安全风险分级管控，进一步强化隐患排查治理，推进事故预防工作科学化、信息化、标准化，实现"把风险控制在隐患形成之前、把隐患消灭在事故前面"的总体构建思路。

（1）统一管理，建立风险防范规章制度和标准

为加强厦门轨道交通工程建设安全风险管理，建立健全安全风险管理责任制和安全风险管理制度，促进安全风险管理工作更加系统化、规范化和信息化，最大限度地降低与规避风险事件的发生，减少或降低建设风险造成的人员伤亡、经济损失等各种不利影响。

（2）强化安全风险管理

针对城市轨道交通工程施工难度大、安全风险高的特点，轨道公司通过招标引进了第三方安全监测机构、专业风险咨询管理公司，对施工过程中可能出现的基坑变形、周边建筑物位移及各种安全风险开展监测、巡视、咨询、评估等工作。同时，建立远程监控平台，实时掌握线路安全管理情况。通过第三方及风险管理

单位共同开展安全监测、风险巡视、风险分析、风险预控、风险消除等方面的管理工作,提高厦门轨道交通项目安全风险专业化管理水平。

(3)落实验收和方案评审制度,开展重大技术方案专家评审和验收工作

严格按照《危险性较大的分部分项工程安全管理规定》和省、市质量监督站的有关要求,对危险性较大的分部分项工程技术方案实行专家评审制度和验收制度,如深基坑、盾构区间、旁通道、盾构设备吊装、模板支架等专项方案,且必须在专家意见得到整改闭合后方可实施。同时,针对轨道工程特点,基坑开挖、基底验槽、盾构井移交、盾构始发和接收、盾构区间联络通道开挖、盾构始发100环、首件预应力张拉和铺轨条件验收等关键环节实行节点验收制度和分部分项工程实体验收制度,经过建设、设计、施工、监理四方签字认可后方可进行下一步工序施工。

(4)加强工地建设,实现标准化管理

开展安全标准化工地和质量创优抓典型、树榜样活动,在所开工的地铁建设项目中开展抓典型、树样板、创精品工作,推行精细化、标准化管理理念。实行工程质量首件工程认可制,对第一根基桩、第一个承台、第一片梁板、第一个墩身、第一道地连墙等进行首件实体典型施工总结,以验证施工技术方案的可行性,保障大型结构物的安全性和耐久性。

6.5.7 南宁地铁安全风险管控体系

自南宁地铁2008年开建以来,南宁地铁安全风险管控体系不断完善,一方面是学习国内外工程,特别是地铁施工安全风险管控经验、措施的应用,另一方面是结合南宁地铁出现的安全事故及涉险事件总结应用,如:①针对南宁地铁深基坑富水圆砾层围护结构透水渗水安全风险,总结出了开挖前透水渗水点检测技术应用、日常开挖透水渗水风险施工措施,编制了应急抢险针对性战法并配备了针对性应急物资。②针对重大安全事故,总结出重大风险源安全管控"六专"制度,即重大风险源施工前和施工过程中严格执行以下内容:编制专项技术方案、编制专项应急预案、组织专家评审论证、施工前组织安全条件专项验收、施工过程中严格落实专项监测方案、施工过程中落实专人全过程值班。"六专"制度实施后,南宁地铁后续线路再未发生重大安全事故,成效显著。③针对日常安全风险,总结了日常安全管控中反复出现的安全隐患,如:高处施工安全隐患、用电安全隐患、安全防护不到位等,颁布"挂牌准入制"管理制度,即施工现场风险工程施工作业,施工单位、监理单位进行全过程管控,施工前对作业环境、作业人员、投入的设备状态、安全设施等安全条件进行确认,确认后方可进行施工作业,作

业完成后再次确认,使日常安全风险管控过程闭合。现列举具体风险管控案例(秀明区间右线穿越既有2号线)如下。

秀明区间右线起讫里程为CK13+659.087~CK14+340.100,全长681.013m(455环)。其中,389~412环共计24环位于2号线运营隧道段下,与2号线段运营隧道垂直最小间距2.05~2.10m。下穿段距盾构接收端头64.4m。区间下穿主要技术措施有:①对2号线进行洞内加固,加固范围长度为60m;②布设监测点及自动化监测设备,实现自动化监测为主、人工监测复核的监测措施;③根据风险大小分为过渡区、风险区和危险区,包括:下穿前的过渡区和风险区,下穿过程中危险区,下穿后的风险区和过渡区五个区域,不同区域施工提出针对性施工方案;④严控出土量,实时监控盾构掘进泥土仓压力、推力、扭矩等参数,发现异常及时调整,做好同步注浆和二次注浆;⑤严格落实重大风险源"六专"制度,落实下穿全过程值班。基于所有参建单位的高度重视,严格管控施工过程中的安全风险,本次下穿掘进顺利完成,相关监测指标达到方案要求,未影响2号线正常运营。

6.5.8 新冠疫情复工风险防范

(1)上海地铁

为严格落实"减少流动性、发现风险点、阻断传染源"的工作要求,坚决做到"三个全覆盖""三个一律",上海地铁建设远程监控中心研发团队完成了"建设疫情防控信息管理系统"1.0版本,保障了复工人员管理、复工信息采集等多方面管理需求。该系统覆盖上海市所有在建轨道交通项目,包括建设单位、施工单位、监理单位、监测单位等各参建单位所有管理人员、工作人员及相关家属一共26140名人员,全部记录在系统内,同时根据随申码的颜色变化进行分类。依托此系统,项目公司可在线掌握返沪人员的精准信息,实时跟踪人员属地状态,确保工程项目疫情始终可防可控。同时还编制了返沪人员"一人一档"、复工材料"一标一档"、复工设备"一企一档"三张清单,详细掌握人员返沪从哪里来、怎么来、来后怎么控,材料供应和运输存在的问题,设备厂家的复工计划和供货计划等。

疫情取得阶段性控制后,上海地铁联合八大施工建设集团,通过多种激励方式,加快落实农民工返沪返岗工作,来解决劳务工人员少、建材供应链等难题,并在认真部署疫情防控的同时,精细策划各线路工地复工安排,坚持疫情防控和经济建设发展两手抓、两不误、两促进。上海是首批通过省际定点包车接回在建工程务工人员的城市之一。2020年3月20日,全面实现在建142个工地的复工复产。期间，多次动态评估疫情对全年投资、用款和形象进度的影响，制定应对措施，将疫情对全年建设的影响降到最低。

（2）深圳地铁

召开疫情防控及复工复产专题会，针对2020年开通的6号线、10号线等重点线路召开工程调度暨复工复产推进会，推进四期在建线路盾构复工，积极推进四期修编线路的新线设计、招标准备、工程筹划等工作，向各参建单位传达省、市领导关于疫情防控及复工复产视频会议的有关情况和工作要求，对参建单位进行疫情防控补贴和供电减免等，引导、督促各项目安全有序复工，召开2020年计划调整讨论会，梳理2020年计划受影响情况，确定力争全年总体进度目标和投资目标不变。

主要举措：为参建单位进行疫情防控补贴，引导、督促各项目响应政府号召，安全有序复工；牵头联系比亚迪，为参建单位集中订购口罩66万个；现场实施网格化管理，对于返深人员实施分类管理，每日定期监测体温，发放防疫物资，联系酒店确定隔离用房等；同时，启动各线路复工复产视频会议，报请市轨道办协调复工中弃土外运、混凝土供应和施工许可证办理困难等问题，为复工扫清障碍。

（3）成都地铁

一是建立健全防控工作体系，成立了疫情防控工作应急防控机构，负责全面调动和实施公司疫情防控专项工作。二是加强人员排查，严格落实疫情防控责任。三是根据各阶段疫情实际情况，制定疫情防控标准化手册，共计发布了5版阶段性疫情防控实施方案，细化复工复产及疫情常态化防控措施。严格进场人员管理，杜绝疫情的输入性、扩散性蔓延。对进场人员进行健康检查、体温监测，做好条件筛查，全面督促落实生活区、施工区防疫消杀和备齐备足防疫物资。四是启动每日异常情况报备制，实时掌控人员的数量和活动范围。五是在交通运输、卫健等多部门的有力帮助下，"春风行动"全面有效落地落实，确保参建人员顺利返岗，切实解决了复工返岗人员的难题。六是强化常态化疫情防控措施，将底线思维贯穿始终。七是强化监督，严格检查，扎实开展防疫管理工作自查自纠，对存在的问题、隐患立即督促整改。

（4）南宁地铁

客运中心在线网85个车站站厅增设口罩售卖机，乘客可扫码自助购买口罩；在客服中心、安检点处为乘客提供免洗消毒液，为乘客出行提供便利，保障运营安全。同时，想乘客所想，在线网所有站点的公共洗手间免费提供厕所纸巾、洗手液；编制印发《客运中心关于加强并规范防疫物资管理的通知》，规范内部防疫物资的申领、存放、发放、交接与数据统计，加强防疫物资的管理。

（5）厦门地铁

一是快速响应。对内：2020年1月23日成立建设分公司疫情防控工作小组，实行集中统一领导，班子成员分片包区、蹲点指导；对外：迅速对各参建单位人员动向开展地毯式、拉网式精准摸排，建立5条线路所有在厦人员的健康档案并进行全面跟踪。

二是压实责任。召集四大央企召开部署会，全面强化人员摸排和监控，明确未返厦员工和劳务工人一律暂停返厦，保障留守工人健康安全。

三是率先复工。留守参建人员1697人（约占全市工程留守人员的三分之一）作为中坚力量，引导来厦探亲的工人家属培训转岗，大年初三实现7个关键节点工区（8个工作面）应复尽复。通过组织包车、包机，提前从云南、贵州、四川等地"点对点"组织工人返厦返岗。

四是封闭管理。各工点一律实施"三不一统一"封闭式管理，并实行"零报告"制度。租用闲置房源、新建活动板房等，实现返厦人员与在厦人员分住。

五是联防联动。联合中山医院急诊部，对一线施工人员组织开展"线上"防疫知识讲座。

六是加强宣传。发放防疫手册和编制"工程建设防疫三字经"，助力一线工人提高防护意识。

七是协调保障。千方百计加快项目建设进度，对冲疫情影响。采取交叉施工、并联施工、机器换工等创新方式。多方协调物资供应，强化混凝土等建材保障。

6.6 工程文明施工措施与案例

6.6.1 全封闭施工大棚

陆家嘴站基坑由于施工区域地处上海中心，为了减少对周边环境的影响，同时提升施工效率，特采用钢结构全封闭大棚进行施工（图6-17）。该封闭大棚造型简洁，长136m，宽42m，是上海最大的室外封闭式工地，外观与周边建筑物相协调，透光率高，不对周边环境采光产生影响，可极大程度地减少施工对周边环境所产生的扬尘、噪声污染。同时工地建设转变为工厂化建设，基坑开挖为全封闭作业，吊装、挖土施工等均改变了传统作业方式，在施工场地条件差、环境要求高的条件下实现了工厂化施工，避免了恶劣天气的侵扰，提高了建设效率，改善了作业人员的工作环境。

图 6-17　陆家嘴站全封闭大棚外景长乐路中间风井全封闭大棚内外景

图 6-18　扬尘噪声监测及相关设备

6.6.2　扬尘监测与控制

上海地铁施工现场设置扬尘监测仪器，对作业现场进行扬尘监测，一旦存在扬尘超标等不良现象，仪器自动识别并联动除尘雾炮机等设备，开启喷雾，进行扬尘整治（图 6-18）。同时，在出入口安装车辆进出抓拍系统，进行车辆监控，土方车辆出场均经过冲洗，直到车辆表面干净后方可出场。开挖期间，安排人员对场地进行冲洗，确保无积土、无扬尘，保障周边居民的良好生活环境。

6.6.3　声光污染控制

对于地处市中心区域的工程建设，为了最大限度地减少工程对周边环境的影响，采取了声屏障、设备移动隔声罩、大棚等设施控制声光污染（图 6-19）。

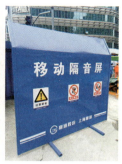

图 6-19　移动隔声屏障

禁止噪声较大的机械设备夜间施工，同时设置施工区噪声监测点进行有效监控；夜间施工过程中，大型照明灯具设置灯罩，调整角度，控制照明范围，避免强光直射居民区；非作业区调节、降低光照度，关闭大型照明灯。

6.6.4　出入口管理

建设工地施工现场出入口采用防锈铁门或电动门，大门两侧设立柱，大门做到美观、整洁。主要出入口采用（沥青）混凝土硬化或者装配式道路硬化。采用（沥青）混凝土硬化的，混凝土路面厚度不小于 200mm，强度等级不小于 C30，沥青混凝土路面厚度不小于 80mm。

建设工地施工现场大门内侧设置挡水带、排水沟、三级沉淀池（池体容积不小于 4m³），门口设高压冲洗设施（出水量应不小于 50m/h），冲洗区外侧铺设串联成片的麻袋、地毯等吸水材料，确保车辆不带泥上路。确无条件设置冲洗、排水设施的市政基础设施工程项目，1 公里施工区内设置出场车辆固定冲洗点，采用移动冲洗设备，并铺设麻袋、地毯等吸水材料。设置了洗车槽的，洗车槽内洗车水及时更换。工地废水按照水务部门要求进行排放。

建设工地施工现场主要出入口醒目位置悬挂公示标牌，包括施工平面图、工程概况牌、消防保卫牌、安全生产牌、文明施工牌、管理人员名单及监督电话牌、建筑垃圾处置公示牌。图牌规格为 1400mm×900mm，悬挂高度为底边距地面 1.1~1.6m。

建设工地施工现场出入口外部醒目位置张贴"扬尘投诉二维码公示牌"，制成 600mm×600mm 大小并过塑，并及时更新扬尘投诉二维码。市民可通过微信扫描扬尘二维码，对施工现场围挡破损、出入口污染、高空抛物等违规行为进行微信投诉举报，企业接到投诉后立即整改。

6.6.5 垃圾管理

施工现场工程垃圾装袋封闭运输或设置密闭垂直清运通道；现场设置工程垃圾固定收集点用于临时堆放，并采取喷淋、覆盖等防尘措施，避免二次污染。

建设单位或施工单位与垃圾运输企业签订《建筑垃圾运输合同》，使用国Ⅴ及以上排放标准的运渣车辆或新能源运渣车辆。轨道交通项目施工产生的流塑状盾构渣土进行清运时，使用新型密闭箱式运渣车。

施工单位建立生活垃圾分类投放工作制度，合理配置分类收集容器，除可回收物可以直接交售外，有害垃圾、厨余垃圾和其他垃圾交由有相应资质条件的生活垃圾分类收集、运输单位，并签订服务合同。

6.6.6 南宁地铁"四化一绿"建设

2018年6月，南宁地铁提出"四化一绿"建设理念，即建设施工信息化、标准化、规范化、装配化及绿色施工，并开始制定"四化一绿"相关丛书，同时进行理念宣贯。2019年3月，编制并下发"四化一绿"考核管理办法，自此"四化一绿"建设进入实质性实施阶段。2年来，南宁地铁5号线一期工程始终紧抓"四化一绿"建设工作，通过筹划→筛选→观摩→全面推广稳步实施。5号线文明施工措施主要有：装配式围挡、$PM_{2.5}$及噪声管控监测系统、全方位无死角视频监控系统、基坑内及围挡上雾森喷雾系统、塔吊高位喷雾系统、污水治理及水循环系统。总体效果较好，多个车站定位"创城"施工现场文明施工观摩样板工地，多次自治区、南宁市文明施工检查均取得好评，且顺利通过"创城"检查验收。

6.7 绿色建筑施工措施与案例

6.7.1 《绿色城市轨道交通建筑评价标准》的发布

根据中国工程建设标准化协会的要求，经深入调查研究，认证总结实践经验，参考国内外相关标准，并在广泛征求意见的基础上，由上海申通地铁集团参与主编的CECS标准《绿色城市轨道交通建筑评价标准》于2020年7月正式发布，自2021年1月1日起实施，填补了城市轨道交通领域绿色建设的空白，也成为我国建设工程领域绿色标准体系的重要补充。该标准共分为6章，主要技术内容包含：总则、术语、基本规定、轨道交通车站、轨道交通车辆基地、创新。评价标准遵循因地制宜的原则,结合城市轨道交通所在地域的气候、环境、资源、经济及文化等特点,对城市轨道交通建筑全生命周期内的安全耐久、环境健康、资源节约、施工管理、运营服务等方面的绿色性能进行综合评价。

6.7.2 超高强度防滑耐磨无机人造石在地铁车站的应用

天然石材受限于矿山开采,不利于生态环保,且存在色差、水斑锈斑病变、污染、易断裂、辐射等问题,有必要研发一种替代性人造石。一直以来,人造石都停留在有机树脂型材质阶段,由于有机材料的特点,严重限制了人造石产品的密度、强度、耐候性、抗老化、膨胀系数等指标,导致产品不能大规格使用、不能室外使用,对应用环境、施工条件都有苛刻的要求。同时,施工成本和养护成本居高不下,使产品的广泛应用受到严重限制。

无机人造石摒弃了传统的树脂添加,采用无机材料、无机胶粘剂、无机助剂,对比其他石材,具有独特的性质和优势,特别适合人流量大的地铁车站(图6-20)。该无机人造石,一是具有优异的力学性能,抗压强度大于120MPa,最高可达150~170MPa,抗折强度达12~20MPa,不易开裂,不易压断;二是具有优异的耐磨性能,莫氏硬度可高达6级,大大降低了翻新打磨和日常维护成本;三是具有优异的稳定性,纯无机不含树脂,抗老化,能长期不变形;四是具有优异的耐候性,抗紫外线,适用于室外寒冷、霜冻、雨雪、酷热等各种环境;五是绿色监控,抗菌环保无污染,辐射指数小于0.1,达国家A级装饰材料标准,其生产过程绿色环保,没有挥发物,防霉抗菌耐污染,更加安全;六是具备A1级最高防火等级,燃烧值为-700kJ/kg,不但不燃,还可能吸热。

上海轨道交通15号线工程线路起自闵行区的紫竹高新区站,止于宝山区的顾村公园站,全长近43km,初期运营共开通29站,均为地下车站。15号线工

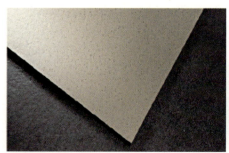 

图6-20 无机人造石板材

图 6-21　无机人造石在上海 15 号线车站的应用

程明确了地铁应用场景对无机人造石在强度、耐磨性、防滑性、耐污性、防水性、体积稳定性、抗腐蚀能力等方面的指标参数要求，根据地铁工况环境、无机人造石板材特点，确定了相应施工工法及基本技术规范要求，提出了轨交车站用无机石英石产品的技术标准草案。无机人造石在 15 号线车站局部得到了良好的应用效果（图 6-21）。

6.7.3　高效泥水分离系统的应用

施工过程中，地下连续墙、钻孔灌注桩、MJS 工法桩、TRD 加固、泥水平衡推进等都会产生大量废浆，目前市场上废浆排放主要是用泥罐车直接外运，然后排放至河流或田地里，然而大量废浆的随意排放会破坏微生物群落，对生态环境造成巨大的危害。如何在保护好生态环境的同时将施工产生的废浆处理掉，是施工行业技术人员面临的难题。

对于这个问题，上海轨道交通 15 号线工程土建 11 标项采用了新型废浆处理设备，在保证施工效率的同时，将泥浆直接分解为清水及干泥块，处理后的清水可以循环使用，泥块可以直接用于绿化等。整个施工周期没有使用往来穿梭运送泥浆二次排放的槽罐车，做到了源头止污，现场瞬时解决泥浆排放问题，避免泥浆对城市水体造成污染，实现了泥浆零排放，为城市建设提供了生态、环保、绿色的新理念，而且使用该施工工艺和设备的成本，也要略低于泥浆外运。废浆通过 4 个罐子进行 4 次筛分、浓缩和絮凝，70% 的泥浆会变为循环水排出，剩余 30% 的浓浆经过压滤，得到密实度较高的干泥块。

在上海轨道交通 15 号线桂林公园站，施工平均每天会产生 130m^3 泥浆，通过处理设备可以被压缩成 30m^3 的干泥块，这些干泥块将通过运输送往集中处理

图 6-22 新型废浆处理系统

点。泥水分离系统还可以根据每个项目的排浆量"量身定做",最高日处理量可达到上万立方米,而且占地面积小。以桂林公园站工地为例,近 $4000m^2$ 的工地中,泥浆处理系统仅占 $125m^2$。在桂林公园站工程完工后,这套系统还可以重复使用,能耗低,每立方米的泥浆处理仅耗电 2.6 度(图 6-22)。

6.7.4 厦门地铁过海段穿越中华白海豚保护区相关保护措施

厦门地铁 3 号线过海段的整个施工过程中,厦门轨道集团一直将环保理念贯穿其中,过海段需穿越中华白海豚保护区,为了减小对白海豚的影响,轨道集团严格落实相关部门的要求,组织参建单位在爆破前采取观测、驱赶、水下噪声监测等多种保护措施,对作业区域进行警戒和驱赶中华白海豚,在海里拉起了一道无形的移动安全防护网,避免对中华白海豚造成伤害,同时还利用实体交底、可视化培训、BIM 技术、信息化、精细化管理等手段,强化过程管控,将环境生态保护落实到实处,取得了生态环保和工程进展的双胜利。

6.7.5 上海地铁 14 号线绿色建设措施

上海轨道交通 14 号线持续开展高标准绿色建设,全线按照绿色三星级标准进行设计及建设。当前,14 号线豫园路站、锦绣东路站和封浜车辆段分别获得了国内首个绿色三星级预评价认证。其主要绿色措施如下。

1)安全耐久绿色措施

(1)安全防护:建筑门窗、护栏、站台门、广告灯箱、疏散指示标志与照明灯具的防护罩等可能接触到乘客的玻璃均采用具有安全防护功能的玻璃。

(2)防滑措施:室内外地面或路面设置的防滑措施符合现行行业标准《建筑地面工程防滑技术规程》JGJ/T 331-2014 的有关规定。

(3)疏散安全:站台设置额外的动态安全储备,每侧增加设置 2.61m 的纵向乘客走行宽度。站台至站厅疏散楼梯的通行时间为 3.63 分钟,小于规范要求的 6 分钟。疏散用的站台至站厅楼扶梯、闸机和栅栏门、出入口的通道和楼扶梯,综合最不利断面设计通行能力比标准要求值增加25%。

（4）出入口装配式：出入口为装配式出入口设计，建筑构件模块化、标准化，构件生产工业化，现场作业机械化，避免二次装修，提高建设效率。出入口牢固程度高、经久耐用，易清洁、维护，绿色环保。

（5）材料耐久：防水材料采用硅酮耐候胶密封防水，耐久性符合现行国家标准《绿色产品评价防水与密封材料》GB/T 35609-2017的规定。

2）环境健康绿色措施

（1）环保材料

室内涂料产品的VOCs含量满足现行国家标准和《室内装饰装修材料 胶粘剂中有害物质限量》GB 18583-2008中规定限值的50%，涂料、腻子等满足现行行业标准对有害物质限量的要求。该工程内地面的涂料、油漆等材料应考虑使用国家所要求的低甲醛或无甲醛的环保材料，减少室内空气中的有害成分，确保达到所要求的环境指标。

（2）空气监测

在站厅、站台及开放公共区均布置温湿度及CO_2浓度监测点位。在车控室、警务室及环控电控室设置温湿度监测点位。房间内温湿度传感器的点位同时覆盖主要设备用房，如综合监控设备室、通信设备室、信号设备室、变配电室等。在车行区设置温度和CO_2浓度检测点，温度测点布置在上下行线的活塞/机械风孔外侧及车行区中部各一个，CO_2浓度测点布置在上下行线进站端的活塞/机械风孔外侧各一个。

（3）高品质卫生间

公共卫生间建筑装修一体化设计统筹考虑空间环境、功能布局、部品制造、安装定位、装配程序和运营维护、安全防火、空气质量等各技术环节，满足整体性和系统性要求，提升使用品质。卫生间设置机械排风系统，排风量按照20次/h换气计算。厕所排风量按照每个坑位100m^3/h考虑，且每小时换气次数不应小于20次。

（4）防霉防潮措施

站厅、站台、通道顶棚以上的结构顶板，站台侧墙、顶棚顶板，柱子顶部等范围内均要求喷涂仿清水混凝土防霉、防潮负离子涂料；顶棚以上的管线喷涂哑光黑色防霉、防潮涂料，轨行区喷涂黑色防霉、防潮涂料。

（5）声学设计

地铁站台的混响时间控制在1.5秒以内。主要措施包括在站厅和站台布置吸声材料，在设备房采用陈列式消声器。

3）资源节约绿色措施

（1）节地——交通便捷（以豫园路站为例）

车站出入口与现有居住区的步行距离最远是 185m，车站主要出入口步行距离 500m 范围内设置 3 条线路的公共交通工具，分别是老北门公交站、淮海东路云南南路公交站和河南南路福佑路公交站，并有便捷的人行通道。

（2）节能——高效机组

冷水机组能效比比标准规定值 5.6 高 12% 以上。多联式空调系统能效比比标准规定值提高了 8% 以上。

（3）节能——高效电气设备

选用新型绿色节能 LED 照明灯具。所有灯具的控制装置应通过 CCC 认证，总谐波含量应不大于 10%，驱动电源寿命不小于 50000h。车站设置智能照明控制系统，公共区照明、客服中心照明灯具单灯设 DALI 调光模块，配合照度传感器，在车站运营初期使地面照度维持在略高于规范要求的水平，同时可根据运营需求分别设置场景及时间控制（高峰、低峰小时）；地面出入口照明灯具单灯设 DALI 调光模块，可根据室外照度传感器照度值调节亮度，确保地面照度水平满足规范要求。采用非晶合金变压器。

（4）节水

卫生器具的用水效率等级达到 2 级，冷却塔采取节水措施。

（5）节材

采用土建装修一体化的设计及施工。工业化内装部品主要包括整体卫浴、装配式吊顶、装配式内墙、干式工法地面、管线集成与设备设施等。

6.7.6　深圳地铁绿色建设措施

（1）太能光伏发电系统

充分利用深圳地区太阳能资源丰富的特点，在深圳地铁 6 号线 12 个高架站顶部全面设置太能光伏发电系统。

（2）高效机房

南山书城高效机房对冷水机组、冷却塔设备和节能控制系统多次进行优化改造和精细化调试；冷却塔试点高效永磁同步直联电机、更换变流量喷头等新技术；对超过 1400 个数据进行调试和校准，并进行设备系统的多次联合调试，实现了采用非双一级能效制冷主机建成高效制冷机房。

（3）海绵车辆段

长圳车辆段在满足自身雨水收集的同时设置海绵城市措施，年径流量控制率为71%。采用的海绵城市措施主要有：雨水花园、景观湖、生物滞留带、下沉绿地、生态屋顶、高位花坛、地下蓄水池，有效地起到了在深圳夏季暴雨时消洪滞水的作用（图6-23）。

（4）再生制动能量回馈系统

采用中压逆变回馈型吸收装置，将列车制动时产生的能量逆变回馈至中压网络，供地铁内各用电负载使用（图6-24）。

图6-23　长圳海绵车辆段

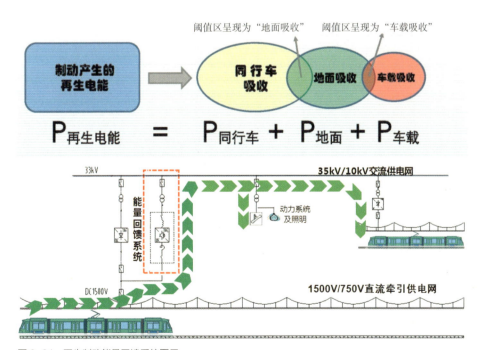

图6-24　再生制动能量回馈系统图示

（5）泥浆压滤及碎石筛分系统

深圳地铁 12 号线 6 工区引入了一整套针对双模盾构渣土处理的"泥浆压滤及碎石筛分系统"，该系统可将盾构出渣中的碎石、沙土高效分离，做到渣料的二次利用，并可将废弃泥浆中的水与泥过滤压结，实现环保施工及可持续发展的目的。

（6）项目驻地临建建设

公共照明采用太阳能路灯，地面铺设透水砖用于收集雨水再次利用，厨房污水排放设置隔油池等，施工场区采用整体硬化以避免水土流失。

6.7.7　成都地铁绿色建设措施

（1）"移动式模板台车 + 盘扣式支架"组合方案浇筑侧墙

地铁车站高大模板支架体系通常采用板墙连浇的做法，侧墙采用对顶方式加固，往往造成支架体系密集、工程进度慢的情况，成都轨道交通 13 号线一期工程采取"移动式模板台车 + 盘扣式支架"组合方案，为板墙分浇模式，相比以往的对顶工艺，节约侧墙周转材料用量约 30%，节省人力资源投入约 20%，流水线施工快速形成，缩短施工工期约 15%，对提高侧墙浇筑施工质量效果显著。

（2）污水净化系统

为在施工过程中最大限度地保护周边环境，减少施工对自然环境的影响，在各站点设置污水净化系统，并与周边市政管网相连通，在各围挡施工及生活用水集中后统一进行处理，经沉淀后排入周边市政管网。

（3）绿色建材

建筑外墙采用烧结页岩多孔砖加岩棉或挤塑聚苯板外墙外保温，满足安全、耐久性要求；屋面保温采用挤塑聚苯板，屋面防水材料采用高分子防水材料，高分子防水材料在使用及施工过程中可有效减少有害物质排放；建筑门窗及幕墙采用"断桥铝合金 + 双层中空玻璃"，构造做法满足隔声、保温、安全、耐久和防护要求；建筑涂料工程采用水性内外墙涂料，以减少有害物质排放。

6.7.8　南宁地铁黑臭水体治理

2020 年，国家高度重视黑臭水体治理工作，编制了相关法律法规，并多次进行黑臭水体治理暗访督查。南宁地铁各级均高度重视施工现场黑臭水体治理工作，主要是施工黄泥水和临时生活场所污水治理。5 号线施工过程中，所有施工现场均开展了黑臭水体治理工作，效果突出，多次得到相关主管部门的认可并组织全市推广，现列举邕宾立交站施工现场黑臭水体治理、污水治理及水循环系统情况如下。

邕宾立交站原地面地势呈东高西低，高差约 6m，整个场地排水均由东端向西端汇集处理后排出。主体结构施工阶段场地排水及水循环布置，沿基坑周边布置一圈排水沟，用于场地周边雨水、冲洗地面污水的节流汇排。场地南侧围挡边增设一条排水沟，用于集排东端洗车池污水、降水井井水。洗车池污水经排水沟，通过 2 个三级沉淀池和 3 个过滤池处理后汇集到西端大型沉淀池，沉淀后由气浮机（污水净化设备）净化处理后汇集到西端储水罐备用。

西端储水罐出水口安装增压泵，连接场地供水管道，处理后的清水用作场地临时用水（场地冲洗、喷淋、洗车等）。于场地东门处安装 2 个大型储水罐，储水用于洗车平台应急洗车，西门和北门分别安装 1 个储水罐，用于出入车辆冲洗，如图 6-25 所示。

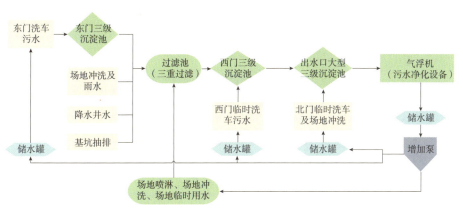

图 6-25　邕宾立交站水循环系统图

该车站采用污水治理及水循环系统，彻底解决了污水外排的环保问题，同时节约了大量施工用水，经计算，系统节水费用高于设备购置及维护费用，取得了一定的经济效益。

6.8　总结与建议

6.8.1　加快轨道交通工程建设数字化转型

由于轨道交通建设的参与方众多、管理要素和生产要素庞杂、周期长，轨道交通工程建设正面临着建造成本不断增加、行业从业人员快速老化、生产力水平低下和安全事故频发等问题，借鉴中国高端制造业的发展方向，运用数字技术实现精益制造自然而然会成为行业转型升级的关键。而高质量发展要求必然驱使轨道交通建设由数量转向质量、由管理粗放式转向转型精细化、由经济效益转向绿色发展、由要素驱动转向数据驱动。

6.8.2 推进发展轨道交通土建工程装配式技术

目前，城市轨道交通结构多采用现场浇筑的形式，多数城市轨道交通在地表以下，受制于地下施工作业环境以及工人的责任心，浇筑完的混凝土结构面经常会出现蜂窝、麻面等现象，严重的还会出现烂根、空洞等情况，这是城市轨道交通的重大安全隐患。为此，可以借鉴房建的装配式技术对结构进行分解，提前在预制场把结构做好，然后运到现场进行组装，以减少此类问题的发生，提高城市轨道交通的质量。

6.8.3 推广应用建筑信息模型（BIM）技术

城市轨道交通站后工程涉及专业多、管线复杂，而在施工蓝图中往往只是一根线条就代表一种管线，没有考虑到空间的布置，导致施工过程中经常出现"差、错、漏、碰"的情况，为避免此类情况发生，建议在设计及施工前利用BIM对各专业管线进行建模，模拟出管线的位置并对管线进行整合，这样可以大大减少后期施工的工作量。

6.8.4 打造一批高素质产业工人队伍

众所周知，作为建筑工人的主力，农民工长期活跃于国内各大建设工程中。由于用工成本低、能吃苦、适应长期高强度作业以及我国人口红利带来的数量优势，农民工为国内建筑行业的发展贡献了巨大的力量。目前，国内建设工程中的一线建筑农民工老龄化问题十分严重，60后人群仍是主力，80后、90后年轻群体数量稀少，后续不足。建筑农民工一直从事建筑工程的基础工作，缺乏专业施工技术素质。面对越来越高标准的建设施工要求，建筑农民工正处于被行业淘汰的边缘。由于日常工作基本是从一个建设工程到另一个建设工程，没有长期稳定的工作场所，流动性大，无法进行有效管理，社保与保险也很难做到正常缴纳。建设一支知识型、技能型、创新型的建筑业产业工人大军是行业大势所趋。

6.8.5　提高轨道交通装备技术水平与制造能力

截至 2020 年底，在实施的获批建设规划已超过 7000km，多地已经进入网络化建设阶段，其中上海、北京、广州、重庆、南京 5 个城市在实施的建设规划规模均超过 300km，可以预见，在网络化城市实施轨道交通建设将面临工程越来越深、环境越来越复杂、难度越来越高的新挑战。现有装备的技术水平和制造能力很难适应即将面临的挑战，建议由行业主管部门牵头，以国有大型企业为重点，不断提升装备的技术水平和制造能力。

7 竣工验收篇

7.1 概述

为了更好地把握新时代下中国城市轨道交通工程的发展现状与未来趋势，为各城市竣工验收工作的顺利开展提供有价值的经验及参考建议，本篇汇总了上海、深圳、广州、成都等经济发展重点城市近年来在竣工验收工作中的经验总结。围绕"新时代、新挑战"，重点阐述领先城市在竣工验收工作中的先进经验与方法。

7.2 执行的国家政策、标准与规范

城市轨道交通建设工程所包含的单位工程验收合格且通过相关专项验收后，方可组织项目工程验收；项目工程验收合格后，建设单位应组织不载客试运行，试运行三个月，并通过全部专项验收后，方可组织竣工验收；竣工验收合格后，城市轨道交通建设工程可履行相关试运营手续。

城市轨道交通工程建设项目竣工验收，指新线工程的建设行为结束后，政府主管部门主持验收的全过程，包括工程遗留问题整改、政府专项验收、工程结算和竣工财务决算，以及竣工验收财务决算审计和编制有关验收文件等。

国内现行城市轨道交通工程竣工验收制度，主要有《住房城乡建设部关于印发城市轨道交通建设工程验收管理暂行办法的通知》（建质〔2014〕42号），依据性指导文件《建设项目（工程）竣工验收办法》《地下铁道工程施工及验收规范》《地下铁道设计规范》及有关专业验收规范和设计文件。

7.3 验收条件

7.3.1 基本条件

竣工验收应具备以下条件：
（1）项目工程验收的遗留问题全部整改完毕；
（2）有完整的技术档案和施工管理资料；
（3）试运行过程中发现的问题已整改完毕，有试运行总结报告；
（4）已通过规划部门对建设工程是否符合规划条件的核实和全部专项验收，并取得相关验收或认可文件；暂时甩项的，应经相关部门同意。

7.3.2 内容与程序

竣工验收的内容和程序是：
（1）建设、勘察、设计、监理、施工等单位代表简要汇报工程概况、合同履约情况和在工程建设各个环节执行法律、法规和工程建设强制性标准的情况；
（2）建设单位汇报试运行情况；
（3）相关部门代表进行专项验收工作总结；
（4）验收委员会审阅工程档案资料、运行总结报告及检查项目工程验收遗留问题和试运行中发现问题的整改情况；
（5）验收委员会质询相关单位，讨论并形成验收意见；
（6）验收委员会签署工程竣工验收报告，并对遗留问题作出处理决定；
（7）工程质量监督机构出具验收监督意见。

7.4 2020年我国主要城市的城市轨道交通项目竣工验收情况

7.4.1 上海

1）验收情况

截至2020年底，上海已完成城市轨道交通1号线、2号线、3号线、5号线、6号线竣工验收。

2）制度体系

目前与上海市规划资源局开展验收课题，暂并未形成具体的管理办法。

3）困难

对于城市轨道交通的竣工验收程序不熟悉，尚在摸索中。环保验收和规划验收是目前遇到的最大的两个问题。

（1）环保验收。噪声、振动等环保指标超标导致无法顺利验收，特别是在高架线路上，经查，部分区段已按环保报告落实环保措施，但仍超标，少量为措施未到位，需整改，但要点施工及不停运施工难度极大。

（2）规划验收。部分站点建设时受动拆迁、管线、交通组织等客观因素影响，产生方案变更，特别是出地面的出入口、风井、风塔等附属设施，变更的方案未在规土审批环节形成闭环，导致和原审批内容不符，而超出原轨交用地范围的方案实施后更难以通过规划验收。

4）合理化建议

（1）环保验收：利用环保自主验收的机会，一并验收，完成历史遗留问题。确有无法整改销项的项目可采用局部甩项的方式。

（2）规划验收：一是针对未超出用地范围的规划验收未过的，如面积超标、尺寸偏差等，在对周边环境无害的情况下请规土部门验收通过；二是针对办证资料不齐的情况，请规划部门根据现状情况重新颁证并验收；三是确有进入其他权属的（如居民区），作甩项处理。

7.4.2 深圳

1）验收情况

截至 2020 年，深圳地铁完成了 2 号线三期、3 三号线三期、6 号线及 6 号线二期、8 号线一期、10 号线的竣工验收。

2）制度体系

根据工程类型，分别制定了土建类、系统设备、设备采购、交通疏解工程等的验收管理办法，明确规定了验收工作中各参建单位的职责、工作内容、验收流程等内容。

3）措施或方法

深圳地铁已上线一体化管理平台，在工程质量板块中专门设置了工程验收模块，四期工程已全面推行线上申报、线上审批、实时反馈验收进度等工作。从检验批到单位工程，均可在一体化平台上开展验收工作。

4）困难

政府组织机构改革引起部门职能调整，造成个别的政府专项验收工作的分工、流程、要求出现不确定性。

5）合理化建议

轨道交通工程的验收标准、流程均不同于一般建设项目，各主管部门应尽快出台专门的验收管理办法。

6）经验

竣工验收工作涉及所有参建单位、所有专业，建设单位应提前进行策划，编制验收方案，各单位密切配合。在验收过程中发现的问题应注意总结，避免新线重复出现。

7）机遇与挑战

全自动运营线路的验收标准、装配式车站的验收标准等课题需要加大研究力度。一体化平台中的验收记录（数据）应转化为电子档案，发掘更大的利用价值。

7.4.3 成都

1）验收情况

2020年，完成轨道交通6号线一、二期，6号线三期，8号线一期，9号线一期，17号线一期，18号线一、二期共计6个项目的（初步）竣工验收。

2）制度体系

成都轨道集团根据《中华人民共和国建筑法》《城市轨道交通建设项目管理规范》《城市轨道交通建设工程验收管理暂行办法》《城市轨道交通初期运营前安全评估管理暂行办法》等法律法规，成立了验收移交工作的主管机构，制定了

《轨道交通项目质量验收管理办法》《成都轨道交通建设工程验收管理办法》等验收工作管理制度，建立了验收工作机制，确定了成都轨道交通工程建设验收管理程序。

3）措施或方法

在竣工验收工作中，成都轨道交通集团建立了信息化验交管理网络，利用信息化的手段对验交工作进行管理。每一条新建线路都建立了工程质量问题库，对工程实体质量验收和工程移交中的整改问题进行信息化在线管理，督促责任单位及时完成问题的整改，监理单位、接管单位也通过信息化手段，对问题整改进展、整改效果进行有效的监督。同时，成都轨道交通集团还建立了信息化资产录入平台，将完成资产清单录入作为验收移交的基本条件之一，从另一方面对竣工验收及移交工作进行有效的管理和促进。

采用信息化手段开展竣工验收工作，可吸取以往轨道交通线路建设、验收、移交中的正反两方面的经验和教训，有助于工程施工前对多种可能方案的选择，有利于建设过程中的质量目标控制，也有利于项目建成后的运行，有利于提高轨道交通工程项目的经济效益和社会效益。

4）困难

目前，竣工验收工作中主要存在的问题是由于国土、规划等方面长期存在的问题未得到有效解决，部分站点正式施工许可手续《施工许可证》无法办理，影响全线完成竣工验收。

针对存在的问题及困难，成都轨道交通集团从前期工作入手，超前谋划，提前对接地块权属单位，解决现场征拆问题，及时完善征拆相关手续。积极与国土、规划部门进行工作对接，建立联席会议机制，及时协调解决存在的问题，争取尽早取得《国土划拨决定书》《建设工程规划许可证》，完成《施工许可证》办理。同时，根据政府部门相关工作流程，及时提交《成都市重大功能性建设项目依法建设承诺书》，申请办理并取得《准予开工通知书》，完成工程（初步）竣工验收。

5）合理化建议

建议中国城市轨道交通协会工程建设专业委员会收集全国各个城市在轨道交通工程建设项目竣工验收工作中好的做法，特别是《施工许可证》等手续合理优化的办理方式，形成统一的工作管理办法，在各个城市推广实施。

6)经验

在开展竣工验收工作中,成都轨道交通集团首先以工程实体质量验收为竣工验收的最基础工作,根据《中华人民共和国建筑法》《城市轨道交通建设项目管理规范》《城市轨道交通建设工程验收管理暂行办法》《城市轨道交通初期运营前安全评估管理暂行办法》等关于单位工程验收、项目工程验收、工程竣工验收的相关规定和要求,结合成都轨道交通工程已开通运营线路中常见的质量问题,根据地铁建设的实际情况,将建设过程中的重点部位和重要工序、后续专业进场后难以整改的项目、影响运营服务质量和运营安全的问题从相关规范和标准的主控项目中提炼出来,作为工程通过验收的必要条件。具体对车站建筑、隧道结构、高架结构、轨道工程、常规机电设备、装饰装修、牵引降压变电所、接触网、屏蔽门、综合监控系统、通信工程、信号工程、自动售检票、车辆、安防系统等工程验收的基本条件作了明确规定。按照工序质量验收—分阶段实体质量验收—单位工程实体质量验收—工程竣工验收的流程,严格把控建设过程中的验收和移交关口,确保工程质量。工程竣工资料及时完成并整理归档,经市城建档案馆、质量监督机构、接管单位等单位审查合格,确保达到竣工验收条件。

在严格把控工程实体质量的同时,积极响应成都市政府相关职能部门的要求,通过公安消防、环保、防雷接地、卫生防疫、人防工程、安全设施、特种设备等项目的政府专项验收。

7)机遇与挑战

一是交通运输部印发实施《城市轨道交通初期运营前安全评估管理暂行办法》,对城市轨道交通初期运营前安全评估及竣工验收工作进行了规范,二是政府职能转变调整,消防、人防等专项验收主管部门发生变化,这都是竣工验收工作面临的新机遇和新挑战。

7.4.4 广州

1)验收情况

截至 2020 年,广州地铁已完成 11 条线路的竣工验收工作(表 7-1)。

2)制度体系

广州地铁集团有限公司针对城市轨道交通工程竣工验收工作,多年的探索总结建立了系列验交管理制度。包括:

广州地铁竣工验收线路统计表　　　　表 7-1

序号	线路名称	起终点	线路长度（km）	工程竣工验收时间
1	1号线	西塱—广州东站	18.5	2001年3月16日
2	2号线	三元里—琶洲	18.3	2005年12月28日
3	2号线调整工程	琶洲—万胜围	1.9	2017年12月29日
4	2号线、8号线延长线	嘉禾望岗—三元里 江南西—广州南站 凤凰新村—晓港	27.4	2020年5月15日
5	3号线	广州东站—番禺广场 天河客运站—体育西	36.3	2009年12月25日
6	3号线北延段	广州东站—机场北	31.0	2020年5月15日
7	4号线	万胜围—金洲	41.5	2017年12月29日
8	4号线北延段	万胜围—黄村	5.2	2017年12月29日
9	5号线	滘口—文冲	31.9	2017年10月26日
10	珠江新城旅客自动输送系统	林和西—赤岗塔	3.9	2020年5月15日
11	广佛线首通段	魁奇路—西朗	20.7	2017年6月23日

（1）广州地铁集团有限公司建设工程验收及移交管理手册；
（2）广州地铁集团有限公司新线试运行管理办法；
（3）广州地铁集团有限公司新线试运营管理办法；
（4）广州地铁集团有限公司轨道交通建设项目"三权"移交管理办法；
（5）广州地铁集团有限公司建设工程尾工项目实施管理办法；
（6）广州地铁集团有限公司轨道交通线路工程建设用地移交管理办法；
（7）广州市轨道交通建设工程单位工程质量验收管理流程；
（8）广州市轨道交通新线初期运营前安全评估流程；
（9）广州市轨道交通项目竣工验收工作流程；
（10）广州市轨道交通项目建设项目后评价流程等。

3）措施或方法

广州地铁已建立信息化管理网络，从新线规划至竣工验收整改进行信息化管理。应用较好的是实物资产移交系统、合同管理系统、一体化项目管理系统、工程遗留问题整改系统等。这些系统在广州地铁竣工验收工作中发挥了较好的作用。

4）困难

广州地铁竣工验收工作中存在的困难，主要是消防验收和合同结算，经过相关单位不断努力、政府部门大力支持，目前，消防验收和合同结算工作效率均有提高。

5）合理化建议

政府主管部门及时成立城市轨道交通工程建设项目竣工验收委员会，审定建设项目竣工验收工作方案；委员会办公室定期召开工作会议，协调建设项目竣工验收过程中存在问题，推动验收工作；城市轨道交通资产管理单位加快推进验收成果转化，推进固定资产融资工作，实现轨道交通企业的可持续发展。

7.5 验收管理建设案例分享（广州）

7.5.1 概述

目前，全国城市轨道交通工程竣工验收工作中，广州完成竣工验收里程位居前列，离不开其已建立的成熟的管理制度、管理体系、一体化信息管理手段与多年工作经验。本节将对其竣工验收工作管理经验进行分享。

7.5.2 管理体系与制度建设

1）建立工程竣工验收管理的组织机制

广州地铁集团有限公司建立了"新线验交委员会—新线验交办公室—各总部的验收工作领导小组"的管理模式，系统地、全方位地对工程竣工验收工作进行管理。各总部验收工作领导小组组长均由总部行政一把手担任，保证验收工作计划的彻底落实和工作顺利进行。

集团公司验交委员会人员由主任委员、副主任委员和委员组成。其中，主任委员由集团公司总经理担任，副主任委员由集团公司副总经理和总工程师担任，委员由集团公司相关部门的领导和集团公司副总工程师组成。

2）设定项目竣工验收的条件

（1）各建设子项按设计要求建成，工程验收资料齐备，各单项工程质量评定等级在合格以上，按要求对工程验收提出的问题进行整改，能够满足使用要求；

（2）各系统及设备经联调合格，试运行三个月（无人），经载客试运营一

年以上,能够达到和满足设计功能和运营安全、质量要求,并有试运营过程中测定的技术指标数据和记录;

(3)收尾工程:根据财政部《关于解释〈基本建设财务管理规定〉执行中有关问题的通知》的规定,建设项目收尾工程投资控制在项目投资总概算的5%以内,收尾工程超过项目投资总概算的5%,不能编制项目竣工财务决算。

3)竣工验收工作流程

项目业主(广州地铁)向上级政府主管部门(市发展改革委)申请竣工验收→市发展改革委向国家发展改革委申请竣工验收→国家发展改革委批复→市成立竣工验收委员会→发工作函到市各局、委→项目业主(广州地铁)进行验收前准备工作、政府各主管部门开展相应工作→召开竣工验收大会。

7.5.3 应用信息化管理

广州地铁建立了一体化管理系统,编制了《一体化项目管理平台验收及移交管理模块应用管理细则》,以适应城市轨道交通工程建设的需要,规范广州地铁一体化信息管理平台验收及移交管理模块的应用管理工作,提高轨道交通建设工程验收及移交管理工作的效率和信息化技术水平,保障轨道交通建设工程验收及移交管理信息得到长期、稳定、高效、安全的应用。

验交管理模块根据验收及移交的工作程序,一般划分为工程质量验收、项目竣工验收、国家验收等三个阶段,细则包含了三个阶段的成果文件及资料的归集管理。

7.5.4 专项验收介绍

1)概述

专项验收包括工程质量、规划、环境保护、工程安全设施、卫生防疫、职业病防护设施、消防、人防(图7-1、图7-2)、统计、竣工档案、竣工财务决算审查、竣工财务决算审计等12项政府专业验收文件(表7-2)。

2)消防验收

消防验收是指消防部门对企事业单位竣工运营时进行消防检测的合格调查,施工单位进行消防验收时需消防局进行安全检测排查,同时需要出具电气防火检查合格证明文件,电气消防检测已被国家公安部列入消防验收强制检查的项目。

图 7-1　广州地铁人防验收现场 1　　　　　图 7-2　广州地铁人防验收现场 2

专项验收清单　　　　　　　　　　　表 7-2

序号	专业名称	验收主管部门	备注
1	工程质量	广州市工程建设质量监督局	开通试运营前必须取得
2	规划	广州市规划局	—
3	环境保护	国家环境保护部	—
4	工程安全设施	广州市国家安全局	开通试运营前必须取得
5	卫生防疫	广州市卫生健康委员会	开通试运营前必须取得
6	职业病防护设施	国家安监总局	—
7	消防	广州市消防支队	开通试运营前必须取得
8	人防	广州市人防办化验室	—
9	统计	广州市统计局	—
10	竣工档案	广州市档案局	—
11	竣工财务决算审查	广州市财政局	—
12	竣工财务决算审计	广州市审计局	—

广州地铁集团有限公司按照广州市消防局管理办法开展专项验收工作（图 7-3、图 7-4）。

中华人民共和国住房和城乡建设部令第 51 号《建筑工程消防设计审查验收管理暂行规定》，已经 2020 年 1 月 19 日第 15 次部务会议审议通过，自 2020 年 6 月 1 日起施行，其明确规定，特殊建设工程竣工验收后，建设单位应当向消防设计审查验收主管部门申请消防验收；未经消防验收或者消防验收不合格的，禁止投入使用。

图 7-3　某地铁工程消防验收现场

图 7-4　消防验收现场排烟测试

建设单位组织竣工验收时，应当对建设工程是否符合下列要求进行查验：

（1）完成工程消防设计和合同约定的消防各项内容；

（2）有完整的工程消防技术档案和施工管理资料（含涉及消防的建筑材料、建筑构配件和设备的进场试验报告）；

（3）建设单位对工程涉及消防的各分部分项工程验收合格；施工、设计、工程监理、技术服务等单位确认工程消防质量符合有关标准；

（4）消防设施性能、系统功能联调联试等内容检测合格。

经查验不符合前款规定的建设工程，建设单位不得编制工程竣工验收报告。

建设单位申请消防验收，应当提交下列材料：

（1）消防验收申请表；

（2）工程竣工验收报告；

（3）涉及消防的建设工程竣工图纸。

7.5.5 经验总结

1）工作经验

（1）广州地铁集团有限公司领导直接指导，各总部领导亲自挂帅，是保证竣工验收各项工作有序开展和成败的关键因素；

（2）各责任部门之间的相同配合，是有效推进竣工验收的前提；

（3）员工的努力，是竣工验收按目标推进的基础；

（4）深入建设、运营生产基层，加强协调、督办和有效、到位的指导工作，是保证竣工验收工作推进的有效方法；

（5）将竣工验收工作纳入总公司全年经营绩效考核，落实领导责任追究制是保证竣工验收工作按计划推进的重要手段。

2）工作措施

（1）各部门层层分解任务，细化工作计划，责任落实到岗、到人。

a. 建设事业总部根据合同台账和结算条件，分别制定合同变更计划和合同结算计划，并落实责任部门、责任人、结算完成日期；

b. 总公司办公室将竣工档案验收工作分三个阶段实施，对每一个阶段工作都有明确详细的工作要求，使工作有序推进。

（2）多项举措并行，严格督促计划的落实。

a. 新线验交办公室建立周例会和月例会制度，采取每周报告、每月通报和每月召开工作例会协调、检查工作落实情况的方法，认真检查和及时协调，加强督办，切实推进各项验收工作的实际进度情况；

b. 坚持派人参加各总部的周例会，立足早发现问题，将问题解决在萌芽和初始阶段；

c. 关注重点、难点，指导协调各总部推进验收工作；

d. 规范《竣工验收专题报告》编制内容和要求，提高编写质量和工作效率。

7.6 竣工验收面临的问题及建议

1）前期准备工作需加强

（1）加快推进结算工作。如机电安装、装修等项目由于设计变更手续未完善等原因影响结算进度，建议相关合同变更的办理必须在竣工验收开始前完成。

（2）在合同归档时，合同信息不完备、合同台账的信息化管理情况不理想等问题，致使梳理过程中存在重复性、机械性工作多的问题，造成人力、物力消耗，工作效率较低。建议合同台账实现真正意义上的信息化管理。

（3）前期工程的用地手续、补偿标准、征借地权属证明以及规划验收的用地批准书等问题，严重影响竣工验收工作，这些都是由来已久的问题，一直没有得到切实可行的解决，若这些问题仍然得不到彻底解决，新线的竣工验收工作将无法按计划完成，建议将这些问题集中上报市政府研究解决。

（4）应事前做好竣工财务决算的前期准备工作，如资产移交手续、固定资产三单匹配应及早完成。

2）计划落实不彻底，执行中缺乏一些严肃性

工作方案和计划下达后，各部门应严格按计划执行，要体现计划的权威性和严肃性。对未按计划完成的部门，不能讲条件和随意更改计划，采取组织绩效考核办法，促使其按计划完成工作任务。

3）部门之间的协调配合在一些工作上不够通畅

竣工验收工作是一项涉及多部门、多层次、多项目的系统工程，许多工作是多部门共同配合完成的，纵然有责任牵头部门，但若其他部门配合不到位，工作也无法正常推进。例如在开展竣工档案归档初期，因牵头部门没有准确的合同台账，使工作推进相当困难；又如"三单匹配"工作，因各方意见难统一，又不及时沟通和反馈，牵头部门得不到经办部门的配合，使工作一度停滞。为改变这种不协调状况，各责任部门应各司其职，责无旁贷，无条件地完成岗位工作。

4）建设周期长

因建设周期长会引起待验收工程按旧标准建设完成、但按照新标准执行验收又无法整改的矛盾。存在部分因外部因素影响未建设完成的甩项工程影响竣工验收达到高标准的问题。

除以上问题外，还有前期工程手续不全，设计变更耗时长，合同结算数量大等实际问题。

7.7 发展与趋势

随着大数据、信息化时代的发展，一体化平台系统的应用在工程建设全过程发挥着越来越重要的作用。一体化管理系统的应用，可以较大程度增加工程建设及竣工验收工作中各方沟通的效率，使得办事公开化、透明化、系统自动化功能，更是节约人工劳动力、提供工作效率，而且信息化系统可以较好地查阅信息、保存信息。在未来几年中，竣工验收工作的信息化将成为一个发展趋势。平台的开发需要人力、物力、财力的投入，需各城市政府及建设单位的协同努力。系统内大数据、经验、验收记录（数据）转化为成果，可发掘更多的信息价值。

随着城市轨道交通工程越来越多跨市项目，验收工作将逐渐面临多家、多地参建方的建设局面、验收局面，对应的验收协调工作的难度将增大，沟通工作将增大，如何做好应对工作，对建设单位提出了考验，也是当下各城市竣工验收应深入研究探讨的方向。

随着城市轨道交通工程的发展，运营线路的验收标准、装配式车站的验收标准等课题研究需求陆续浮出水面。

交通运输部印发实施《城市轨道交通初期运营前安全评估管理暂行办法》，对城市轨道交通初期运营前安全评估及竣工验收工作进行了规范；政府职能转变调整，消防、人防等专项验收主管部门发生变化，都是竣工验收工作面临的新机遇和新挑战。

随着线路的增多，今后将不再是线路验收，而是线段验收，势必会每年组织多场验收，验收压力会越来越大。

8 新技术篇

8.1 概述

2020年是"十三五"规划的收官之年，也是谋划"十四五"规划的关键之年。根据中国城市轨道交通协会的数据，"十三五"规划（2016—2020年）期间，中国城市轨道交通运营里程累计新增4351.7km，年均新增近870.3km，"十三五"期间，新增运营线路长度超过"十三五"前的累计总和。数据表明，中国城市轨道交通进入了稳定发展阶段。

（1）截至2020年底，我国共有45个城市开通了城市轨道交通，年度新增天水、三亚和太原3市；运营线路共244条，运营线路总长7969.7km，世界排名第一。

（2）从线路制式来看，共有8种城轨制式同时在运营（地铁/轻轨/单轨/市域快轨/有轨电车/磁悬浮/APM/电子导向胶轮），其中拥有2种及以上制式运营的城市有19个，占已开通城轨交通运营城市总数的42.2%；全自动运行方面，上海、广州、北京、成都、太原5个城市共有8条运营线路采用GoA4级别的全自动运行系统（FAO），运营线路长度为167km，年度新增70km。

（3）从客运量看，由于受到疫情影响，城轨交通2020年累计完成客运量175.9亿人次，比上年减少61.1亿人次，同比下降25.8%。其中2月份客运量断崖式下跌，其后各月减幅收窄并逐渐有所恢复；平均客运强度为0.45万人次/公里日，同比下降0.27万人次/公里日，降幅36.9%。另一方面，城轨交通客运量在公共交通客运总量中占比较2019年提升4.1个百分点至38.7%，其中，上海、广州、南京、深圳、北京、成都6个城市的城轨交通客运量占公共交通出行比率超过50%。

（4）出于防疫需要，各城轨交通运营企业均主动采取降低满载率、延长运营时间等措施，全国平均运营收支比为 65%，同比下降 7.7%。

由上述数据可以看出，疫情给我国城市轨道交通行业带来了极大的压力。为满足"以人为本"的服务原则，如何在票务及资源经营收入下降、运营时长及成本提升的情况下，通过科技创新、装备研发、提高建设运营管理水平等方式，保持甚至提高城市轨道交通建设及服务水平、保障城市人民出行的需要及安全，是城市轨道交通行业发展需要面对的新挑战。

8.2 2020 年城市轨道交通行业大事记及科研创新需求

8.2.1 城市轨道交通行业大事记

1）城市轨道交通行业抗"疫"有方

2020 年新型冠状病毒肺炎疫情，波及范围广，影响程度巨大，"是近百年来人类遭遇的影响范围最广的全球性大流行病"。面对突如其来、来势汹汹的疫情天灾，为保障广大市民乘客及工作人员的生命安全和身体健康，全国各地的城轨交通企业，超过 30 万的一线从业人员，完成了一份历史性的"答卷"，从政策、运营、科技等不同方面为遏制疫情、复苏经济做出了持续不懈的努力，构筑起了轨道交通行业内全天候、全方位的战疫坚固防线。

常态化的抗"疫"措施可分为以下五大方面。

（1）上层政策措施制定：各类疫情防控的指引、标准等相应出台，包括《城市运行地铁轨道交通新型冠状病毒感染的肺炎预防控制指引》《新冠肺炎流行期间办公场所和公共场所空调通风系统运行管理指引》等。

（2）前沿科技成果应用：各类智能化、主动化科技成果应用，包括综合人脸识别系统、客流监测系统、地铁防疫宝"抗疫"工具箱、非接触体温监测技术、先进移动式消毒设备等。

（3）运营管理智慧发挥：各类运营管控措施出台，包括细化运营设施设备维护，强化地铁进站测温排查和车站消毒通风，运营官方 APP 和官方微信的"客流实况"，查询实时拥堵信息，合理出行，实名制乘车及"同乘信息系统"等。

（4）应急基础设施建设：各类快速化、装配化设计及施工方法创新与应用，包括武汉火神山、雷神山医院装配式钢结构设计及建设方法、自主口罩售卖设备等。

（5）复工复产及配套经济手段：各类智慧化管控平台的开发及将防疫列入建设和运营成本等，包括智慧工地远程管控平台、颁发疫情相关造价调整文件或办法等。

2)《关于推动都市圈市域（郊）铁路加快发展意见》发布

2020年12月17日，国务院办公厅转发国家发展改革委等单位《关于推动都市圈市域（郊）铁路加快发展意见》的通知，从以下六大方面明确了"市域（郊）铁路"的功能地位和技术标准，创新市域（郊）铁路市场化投融资模式，全面放开市场准入，培育多元投资主体，有序推进都市圈市域（郊）铁路建设，为完善城市综合交通运输体系、优化大城市功能布局、引领现代化都市圈发展提供有力支撑：①功能定位和技术标准方面；②规划体系方面；③推进项目实施方面；④运营管理方面；⑤投融资方面；⑥发展机制方面。

3)《中国城市轨道交通智慧城轨发展纲要》发布

2020年3月12日，协会正式发布《中国城市轨道交通智慧城轨发展纲要》（后简称《纲要》），并上报国家发展改革委、工信部、住房城乡建设部、交通运输部等有关部门。《纲要》立足于建设交通强国，提出了智慧城轨建设的指导思想，阐述了智慧城轨的标志和内涵，描绘了智慧城轨建设的"1-8-1-1"蓝图，明确了"两步走"总体目标和十大具体目标，部署了智慧化建设重点及实施路径，是今后一个时期内引领我国城轨交通行业智慧城轨建设的指导性文件。《纲要》发布后受到了城轨行业的极大关注和积极响应，协会会员单位普遍开展了学习活动，南京地铁召开党委中心组扩大会议学习《纲要》，哈尔滨、长春、沈阳、大连、呼和浩特五市则召开联席会议学习智慧城轨。城市轨道交通公司和装备供应商则纷纷启动了智慧城轨建设规划或方案的编制工作，上海申通、北京京投、重庆轨道、中车集团等都形成了各自的规划或方案，广州地铁的"五年行动计划"和深圳地铁的"落实方案"也已出台。

4)《中共中央关于制定国民经济和社会发展第十四个五年规划和二〇三五年远景目标的建议》发布

党的十九届五中全会审议通过了《中共中央关于制定国民经济和社会发展第十四个五年规划和二〇三五年远景目标的建议》，城轨交通行业认真学习贯彻落实十九届五中全会精神，集思广益，积极谋划城轨交通"十四五"发展。

"十四五"是我国城轨交通在新的更高的起点上加快推进创新驱动、转型发展，提升运营服务品质的重要时期；也是加快推进城轨交通产业变革、科技创新，全面建设智慧城轨的重要时期；更是加快推进城轨交通高质量与高效率并重发展，从"城轨大国"向"城轨强国"迈进的重要时期。

2020年10月13日召开"中国城轨交通业主领导人峰会2020重庆年会"，围绕"'十四五'与城轨交通高质量发展"的主题，来自47家城轨业主单位的主要领导人在重庆年会上展开交流探讨,为城轨交通"十四五"集思广益,做好规划布局。中国城市轨道交通协会也组织开展了"城市轨道交通'十四五'发展战略和发展思路研究",作为谋划行业"十四五"发展的重要参考。

5)重庆轨道交通率先在全国实现互联互通

2020年9月18日起,重庆轨道交通环线和4号线互联互通直快列车上线载客试运营,两条线路直快列车可以通过联络线从一条线路直接运行到另一条线路上,这在全国尚属首例。

互联互通就是轨道交通列车可以在相互联通的线路上直接运行。实现互联互通以后,同一列车在不停车和不改变驾驶模式的情况下,就可以从本线路跨行到另一条线路。想去往其他线路的乘客,无需下车换乘即可到达目的地,这不仅减少了乘客换乘等待时间,也满足了乘客的多元化出行需求。

由于轨道交通行业内不同线路之间的信号系统采用的技术标准常常是不一样的,线路都是单线运营,相互独立,因此,互联互通一直是一项世界性的难题。重庆交通开投轨道集团经过数年的艰苦攻关与筹备酝酿,制定了互联互通系统各环节、各层面的标准规范,率先攻克了轨道交通CBTC系统互联互通技术难关。

据介绍,本次环线、4号线互联互通载客试运营区段为重庆图书馆—民安大道—唐家沱,直快列车发车间隔为30分钟,停靠环线重庆图书馆站、沙坪坝站、冉家坝站,环线、4号线换乘站民安大道站以及4号线重庆北站北广场站、头塘站、唐家沱站共7个车站。除直快列车外,其他普通班次列车运行时刻不变。直快列车由于停靠车站少,从环线重庆图书馆站直接开行至4号线唐家沱站仅需35分钟,比普通班次列车减少约11分钟,大大节省了乘客出行时间。

6)广州地铁推动巴基斯坦首条地铁"中国运维"

2020年10月25日,巴基斯坦首条地铁线拉合尔橙线正式开通运营,线路全长25.58km。线路开通后,巴基斯坦正式进入地铁时代,极大地改善了拉合尔市1200多万人民的交通状况,各类直接采购的运营筹备物资总金额已达9亿卢比(约3700万人民币),有效促进了当地的经济增长。

拉合尔橙线是"一带一路"倡议框架下中巴经济走廊首个轨道交通项目,全线采用中国标准、中国技术、中国装备,并由北方国际合作股份有限公司、广州地铁集团有限公司和巴基斯坦DW公司组成的联合体具体实施运营和维护。广州地铁集团领导在出席开通活动时表示,将站在中国新发展格局的高度,毫不保留地运用广州地铁运营的成功经验,为巴方提供高质量服务,全力以赴确保拉合尔橙线高水平运营。

8.2.2 科研创新需求

我国城市轨道交通已进入稳定发展阶段，行业技术创新的需求较过去几年并没有发生大的改变，智能、绿色、高效、可持续发展等仍是技术创新的热点，这与《交通强国建设纲要》的目标和措施是相吻合的。然而，伴随着各地城市轨道交通企业因疫情影响而导致的票务及相关资源经营收入大幅下降、防疫及其他复工复产成本明显增加的新情况，行业亟需在智慧化、信息化、工业化、标准化、节能化等方面作出突破，不断提高建设和运营水平、优化成本及风险控制，才能保障城市人民出行的需要和安全，维持甚至提高城市轨道交通行业的服务水平。下文将对智慧地铁、新型建造技术、信息化集成开发技术、综合开发技术、综合环保节能技术等方面展开叙述，以展示本年度相关方向的科技创新成果。

8.3 智慧地铁

8.3.1 地铁车辆检修智能运维系统

目前，车辆检修采取全人工方式，即"看、听、闻、摸、测"等方式，按照检修规程的内容进行检查确认，分车上和车下两组人员进行分区域检测，整体设计检修流程采用串行方式，若检测出故障再进行临时报备修理。调研发现，检修中60%的工作集中在检测上，而其中77.78%的内容基于视觉检测，这种检测方法有着固有的缺点：

①大部分检修工作都集中在晚间回库作业中，时间紧、任务重，检修人员需要时刻保持注意力高度集中；繁复工作可检测到的故障问题比例较低，分散了检修人员的精力。

②检修项点标准中有大量"外观良好""无倾斜"等中文表述，每个检修人员执行的检修标准不一，造成过度上报或不报现象。

③检修记录需要填写大量表单，且质量追溯困难。

针对上述缺点，通过自动化的检修方式进行优化，让人工检修把精力放在可疑和重点内容上，从而大大缩减检修时间、提高检修质量。广州地铁18/22号线以"智能装备+大数据"为核心打造车辆智能运维系统，从城市轨道交通车辆、供电、通号、工务、机电等方面进行细化分析，将智能化装备体系、数据挖掘系统和工业互联网高度融合，实现检修运维智能化。

1) 车辆检修智能运维系统的技术特点

智能运维系统包括 4 个部分，分别为智能感知系统、服役安全保障系统 / 大数据平台及 AI、业务执行装置及系统、应用系统（图 8-1）。

图 8-1　车辆检修智能运维系统图

智能感知系统是整个系统的前提，用于监测和检测列车相关状态数据，分别识别并感知列车环境、设备、人员，并通过车载集成主机实现故障实时预警报警和车地数据传输。

服役安全保障系统 / 大数据平台及 AI 是整个系统的核心技术手段，用于实现设备健康管理和维保决策支撑，实现手段包括状态跟踪、模拟仿真、机理分析、统计分析、模式识别、效能分析；大数据平台及 AI 首先存储、管理和整合运维过程中所产生的大量数据，然后通过 AI 技术挖掘价值信息。

业务执行装置及系统用于整个调车业务、检修业务、资源管理业务的执行和控制，同时提供状态数据，用于整个业务过程执行监管控。

应用系统是整个系统的外在价值体现，用于指导业务系统的计划、执行、监管等，主要覆盖检修生产指挥、维修作业、资源配送等。

2) 车辆检修智能运维系统的组成

车辆智能运维系统的主要组成部分包括：车载在线监测系统、轨旁在线监测系统、辅助设备及系统、业务系统、分析系统（表 8-1）。

通过"智能装备 + 大数据"的应用，进行运维体系变革改进，有效提升工作效率的同时，降低了对运维人员的技术门槛要求；将数据资料深度融合，实现修前预测、修中监控、修后评定的效果，有效达到检修的质量控制，降低运维成本。

车辆检修智能运维系统组成表　　　　表 8-1

序号	分类	设备名称	安装位置	用途	配置
1	车载在线监测	弓网监测系统	车顶及电气柜	实时监测受电弓与接触网的工作状态,当弓网出现异常状况时,弓网动态监控装置应报警	—
2		走行部状态监测系统	转向架及电气柜	对列车走行部关键部件及典型钢轨损伤进行全面在线监测	—
3		数据集成采集系统(含 MVB)	电气柜	对列车 MVB 里的所有传输内容进行采集收集	—
4		车地传输系统	电气柜	主机采集到的数据信息传输到地面	—
5		车门智能诊断	车门	监测每个车门的运行参数	—
6		轨道智能巡检系统	转向架及电气柜	轨道几何动态检测、钢轨全断面测量	—
7		轨道几何尺寸监测系统	转向架及电气柜	线路状态巡检	—
8	轨旁在线监测	受电弓检测系统	正线尽量靠近车辆段	采集碳滑板图像并识别碳滑板裂纹、异物、平行度、偏转角度,并识别受电弓滑板碳粉磨耗、偏磨、掉块等缺陷	每条线设置 1 处
9		轮对尺寸检修系统	车辆入段线	检测车轮的轮缘高、轮缘厚和轮径值	每条线设置 1 处
10		轮对探伤检测系统	车辆入段线	检测车轮缺陷	160km/h 及以上线路每个段场设置 1 处
11		轴温、齿轮箱及电机温度检测系统	正线尽量靠近车辆段	自动测量列车轴箱、齿轮箱及电机温度,实现被监测部件的自动实时故障诊断	每条线设置 1 处
12		车底及两侧图像检测系统	车辆入段线	监测系统判断列车车底及两侧是否外观异常、部件异常	每个段场设置 1 处
13		车顶图像检测系统	正线尽量靠近车辆段	车顶电气设备、异物、丢失、变形等故障自动报警	每条线设置 1 处
14		车辆运行品质在线检测	正线尽量靠近车辆段	改善车辆动力学性能,提高安全性	每条线设置 1 处
15	辅助设备及系统	固定/移动终端	段内各检测点	用于查收检修计划,处理作业任务(反馈执行情况,记录作业消耗),提报故障问题等	具体数量根据场段实际情况配置
16		检修设备接口软硬件系统	段内各检测点	实现关键设备的监管控,系统性把控设备运行状态、监控状态	具体数量根据场段实际情况配置
17	业务系统	业务支撑机房	业务操控中心	提供业务系统支撑的服务器	—

续表

序号	分类	设备名称	安装位置	用途	配置
18	业务系统	PC 及辅助工作台	业务操控中心	班组、调度、派班、工具材料等配备办公所需 PC 及主机	—
19		操控台	业务操控中心	用于业务系统集中控制	
20		显示系统	业务操控中心	车辆运用、车辆维保的相关信息展示	
21		检修业务系统	业务操控中心	针对车辆修程、维保工作的信息化管理系统,掌握车辆健康状态	
22		资源管理业务系统	业务操控中心	实现车辆维保作业所需资源的综合调度管理功能	
23		监管业务系统	业务操控中心	实现对生产现场情况的实时监管	
24	分析系统	数据中心	分析支撑中心	数据集中统一存储、中转、处理	—
25		PC 及辅助工作台	分析支撑中心	用于分析系统操作	
26		显示系统	分析支撑中心	用于分析系统操作,分析展示,演练仿真等	
27		数据管理服务系统	分析支撑中心	对采集的数据进行整理,分类,实现对所有系统共享数据	
28		故障诊断预测系统	分析支撑中心	部件健康状态评估与故障预测等	
29		业务管理支撑系统	分析支撑中心	资源配置管理、能耗管理、调车管理支撑、列车适运评估分析	
30		安全管控支撑系统	分析支撑中心	列车运行安全评估、检修作业安全评估	

设备群的粗放型运维到单一设备精细化运维的模式转变,通过在线监测手段和大数据分析,提升运维质量,同时大量减少计划性检修的工作。

8.3.2 基于车车通信的全自动运行系统

1)基于车车通信的全自动运行系统概述及组成

(1)系统概述

深圳地铁 20 号线信号系统采用全自动运行技术,按 GoA4 的自动化等级标准进行建设。全自动运行系统相比现有城市轨道交通 CBTC 系统,引入了自动控制、优化控制、人因工程等领域的最新技术，进一步提升了自动化程度。全自动运行系统具有更安全、更高效、更节能、更经济、更高服务水平的突出优点，已成为城市轨道交通技术的发展方向。

该工程的全自动运行系统，在传统基于车地通信的 CBTC 基础上，创新应用了基于车车通信的 CBTC 系统（简称 TACS 系统）。TACS 系统，属于近年来迅速发展的信号系统制式，突破了 CBTC 地面集中控制方式，通过增强列车车载设备功能，实现线路上列车群的分散自律运行。当前，车车通信技术在国内尚无其他工程应用，深圳地铁 20 号线信号系统应用的 TACS 系统在国内属于首次应用。

（2）系统构成

深圳地铁 20 号线一期工程采用的 TACS 系统，采用移动闭塞制式，系统主要由 ATS 子系统、ATP 子系统、ATO 子系统、DCS 子系统和集中化维护子系统等构成。相比传统的 CBTC 系统，车车通信系统精简了联锁子系统，在地面配置资源管理器和目标控制器管理轨旁设备，轨旁设备仅保留用于列车定位的应答器以及控制道岔转换的转辙机，用于行车移动授权计算的 ATP 功能集成到车载 ATP 设备中，地面 ATP 设备也进一步精简（图 8-2）。

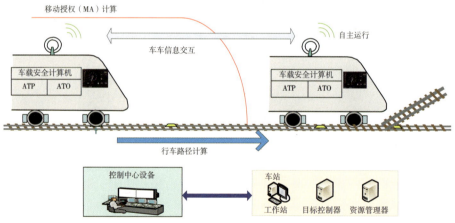

图 8-2　车车通信系统示意图

2）基于车车通信的全自动运行系统的技术特点

（1）系统结构简化

传统基于车地通信的 CBTC 系统，采用联锁进路控制方式，需要在车站设置联锁设备，同时在轨旁设置信号机、列车位置检测设备，地面设备较多、接口较复杂。基于车车通信的 CBTC 系统采用列车自主计算移动授权以及主动的资源管理方式，精简了地面设备，降低了系统维护量。

（2）线路资源管理安全、高效

CBTC 系统中的 ATP 子系统计算移动授权是基于已排列的进路范围进行移动授权延伸。车车通信系统突破了传统联锁概念，引进线路资源管理方式，通过列车对于线路资源的有序占用，达到与联锁进路一致的安全防护目的。基于车车通信的 CBTC 系统不受联锁进路约束，对轨旁资源进行精细化管理。

（3）系统性能高

在基于车车通信的 CBTC 系统中，列车根据运行任务自主申请轨旁资源，并通过车车直接通信获取前方列车位置。在获得轨旁资源和前车位置信息后，车载控制器自主计算移动授权，进而控制列车运行。

与基于车地通信的 CBTC 系统相比，基于车车通信的 CBTC 系统内部信息流传输链路大幅缩短，实时控制效率更高，折返效率也更优。

（4）系统灵活

由于基于车车通信的 CBTC 系统采用线路资源管理方式，且列车作为资源申请主体，在线路上更为灵活，通过改变列车目的地可实现列车在任意点折返，因此，基于车车通信的 CBTC 系统支持更为灵活的运营组织。

3）基于车车通信的全自动运行系统的技术解决方案

（1）车车通信模式下的线路资源管理方式

相比传统 CBTC 系统，TACS 系统独立于后备联锁系统，在车车通信模式下，系统可突破传统进路控制方式，采用资源管理方式实现列车之间的安全运行。

相比基于车地通信的 CBTC 系统的进路控制模式，TACS 系统由车载设备自主计算行车路径，通过列车之间的通信以及地面执行单元的配合确保行车安全。

车载计算机具备行车路径资源管理功能。列车收到控制中心下发的行车计划后，根据车载相关配置文件，自主规划起终点间的整个运行路径。配置文件中包括线路电子地图数据、相邻行车区域内的路径信息等。

列车完成路径规划后，按设定的程序对行车路径内的线路资源进行申请、使用及释放。线路资源的占用、释放由地面执行单元完成，线路资源的分配通过车与车之间的通信协调完成。线路资源包括道岔、线路末端、站台门人员防护开关、紧急停车按钮等。

线路执行单元 OC 在车车通信系统中属于执行设备，为线路列车提供轨旁设备信息，配合车载设备满足行车需求。

（2）移动闭塞方案

与基于固定的计轴设备确定间隔的固定闭塞相比，在基于车车通信的 CBTC

图 8-3 移动闭塞原理示意图

系统中,列车根据运行任务自主申请轨旁资源,同时根据前车位置以及线路上的资源分配状态,自主计算移动授权,从而实现列车之间的移动闭塞追踪运行(图 8-3)。

列车自行计算定位及速度信息并通过位置报告信息定时将其位置传输至其相邻列车。当前列车收到其相邻列车的位置报告后,根据位置报告中的位置、速度、列车性能及预期量,来获知其相邻列车所在的范围;当前列车根据自身所在位置和运行任务,向轨旁资源管理器请求运行范围内的线路资源;列车获取到线路资源后,主动计算出移动授权的终点位置,从而实现列车的移动闭塞防护。

车载设备负责根据相邻列车的位置、速度信息以及申请到的线路资源信息来主动计算移动授权,并根据移动授权计算出列车安全运行速度曲线,控制列车安全地运行。列车通过相互之间直接通信,相互发送列车位置报告信息,根据位置报告信息,可以确定其相邻列车在线路上的位置。

(3)系统主要设计方案

整体系统结构如图 8-4 所示。系统构成按物理位置可划分为控制中心设备、车载设备、车站设备、车辆段设备、轨旁设备、试车线设备、培训中心设备和维修中心设备。

其中,控制中心主要包括 ATS 中央级设备和维护设备,ATS 中央级设备包括 ATS 应用服务器、数据库服务器、行车调度员工作站、网络设备等。

车载设备包括车载 ATP/ATO 计算机、车载操作显示单元、测速定位装置等。

车站和车辆段设备包括 ATP 设备(WSIC、WSTC)、ATS 设备、联锁设备等,车站终端设备包括紧急停车按钮(ESB)、人员防护开关(SPKS)、开门/关门/清客按钮等。

轨旁设备包括转辙机、应答器、信号机、计轴等。

试车线、培训中心设备同车站、车辆段设备类似,维修中心设置维修服务器。

深圳 20 号线信号系统于 2020 年 7 月完成系统设备招标,截至 2021 年初,已完成设计联络、设计审查、施工图设计,目前正处于设备安装调试阶段,并计划于 2021 年底开通试运营。在系统设计阶段,通过系统仿真和现场测试,本工程采用的基于车车通信的全自动运行系统,相比基于车地通信的全自动运行系统可满足更高的行车间隔,试验仿真数据表明,在系统能力上可提升 25% 左右。

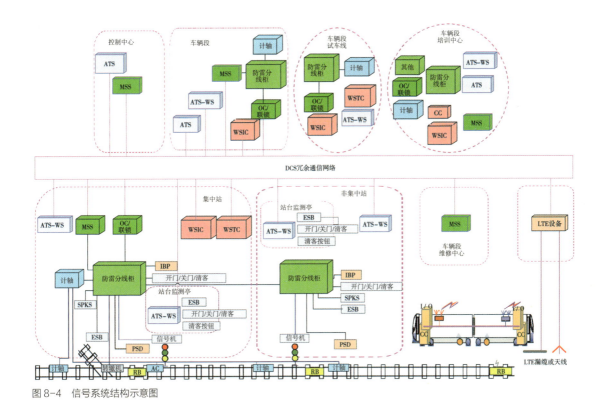

图 8-4 信号系统结构示意图

8.4 新型建造技术

8.4.1 软弱地层特殊钢管片冻结法更换盾尾密封刷技术

随着城市轨道交通事业的兴起，全国各地都在大规模地进行轨道交通建设。特别是在人口密集的珠三角、长三角区域需进行大量的轨道交通建设，并且大多采用盾构法施工，不可避免地在盾构施工过程中需要进行盾构机盾尾密封刷的更换，但大部分沿海发达地区均存在大量的软弱地层，并且隧道穿越区域的周边也会不可避免地存在大量的建构筑物。这就为更换尾刷作业时盾尾周边土体的稳固工作带来了严峻的考验，如未能做好，将为更换尾刷作业带来不可预知的灾难，而"软弱地层特殊钢管片冻结法更换盾尾密封刷技术"可以高效、安全地解决此类问题。

1）软弱地层特殊钢管片冻结法更换盾尾密封刷技术特点

通过研究沿海地区富水软土地层的特性，应用软弱地层特殊钢管片冻结法更换盾尾密封刷技术，避免了传统更换方案需要进行地面加固或止水效果差的问题，充分做到了既安全又高效，节约了昂贵的地面场地费用和宝贵的工期。另外，该技术相对于传统的更换方法，已形成一整套的设备，环境适应性强。

该技术解决的难题主要有以下三点：

（1）可以在复杂的地层中为盾构法施工提供一个安全、高效的尾刷更换工法，在目前日益发展的盾构施工中显得十分重要，也成为影响整个隧道工程安全质量的关键所在；

（2）可优化解决以钢管片作为冷冻管路的载体，管片背土面存在着隔舱造成冷冻作业效率降低的问题；

（3）可提高冻结法盾尾密封刷更换作业的环境安全保障系数，更好地适应地层环境的复杂性。

通过研究分析解决技术难题的相应措施主要为：

（1）采用特制钢管片与冷冻机组连接，进行管片外部地层预冻结加固，形成冻土壁后进行盾尾密封刷更换，能有效快速地解决更换盾尾刷过程中的地层持力软弱、切断了透水涌砂通道等难题，保证盾尾密封刷更换作业期间的安全；

（2）为确保钢管片内冷冻管路与钢管片充分地接触和导热，采用导热性能良好的材料充填冻结管所在的钢管片隔舱，以增加冻结管与钢管片换热面积，管片内侧敷设保温层；

（3）在拆除管片环后，在盾尾间隙填塞泡沫，并在冷冻钢管片内侧预留活动螺孔，并用螺栓固定止浆压板，整体环向布置。

2）工程应用及效益

此技术在佛山地铁3号线3204-1标的成功应用，得到的效果十分显著，积累了宝贵的实践经验，成功证明了该技术的有效性。通过对此项技术的不断优化，已形成一整套用于软土地层下冷冻钢管片换尾刷的工艺、工法。在以后类似的在富水软弱地层中盾构施工的土体稳固施工时拥有广阔的应用前景，且对于类似条件下的施工有着极大的推广价值。

8.4.2　新型拼装式"V"形板暗挖衬砌结构体系及施工工法关键技术

目前，矿山法地铁区间隧道施工中，均采取喷锚初期支护工法，即喷层、锚杆与围岩共同组成环向承载结构，承受围岩压力，形成初期支护结构。喷层中一般设置由多根钢筋焊接而成的钢格栅或由型钢弯曲而成的型钢格栅结构。在完成上述格栅设置后，尽快分层喷射混凝土，以形成钢筋格栅和喷射混凝土复合受力结构。但是，在实际工程中，由于地下工程初衬结构的整个施作过程包括了格栅

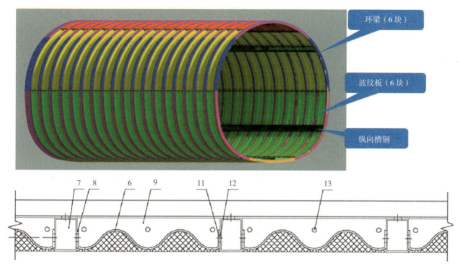

图 8-5 "V"形板暗挖衬砌结构体系示意图

钢架的运输、安装、连接、调整就位以及混凝土的材料准备、空压设备、运输管道、喷射装配等两大环节，所需的施工时间一般都较长，很难真正实现隧道开挖支护的"快封闭"原则，因此有必要提供一种波纹板隧道初期支护结构，用于解决上述的技术问题。

1）"V"形板暗挖衬砌结构体系技术特点

采用波纹钢板、型钢环梁、纵向槽钢及其他超前支护措施形成新型初支系统，具有免除洞内喷锚、避免钢筋绑扎、全装配化建造、施工速度快、工艺工序简洁、现场人员少、绿色环保等技术特点（图 8-5）。具体为：①无需洞内焊接、喷混作业；②施工速度快，真正"快封闭"；③承载能力高、环向刚度大；④可重复利用，浪费少；⑤初支厚度小，有效缩小开挖范围；⑥具有一定的防水作用。

2）工程应用

该新型初支系统已应用于北京地铁昌平线南延学院桥站竖井及横通道工程，目前处于施工阶段，项目进展情况良好（图 8-6）。

8.4.3 徐州地铁 3 号线南三环站站隧合建无柱换乘车站结构关键技术研究

徐州市地铁 3 号线南三环站位于南三环路和北京路交叉口，沿北京路南北向布置，是轨道交通 3、4 号线的换乘站，车站中部同步实施 T 形换乘节点。

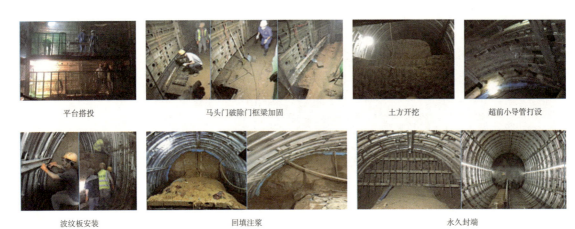

图 8-6 现场施工步序示意

图 8-7 南三环路站换乘 BIM 模型　　图 8-8 南三环路站换乘效果图

3号线车站为地下两层岛式车站，车站顶板上部设有北京路下穿隧道，车站范围内下穿道与车站同宽共板建设，车站共设 4 个出入口（3 号出入口预留）和 2 组风亭。车站主体结构采用钢筋混凝土双跨箱形框架结构（设备区）及大跨无柱变截面板箱形结构（公共区）（图 8-7）。

1）站隧合建无柱换乘方案技术特点

3号线车站公共区为无柱布置，站台宽 12m，车站标准段宽度为 21.3m，采用厚板方案，与北京路下穿隧道同宽共板合建；4 号线车站公共区为无柱布置，站台宽 13m，车站标准段宽度为 22.3m，顶板采用拱形方案。3/4 号线换乘区域采用"26m+10m 跨"开口型矩形钢管混凝土梁承接，中立柱采用钢管混凝土柱（图 8-8）。

主要技术难点及解决方案有：①车站顶板覆土采用轻质泡沫混凝土优化荷载；②车站顶板与下穿道顶板协同考虑双层车辆（附加动力系数）荷载，依据极限设计方法进行优化；③无柱换乘转换梁采用开口型矩形钢管混凝土梁，对梁柱节点及梁板节点连接设计进行优化；④底板设置微型抗拔桩保证车站抗浮及改善底板受力；⑤两侧承接转换梁间设置抗扭短柱以缓解梁扭矩过大的问题。

2）结构分析优化

（1）开口型矩形钢管混凝土梁设计优化

传统的钢骨混凝土梁承载力高，刚度大，但由于钢骨内置于混凝土中，箍筋绑扎时需在腹板穿孔，施工难度较大，且钢材的利用率较低。该工程采用的新型外包钢板混凝土梁取消了内置钢骨，代之以下部的外包钢板和上部的内嵌钢板。内嵌钢板仅布置于负弯矩区段，对负弯矩抗弯承载力的贡献较大。外包钢板则对负弯矩抗剪承载力和正弯矩抗弯承载力的贡献较大（图8-9~图8-11）。

（2）梁柱节点设计优化

该工程换乘节点大跨结构方案拟采用新型梁—型钢柱（钢管混凝土柱）梁柱节点，截面尺寸较大，节点构造和受力状态均较复杂。首先，对该类节点进行详

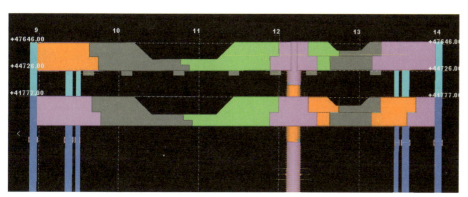

图8-9 开口型矩形钢管混凝土梁立面布置

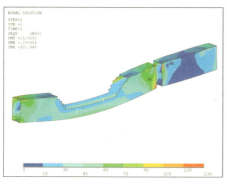 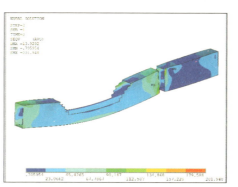

图8-10 开口型矩形钢管混凝土梁内力分析

图 8-11　开口型矩形钢管混凝土梁试验对比

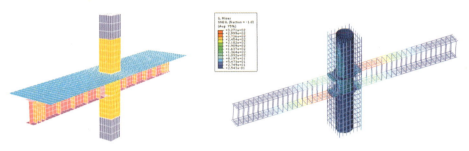

图 8-12　梁柱节点有限元分析

 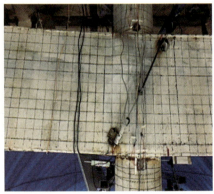

图 8-13　梁柱节点试验对比分析

细的计算分析，通过缩尺模型试验研究其受力性能，为该工程或类似工程的实践应用提供技术支持和理论依据（图 8-12、图 8-13）。

（3）细部结构优化

该工程换乘节点大跨结构方案拟采用新型梁—型钢柱（钢管混凝土柱）梁柱节点，截面尺寸较大，存在较大的扭转力矩，设计中采用了抗扭柱进行优化，梁板节点钢筋连接也是难点工程（图 8-14、图 8-15）。

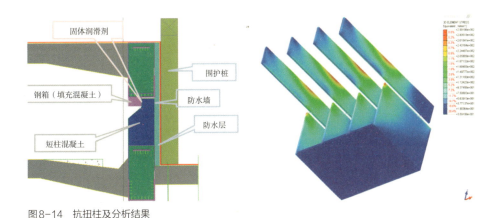

图8-14 抗扭柱及分析结果

图8-15 现场抗扭柱及梁板节点连接

人民群众对美好生活的追求，对地铁车站使用功能提出了更高的要求，更大的跨度、更宽敞的空间、更舒适的乘坐感成为人民关注的重点。要实现车站环境乘客满意，需对结构工程提出更高的要求，合理利用新型结构形式，精心设计，在经济合理、结构安全的前提下，实现车站功能的升级。

8.4.4 永临结合装配式车站技术

永临结合装配式体系指的是现浇连续墙兼作外墙，中板、顶板、支撑预制，支撑兼作横梁，是一种适应南方富水区的"连续墙围护+内支撑"结构。该技术的特点是无需再做侧墙和拆除支撑，免除支模，可减少现场钢筋绑扎与浇筑，最终达到降低造价、节省工期、绿色环保的目标（图8-16）。

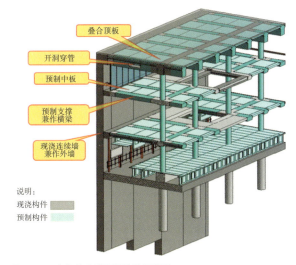

图8-16 永临结合装配结构体系模型

1）永临结合装配体系特点

永临结合装配体系，支撑兼作结构横梁，主体结构施工阶段不用拆除支撑，基坑更安全。无需侧墙施工，中板、顶板采用预制件，无需搭设、拆除模板支架，无高空作业。机械化程度高，采用预制拼装后，现场减少50%以上人工作业。结构采用预制形式，减少了现场现浇作业及过程中产生的噪声、污水等，节能、环保。现场减少了钢筋、模板加工，材料堆放等区域，施工场地布置简洁，文明施工程度提升。相对于全预制拼装方案，永临结合装配方案的结构布置更加灵活，适用于二层标准站及其他多层非标准车站。与常规现浇形式对比，永临结合装配体系更加高效、安全、环保，且更具有灵活性和适应性。

2）关键技术研发

（1）开洞梁研究与应用

结合装配式地铁车站机电管线的穿管要求，研究了突破构造要求的开洞梁方案。为满足机电管线穿管空间的要求，将支撑横梁梁腹开洞尺寸扩大为2100mm×550mm。经过有限元计算及模型试验验证，既满足结构安全受力又满足穿管要求，可有效减小车站埋深（图8-17）。

图8-17 开洞横梁示意图及模型试验图

（2）关键结构节点研究与应用

完成了装配式车站连续墙腰梁节点的计算分析和模型试验研究。研究了预埋钢板及预埋接驳器两种方案，均满足设计受力要求，综合考虑极限承载力及延性，推荐采用预埋钢板方案。经工程实践证明，预埋钢板方案具有更好的误差包容性及可实施性（图8-18）。

（3）预制深化设计与应用

完成预制构件深化设计。预制构件标准化，预制梁重量基本控制在20t左右，预制板重量在10t以内，便于生产、运输与吊装。经现场实测，平均每块预制板20分钟左右即可吊装就位（图8-19）。

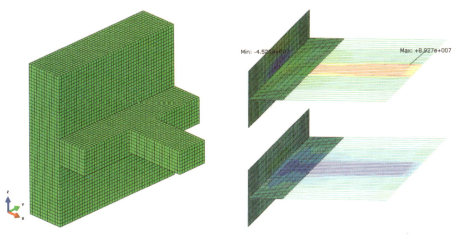

图8-18 连续墙腰梁节点计算分析模型图

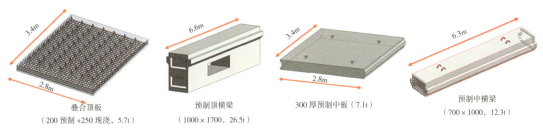

图8-19 预制构件BIM模型图

图8-20 上涌公园站现场施工照片

3）工程应用及效益

永临结合装配体系已成功应用于广州地铁 11 号线上涌公园站。该车站位于新滘西路与广州大道交叉路口西北侧上涌果树公园地块内。车站现状东北侧为宝利捷旧车市场、西南侧为杨湾涌及上涌果树公园，车站总长 221.7m、标准段宽 22.3m，地下三层明挖车站，主体建筑面积 15234.21m²（图 8-20）。

8.4.5 地下车站主体全装配式技术

为充分发挥装配式施工速度快、受气候条件制约小、节约劳动力等优点，开发了地铁车站主体全装配法施工设计及施工方法。预制构件统一在工厂制作，制作好之后全部运至现场通过拼装的方式来完成整座车站的施工，大大减少了现场施工时间、人工及其他耗材，满足了绿色、高效施工的要求。该技术的主要优点有：①适应南方地区内支撑围护结构体系的特点，可保证基坑的安全；②适应南方地区地下水位高、含水量丰富的特点；③可提高机械化施工水平及工程质量，有效减少现场工人数及工作量；④具有经济性和推广价值。

1）地下车站主体全装配式技术特点

该技术主要由构件连接技术、施工装配技术、构件设计技术三个关键技术组成。其中连接技术是龙头，决定着施工工艺和装备，影响着构件设计；施工装备是实现高精度、高效率的关键；构件设计要受力合理，便于安装运输。

（1）装配式技术主要技术方案

a. 围护结构方案

围护结构采用 800mm 厚连续墙，槽幅宽度取 6m。采用"一道混凝土支撑 + 两道钢支撑"。第一道混凝土支撑间距为 9m，第二、三道支撑间距为 3m（下料口宽度为 6m）。车站设置 6 处构件垂直运输下料口。

基坑在主体结构边缘外放 150mm。标准段基坑总宽度为 20.6m，基坑深度为 19.8m。主体结构与地连墙之间设置 0.15m 的空隙，采用早强快硬细石混凝土回填。装配式主体拼装阶段：拼装一层，拆一道支撑，施工过程与现浇工法工序基本相同（图 8-21）。

b. 主体结构方案

全断面采用预制装配式结构，结构沿着车站纵向为两米一环，单环分块为 9 块。顶板采用 3 块预制构件：跨中块（高度为 1.15m，长度为 13.22m），侧边块（高度为 4.00m，长度为 6.67m）；侧墙左右各 1 块预制构件（宽度为 4.00m，长度为 5.36m）；底板采用 3 块预制构件：跨中块（高度为 1.405m，长度为 12.70m），侧边块（高度为 4.00m，长度为 4.60m）；中板采用 1 块预制板（高度为 0.5m，长度为 13.35m）（图 8-22）。

（2）结构连接方案

环向接头采用 CHC 接头，CHC 接头中 C 形槽与 H 型钢间采用楔形预紧，间隙注满高强砂浆，榫头间隙注浆充填密实，有利于结构受力和防水（图 8-23）。

结构纵向采用球头柔性连接锁进行连接，可对防水密封垫进行压紧，达到防

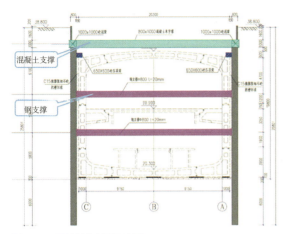

图 8-21 围护结构剖面示意图

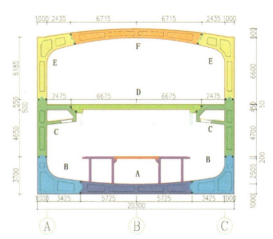

图 8-22 主体结构剖面示意图

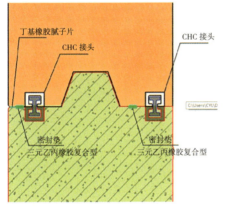

图 8-23 装配式车站环向接头形式

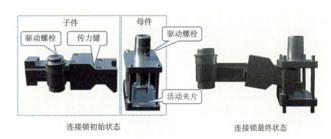

图 8-24 装配式车站纵向接头形式

水密封的效果（图 8-24）。

（3）防水体系及防水方案

防水体系：装配式结构防水体系需综合考虑构件混凝土自防水、附加外包防水层、接缝防水、辅助排水等方面的内容，从而实现防水等级一级的设防要求（图 8-25）。

接缝防水密封构造：接缝设置了双道复合多孔型密封垫以保证密封防水，密封垫环绕预制混凝土块连续密贴；在背水侧设置嵌缝；接缝榫槽灌注改性环氧树脂，形成一道密闭止水帷幕。以上措施可满足车站一级设防的防水要求（图 8-26）。

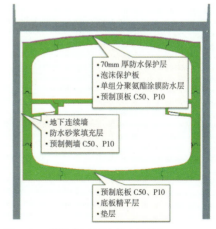

图 8-25 装配式车站外包防水层组成

图 8-26　装配式车站接缝防水密封构造　　图 8-27　车站装修方案

2）工程应用

该技术已被应用于深圳市城市轨道交通 3 号线四期工程坪西站，预计于 2021 年底完成装配式主体结构拼装，2025 年投入运营。该车站位于规划坪西路和花园路交叉口，沿坪西路南北向敷设。车站为地下两层 11m 岛式车站，车站总长 222m，车站标准段宽度为 20.3m，有效站台中心里程底板埋深约 19.2m，顶板覆土约 3.0m（图 8-27）。

8.4.6　高速地铁超大尺寸防淹防护密闭门

地铁隧道在下穿江河湖海等水域时，需在进出水域的两端合适位置设置防淹门或其他防淹措施。同时，地铁隧道在修建时需兼顾人民防空需求，根据防护单元划分，隧道内需设置双向受力的人防防护密闭隔断门。当划分的防护区间刚好位于地铁下穿水域两端需设置防淹门的区间内时，需在两端同时设置防淹门及人防防护密闭隔断门。为解决此情况下防淹门与人防隔断门分别设置造成的土建配套空间大、布置困难及造价过高的问题，目前国内大部分地铁新建线路已采用兼顾人防与防淹功能的升降式防淹防护密闭门。该设备可将分别设置的防淹门与地铁区间隔断门合二为一，减少了分别设置带来的土建空间、设备造价及施工效率问题。

另一方面，随着城市生活节奏的加快，对出行效率的要求提高了，目前新建地铁线路运营车速存在明显的提速趋势。如在建的广州地铁 18 号线及 22 号线，其运营车速可达 160km/h。地铁车速的加快对地铁区间内的相关人防设备及防淹门的影响主要体现在以下两点：

①设防孔口尺寸显著加大。地铁隧道内的设防孔口由常见的 3800mm ×

4500mm 提升至 6000mm×6500mm。

②曲线段轨道超高显著增加。轨道曲线段的超高要求已由常规的 60mm 提高至 120mm。

基于以上原因，现有产品未针对高速地铁大孔口尺寸进行设计，无相关型号产品，需要进行创新优化。

1）高速地铁超大尺寸防淹防护密闭门技术特点

结合设备布置要求，该技术在原防淹防护密闭门的基础上进行了功能及结构优化，针对高速地铁的大孔口尺寸布置要求研发了新型设备并进行了试用，技术优势明显。

（1）防淹防护密闭门功能完善，系统稳定可靠，安装及维护方便，解决了城市地铁工程战时防空、平时防淹（防灾）的难题。

（2）设备结合安装的土建条件及维护要求进行优化，土建占用空间小，满足高速地铁的大孔口防淹门及双向受力防护密闭门的布置要求。现用最大孔口尺寸为：6000mm×6500mm。

（3）设备满足大抗力高水头荷载，最大防淹水头可达 40m。

（4）满足大轨道超高条件下的轨道密封要求。

（5）设备具有自动及手动两种模式：常规情况下，全自动智能化操作；满足三级监测及二级监控要求，在电力故障或其他紧急情况下，手动操作。

（6）系统具备区间水位监测及预警功能，接入综合监控系统，满足线路智能化运营要求（图 8-28）。

2）工程应用及效益

该防淹防护密闭门已经在广州地铁 18 号线及 22 号线工程中试用，效果显著，可以满足各项技术要求，对于类似的后续工程有着广阔的推广应用前景和极大的推广价值（图 8-29）。

图 8-28　两种布置形式的超大尺寸防淹防护密闭门试制样机

图 8-29　电动升降式防淹防护密闭门试用　　图 8-30　双模盾构下井组装

8.4.7　土压／泥水双模盾构复合地层施工关键技术研究

南宁地铁采用土压／泥水双模盾构机施工，结合泥水盾构及土压盾构设计理念，将泥水环流和土压螺机出渣系统合理配置，两种模式切换不存在设备增减的情况，也不存在交叉影响的情况。在连续穿越老旧建筑物的区段，采用泥水平衡模式，保证了建筑物的安全，穿越邕江段采用土压平衡模式，提高了掘进效率（同时也是首次采用土压平衡模式穿越邕江），为后续穿越邕江施工打下了基础。

土压／泥水双模盾构机快速模式转换技术：在施工过程中根据地质及周边环境进行模式转换，掘进模式转换能在不拆装任何设备的情况下于 2~3 小时内完成（图 8-30）。

2019 年 3 月 16 日，广西壮族自治区首台双模盾构机在南宁轨道交通 5 号线五一立交站—新秀公园站区间右线始发，标志着双模盾构机在广西正式进入实际应用阶段。2019 年 12 月 25 日，顺利完成了泥水模式粉细砂地层穿越老旧建筑物群及土压模式穿越邕江泥岩段掘进任务，复合地层中两种模式顺利切换，最终区间隧道顺利贯通。

8.4.8 海底隧道大容量泵房施工工法

该工法充分利用联络通道开展多个工作面同步施工，提高施工效率；将应急水仓延伸，与联络通道连通，将隧道内原垂直开挖方式转为水平开挖，解决联络通道内垂直爆破及运输的难题；将泵房高断面分成上下两个断面，并采用台阶法进行施工，利用数码电子雷管及高精度非电导爆管雷管毫秒控制爆破，减少施工对主隧道岩柱的扰动；应急水仓段单一断面采用模板衬砌台车进行结构施工，泵房及跟随所多断面结构采用支架及组合钢模板的方式施作主体结构，达到提高工效、降低施工风险、节约成本的目的（图8-31~图8-34）。

工期效益：该工法将隧道狭小空间内的"矿山法＋垂直基坑开挖"转为水平矿山法开挖，解决了联络通道内垂直爆破及运输的难题，顺利完成了海底泵房施工，大大提升了施工效率，降低了施工风险，节约了施工工期，解决了各参建单位所担心的海底泵房施工将成为整个项目移交的制约点的疑虑。

经济效益：常规的泵房施工工序转换时间长、施工风险高，难以保证工程进度和施工安全，该工法与同类海底隧道泵房的施工工法相比，解决了空间狭小，场地布置困难的问题，工程进度快，干扰因素少，有利于文明施工，各种资源能

图8-31 全断面开挖

图8-32 台阶法开挖

图8-33 分部开挖

图8-34 开挖成型

较好地利用。在经济效益上，较常规泵房施工工法有明显优势。

应用情况：通过海底泵房施工，解决了狭小空间联络通道内垂直爆破及运输的难题，对确保工程按期完成起到了关键作用。施工工艺安全可靠，达到了预期目的，取得了非常显著的效果，给类似相关工程提供了宝贵的经验。

8.4.9　围护结构桩间模筑混凝土代替喷射混凝土的优化

厦门轨道交通3号线2标五工区湖里法院站、双十中学站及湖里法院站—停车场（出入场线）区间采用明挖（局部盖挖）顺筑法施工，基坑支护体系采用"钻孔灌注桩+旋喷桩+内支撑体系"，坑内桩间原设计采用"10cm厚C20早强喷射混凝土+$\phi6.5@150\times150$钢筋网片"作为初支体系。初支体系为车站防水体系的第一道防水措施。

分析认为，喷射混凝土工艺存在以下几点弊端：①喷射混凝土基面需二次找平，影响主体施工进度；②找平层容易掉块，影响防水层铺设质量；③挂网喷射混凝土受密实度影响，自身孔洞较多，易出现渗水现象。

为提高初支的防、止水效果，简化防水基面砂浆找平工艺，消除找平层掉块隐患，将挂网喷射混凝土施工工艺优化为模筑混凝土施工工艺，即采用在桩基植筋作为定位拉条，安装单面模板，浇筑混凝土的方式（图8-35、图8-36）。

改进后的方案，外观质量可控，线形顺直，基面平整，利于防水板敷设。

该施工优化方案采用模筑混凝土替代喷射混凝土的施工方法，技术、经济、社会效益体现如下。

（1）技术效益：模筑混凝土密实度高，自防水性能优于喷射混凝土；外观质量可控，线形顺直，基面平整，利于防水板敷设；钢围檩及钢支撑安装顺直，标高及轴线位置控制较好，围檩背后无脱空现象，基坑支撑安全系数较高。

图8-35　桩间模筑混凝土施工后效果图

图8-36　桩间模筑混凝土面贴防水效果图

(2)经济效益：模筑面平顺，减少抹面工序，降低施工成本；模筑混凝土较喷射混凝土（回弹量）浇筑时材料无浪费，减少材料浪费，降低材料成本；模筑混凝土根据浇筑速度可运输 4~8m³，较喷射混凝土每次只能运输 2~4m³ 减少了运输成本。

(3)社会效益：自模筑混凝土施工以来，取得了较好的施工效果，不但防水质量得到了保证，降低了施工成本，而且为公司赢得了良好的社会效益，受到了监理、业主、质监站及其他单位的一致好评。

8.5 信息化数字化集成开发技术

8.5.1 智慧报建与广州市"多规合一"三维管理平台衔接试点应用

随着轨道交通与城市综合建设的要求越来越高，轨道交通车站承担着越来越多的交通衔接、人流疏导、商业活力等功能，业态多元、空间复杂，对三维市政规划报批中的信息化、可视化创新提出了新的要求。基于住房城乡建设部试点城市课题《CIM 智慧报建与广州市"多规合一"三维管理平台衔接试点》的研究，进行了三维市政规划的创新试点及市政 BIM 电子报批支撑工具的研究（图 8-37）。

1）技术特点

（1）智慧报建与广州市"多规合一"三维管理平台衔接试点技术框架

市政 BIM 电子报批标准规范研究按照前期准备阶段、编制阶段、审查及修改阶段、提交阶段来开展，结合广州现行的工程建设规划审批流程并结合案例进行关键技术验证，形成基于 BIM 技术的"多规合一"试点研究报告及技术验证成果。同时，开发相关电子报批支撑工具，可根据标准规范要求进行相应业务规则的

 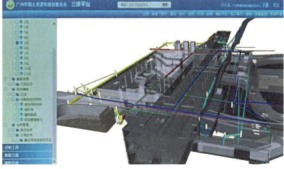

图 8-37 广州市"多规合一"三维管理平台

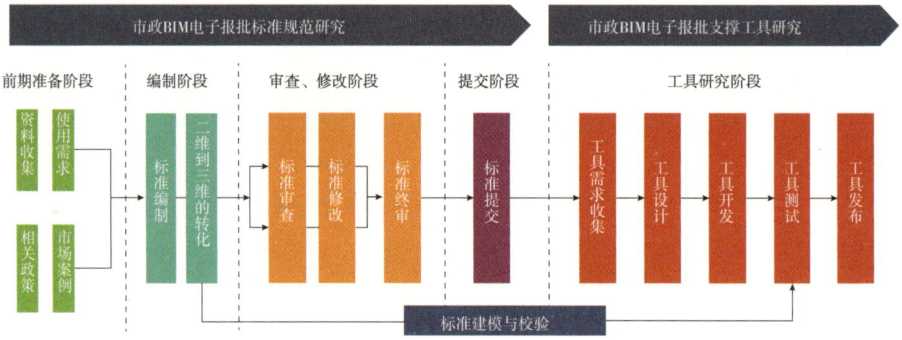

图 8-38 智慧报建整体工作流程

固化并实现自动化校验和审查报告的生成,支撑市政 BIM 电子报批工作的开展（图 8-38）。

（2）支撑工具开发

基于 Autodesk Revit 底层二次开发,搭建了 BIM 市政通应用体系,包括方案初始化、测量点检测、参考信息录入、专用工作集、模型元素检测、检测要素校验、检测要素审查、检测报告、审查参考报告、应用验证（图 8-39）。

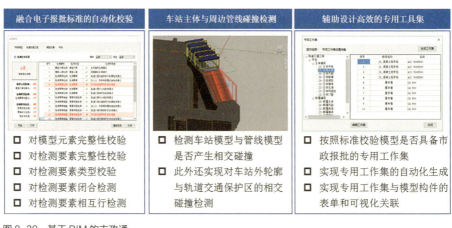

图 8-39 基于 BIM 的市政通

2）工程应用

根据现有轨道交通报建模型,通过广州地铁 18 号线首通段琶洲西区站等实际项目来验证该技术是否满足报批要求。

（1）可视化模型（图 8-40）

（2）数据格式检查（图 8-41、图 8-42）

（3）规划指标表（图 8-43）

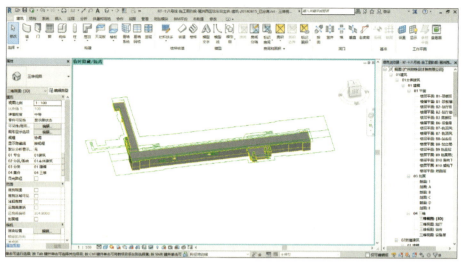

图 8-40　BIM 模型截图

检测报告

市政类型：　轨道交通工程　　　模型元素：　车站

检测总体结果　　　　模块　全部　　类型　全部

0项
异常提示总数

模型元素检测：0项
模型元素完整性：0项
检测要素检测：0项
检测要素完整性：0项
检测要素审查：0项
要素类型检测：0项
要素闭合检测：0项
相互性检测：0项

序号	检测模块	检测类型	检测项信息
1	模型元素检测	模型元素完	✓ 主体建筑检测通过
2	模型元素检测	模型元素完	✓ 附属建筑检测通过
3	检测要素检测	检测要素完	✓ 轨道交通设施结构外轮廓检测通过
4	检测要素检测	检测要素完	✓ 出入口、风亭等附属设施检测通过
5	检测要素检测	检测要素完	✓ 拟征地界限检测通过
6	检测要素检测	检测要素完	✓ 轨道交通中心线检测通过
7	检测要素检测	检测要素完	✓ 轨道交通保护区检测通过
8	检测要素审查	要素类型检测	✓ 轨道交通中心线检测通过
9	检测要素审查	要素类型检测	✓ 轨道交通设施结构外轮廓检测通过
10	检测要素审查	要素类型检测	✓ 出入口、风亭等附属设施检测通过
11	检测要素审查	要素类型检测	✓ 轨道交通控制保护区检测通过
12	检测要素审查	要素类型检测	✓ 拟征地界限检测通过
13	检测要素审查	要素闭合检测	✓ 轨道交通控制保护区闭合检测通过
14	检测要素审查	要素闭合检测	✓ 拟征地界线闭合检测通过
15	检测要素审查	相互性检测	✓ 附属设施地面部分与拟征地界限相互性检测通过
16	检测要素审查	相互性检测	✓ 附属设施外轮廓与交通保护区相互性检测通过
17	检测要素审查	相互性检测	✓ 主体建筑外轮廓与交通保护区相互性检测通过
18	检测要素审查	相互性检测	✓ 车站模型与管线模型相互性检测通过

导出　打印　　　重新检测　关闭

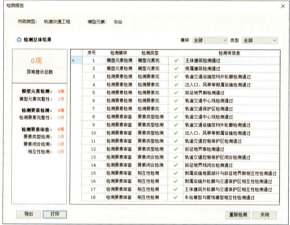

图 8-41　BIM 数据格式检查报告

图 8-42　BIM 数据格式检查报告导出

审查参考报告

市政类型：　轨道交通工程　　　模型元素：　车站

属性项目	审查统计值	标准参考值
主体建筑长度	439.00m	439.00m
中心里程主体宽度	42.30m	42.30m
主体建筑面积	29,904.68m²	29,904.68m²
建筑起点埋深	0.00m	0.00m
建筑终点埋深	0.00m	0.00m
建筑起点高程	0.00m	0.00m
建筑终点高程	0.00m	0.00m
建筑最高点埋深	0.00m	0.00m
建筑最低点埋深	0.00m	0.00m
建筑最高点高程	0.00m	0.00m
建筑最低点高程	0.00m	0.00m
中心里程点高程	0.00m	0.00m

导出　打印　　　重新检测　关闭

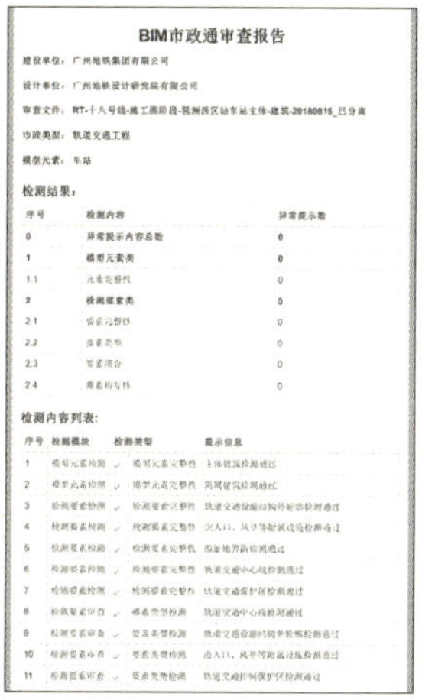

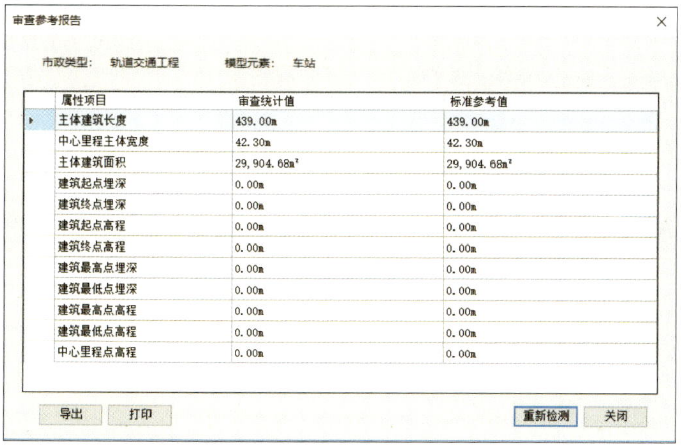

图 8-43　规划指标表

8.5.2　基于轨道交通新定额可自动调差的全费用综合单价查询系统

目前，我国轨道交通工程主要有两种计价方式，一是定额计价法，二是清单计价法。然而，无论采用何种方式，都需要工程经济专业人员完成选用定额、选用取费、选用信息价调价差、组价计算等四大环节，通过组价才能得到综合单价。这种模式效率低、人为影响大，容易造成计算错误或偏差，是我国城轨交通工程专业常见通病。

为提高工作效率，解决常用工程量开项的综合单价反复套价、不同工点综合单价不统一等问题，有关单位建立了一套基于轨道交通新定额可自动调差的全费用综合单价查询系统，在选择正确的工程项目、工程开项后，自动弹出已经完成组价调差的全费用综合单价供设计人员参考使用。

1）综合单价查询系统技术特点

该系统共分 7 个章节，包括总说明、路基、围护结构及地基处理、桥涵工程、隧道工程、地下结构工程、其他工程，共计技术经济指标 518 条，涵盖城市轨道交通常用的明挖法、盖挖法、暗挖法、矿山法、盾构法，是我国首个全费用综合单价查询系统。

该系统可实现自动调价差、增加以项目为单位的下拉选项并针对不同设计参数相应调整其综合单价等功能。后续开发可扩大自动调差范围，研究全费用综合单价开项关联的参数清单，建立信息价等其他调差的关联函数，实现全部内容自动准确调差。

2）工程应用及效益

本系统目前已成功应用在广州市城市轨道交通"十三五"10 条新线建设变更设计中。据不完全统计，本系统每年度可节约 1000 工日，在节省工时的同时，可减少人为因素带来的负面标准不统一的问题，总经济效益每年度不低于 330 万元。

8.5.3　偏压无柱大跨明挖车站建造技术

金桥客运站于 2017 年完成初步设计，2018 年进场施工，目前已基本完工，金桥客运站为南宁地铁第一座无柱大跨车站。金桥客运站位于市政路道路正下方，道路临河一侧有道路护坡桩，地铁车站紧贴既有道路护坡桩。车站场地南侧为现状汽车客运站及公交车站，车站站位北侧为那考河及其河坡，车站建设面临偏压

图 8-44　桩间补充施工支护桩现场照片　　　　图 8-45　大跨结构现场照片

受力、基坑止水、道路支护桩利用等难题。设计阶段，深入研究并解决了不同直径的支护桩组合受力、偏压围护结构整体变形、主体无柱大跨结构的偏压受力变形等问题。施工阶段，结合现场条件创新工法，成功解决了既有桩间补桩的精度控制及吊脚桩底止水帷幕施工难题（图 8-44、图 8-45）。

8.6　跨座式单轨轨道梁桥系统研究

8.6.1　跨座式单轨无应力连接连续轨道梁体系

该体系的力学模型如图 8-46 所示。

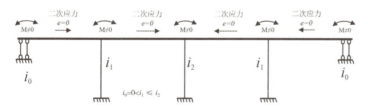

图 8-46　无应力连接连续轨道梁结构力学模型

该体系借鉴了简支梁施工方便、安装便捷、线形可控和连续刚构无支座、跨度大的优点，特别是采用钢混组合结构实现了墩、梁固接，避免了二次张拉预应力施工作业，大幅简化了 PC 轨道梁吊装、架设和调梁作业。钢混结构在大跨桥梁中广泛应用，尤其是特大跨连续刚构桥梁，为减轻桥梁自重，减少混凝土梁的徐变下挠量，通常在跨中采用自重较轻的钢箱梁代替混凝土结构，对此，需在钢箱梁和混凝土梁结合处设置一个钢混结合构件，如图 8-47 所示。

无应力连接连续轨道梁桥体系设计理念也是借鉴了上述钢混结合梁的设计原理（图 8-48）。每一榀轨道梁像简支体系轨道梁一样，在预制厂内将所有预应力钢绞线张拉完成，形成完整的单榀简支梁，型钢结构预埋在梁端，该型钢结构自

图 8-47　组合结构大跨桥梁钢混结合段　图 8-48　无应力连接连续轨道梁示意图

带临时支座,同时在连接处设有连接螺孔。吊装后,利用型钢接头的临时支座支撑在盖梁上,并利用盖梁上的预埋螺栓将每一榀轨道梁固定在盖梁上,这个过程与简支体系施工工艺完全一致。待调梁完成后,利用连接钢板和高强螺栓将相邻两榀轨道梁连接成通长的连续梁,并将型钢结构锁定在盖梁顶面,初步实现体系转换。最后,绑扎型钢接头间的湿接头钢筋笼,浇筑混凝土,形成钢混组合连接节点,实现连续轨道梁。为释放运营期间体系纵向应力、适当调节相邻连接局部错台、减少边跨桥墩数量,本体系相邻连接处的轨道梁共用同一墩柱盖梁,此时需在边跨梁端设置纵向滑移式抗拉力支座,以此用独墩加支座的方案代替连续刚构体系边跨采用的独立双边墩形式。

8.6.2　下部结构

为缩短区间高架占道施工时间,减少对市政道路的干扰,结合施工工艺和运架设备,墩柱和盖梁采用工厂分块预制,现场整体吊装的预制装配式桥墩,其墩柱、盖梁在工厂内预制完成并拼接成整体,然后运到现场整体吊装到位。具体特点如下。

（1）资源节约。预制、运输和安装,最大限度地利用现代工厂流水线和工程机械,合理调配资源,充分实现材料重复利用和周转,降低资源消耗。

（2）环境友好。工厂作业可为产业工人提供更舒适的工作环境,还能防止噪声、粉尘、污水扩散,实现废弃物集中收集处理。现场机械吊装时间短,可大幅缩短占道施工时间,减少对沿线市民出行和道路通行的影响。

（3）经济合理。预制构件可充分利用材料特性,按构件功能进行优化和标准化设计,避免工程材料浪费。机械作业效率较人工作业效率高,成本低。

（4）质量可靠。预制构件集中配料,集中作业,集中监管,集中养护,可提高其质量的可靠度(图 8-49)。

8.6.3 纵向滑移式抗拉力支座的技术创新

铸钢拉力支座上摆、下摆采用整体铸造，其整体性较好，重庆跨座式单轨梁桥体系的经典连接构件，成就了重庆单轨线形条件好、适应能力强的优点。

铸钢拉力支座采用整体铸造，部分构件需精加工等工艺，其铸造工艺对环境污染大、能耗极高，与国家提出的节能减排、保护环境的号召相悖。关键构件受力不明确，其中上摆和下摆两大部件承受轨道梁在各种工况下的拉力、压力、扭矩、弯矩、剪力等多种外力，导致支座处于复杂应力状态，对支座的抗疲劳能力要求较高。部件较多，不利于施工安装和后期运营维护。大部分构件不可更换，故对成品质量要求高，防腐要求高。

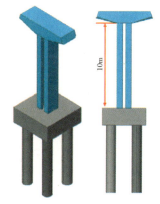

图 8-49　双肢薄壁 T 形墩

为有效地解决跨座式单轨轨道梁铸钢拉力支座构造复杂，构件加工精度高，环境污染大，制造成本高且难以维护等技术问题，在充分吸收现有铸钢拉力支座的优点的同时，改进其缺点，研发了纵向滑移式抗拉力支座（图 8-50）。

该支座有以下特点。

（1）自重轻，现有支座锚箱重约 1.4t，本支座锚箱共重 0.75t，减重约 46%。

（2）节约造价 35% 左右，原铸钢拉力支座 7 万元 / 套，本支座 4.5 万元 / 套。

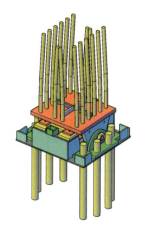

图 8-50　纵向滑移式抗拉力支座三维图

（3）受力简单，现有铸钢拉力支座承受压、拉、弯、扭等多项复杂荷载，进行分解，本支座优化传力路径后，最终只承担拉力。

（4）安全系数高，本支座锚固构件的抗拉能力是现有铸钢拉力支座的 2 倍。

（5）制造工艺简单，可选择焊接或批量铸造。

（6）安装方便，可调节余量大，表 8-2 所示为两种支座误差容许值。

两种支座误差容许值　　　　　表 8-2

项目	原铸钢支座	现滑移式支座
制造误差	0.01mm	1mm
施工安装误差	±10mm	±30mm
调梁误差	±10mm	±30mm
位移量	±10mm	±50mm

8.6.4 小尺度大行程接缝板的技术创新

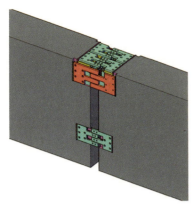

图 8-51 小尺度大行程接缝板三维图

（1）外观尺寸与现有标准指形板（30mm）基本一致，但行程扩大到 120mm，是现有指形板的 4 倍，可以使用简支及连续体系轨道梁桥结构。

（2）走形面和导向面板座一体化设计，可避免现有走形面板座脱空、松动现象。

（3）面板与板座连接更牢固，提高运营安全度。

（4）造价约 7000 元/套，现有大型指形板约 9000 元/套（图 8-51）。

8.7 综合开发技术

8.7.1 带上盖物业开发车辆基地盖板暗牛腿式免支撑叠合梁板装配式结构体系

广州地铁陇枕停车场同步实施盖板库房区高 9.85m，长约 207m，宽约 194m，盖板总面积约 3.8 万 m^2，上部预留 100m 全转换开发条件。同步实施盖板为首层盖板，主体结构为框架结构体系，采用装配式实施方案。陇枕停车场库房区盖板竖向构件采用钢管柱、现浇混凝土柱，水平构件采用叠合梁及钢筋桁架叠合板，基于该项目，形成了暗牛腿免支撑叠合板结构体系的全套技术（图 8-52）。

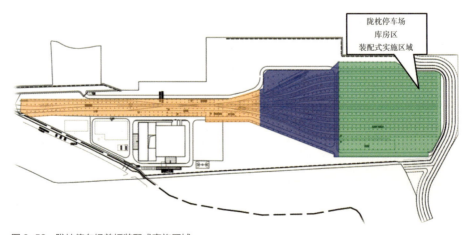

图 8-52 陇枕停车场盖板装配式实施区域

8.7.2 暗牛腿免支撑叠合板结构体系技术特点

1）结构体系及节点连接方案

陇枕停车场盖板根据上部结构超限设计的荷载需求的不同，盖板竖向构件存在混凝土柱及钢管柱，因此，陇枕停车场装配式构件节点种类齐全，覆盖现浇柱、钢管柱、混凝土叠合梁、钢梁、叠合板，形成了叠合梁—钢管柱连接、叠合梁—现浇柱连接、叠合梁—主次梁连接节点等全套暗牛腿搁置式免支撑节点连接技术体系。

2）搁置式设计，全节点考虑误差容许措施

为提高构件施工效率，暗牛腿搁置式免支撑节点连接技术体系对传统装配式的实施方法进行创新，实现了搁置式免支撑施工的装配式实施体系，大大提升了构件吊装安装的效率（图8-53~图8-55）。

考虑到预制构件拼接的精度控制以及误差消除是保障构件安装效率的重要环节，陇枕停车场预制构件安装的每个阶段都设置了对应的误差消除措施，例如钢管柱—叠合梁连接节点，通过归纳计算钢管柱安装的整体定位误差、安装垂直度误差、安装高度误差、预制梁构件生产的长度误差、预埋件埋设误差等所有误差，

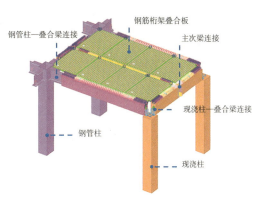

图 8-53 陇枕停车场免支撑装配式盖板典型跨

在连接件上设置了相应的预埋板缝隙、连接件水平间隙、螺栓孔、槽孔等一系列措施，以保证上述误差在梁柱节点处消除，避免出现误差累计，影响后续构件的定位安装（图8-56）。

图 8-54 叠合梁—现浇柱连接节点

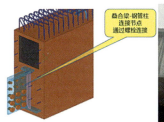

图 8-55 叠合梁—钢管柱连接节点

图 8-56　连接件设置槽孔消除安装误差

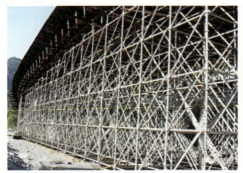

图 8-57　现浇盖板满堂脚手架

图 8-58　民建装配式临时支撑

3）自承式预制构件设计，全阶段免临时支撑

传统现浇模式中，需等待盖板主体结构施工完成、拆除满堂脚手架后才可进行机电安装及轨道铺设，无法实现同步穿插作业，施工效率较低。陇枕停车场盖板通过免支撑装配式节点，可以做到机电安装、轨道铺设与盖板施工交叉甚至同步进行，大大提升了施工效率（图 8-57、图 8-58）。

陇枕停车场叠合梁构件设计采用自承施工荷载的设计思路，取消了叠合梁施工的临时支撑；楼板构件设计中采用了钢筋桁架叠合板技术，利用桁架筋提高叠合板刚度，克服了传统叠合板刚度较弱，需设置临时支撑的缺点。通过以上技术，陇枕停车场盖板可以实现盖板主体结构及盖下相关专业的同步施工，大大地提升了施工效率（图 8-59）。

4）盖下相关专业预留预埋

陇枕停车场设计阶段，进行了多轮管线整合，并在预制构件生产阶段预埋了配套专业安装所需的螺栓、滑槽，后期配套专业可直接安装，无需打孔。以接触

图 8-59　预制构件吊装与盖下附属结构同步施工

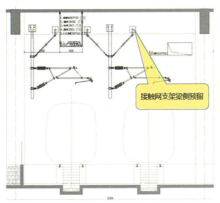

图 8-60　接触网套筒预埋

网专业为例,在预制梁构件侧方直接预留支座连接套筒,经现场统计,安装效率可提升 50%(图 8-60、图 8-61)。

5)依托施工机械的工程筹划,提升整体施工效率

陇枕停车场工程量含叠合现浇梁共 2257m³,1119 片,重量为 13~15t,叠合板共 3824m³,2721 片,单个构件重约 3t,采用了"履带吊吊装叠合梁 + 塔吊吊装叠合板"的吊装策略,充分发挥了各种吊装设备的优势,提高了整体效率。

对于框架节点安装及盖下段场机电安装,利用登高车进行安装作业。不同安装设备的灵活使用保障了预制构件安装的效率,陇枕停车场装配式实施方案预估比现浇方案节省了 17% 的工期(图 8-62、图 8-63)。

图 8-61　相关专业管线预埋套筒

图 8-62 塔吊与履带吊有机结合

图 8-63 节点安装、盖下机电安装

8.7.3 工程应用及效益

陇枕停车场装配式盖板实施方案，采用了暗牛腿搁置式免支撑现浇节点框架结构技术体系。该体系为陇枕停车场盖板首创，包含了钢管柱—叠合梁、现浇柱—叠合梁、叠合梁—主次梁、叠合梁—叠合板等全套框架结构所需连接节点设计技术及预制构件设计技术，覆盖面广。该体系实现了搁置式免支撑的实施工法，施工阶段免支撑，提升了吊装安装效率，可以实现盖板、盖下同步施工；通过预留节点、安装误差容许措施、相关专业预留预埋以及不同施工设备的有机结合，可大大提升整体施工进度，经估算，整体 30 个月的施工工期可节省约 5 个月（17%）。同时，免支撑实施工法取消了传统工法所需满堂脚手架及相应的地面硬化费用，做到了仅比现浇方案增加 348 元 /m^2，增幅 4.4%（经济性指标基数为包含桩、承台、梁板柱等全部盖板的结构工程费用）。暗牛腿搁置式免支撑节点连接技术体系受力性能好，施工简便，经济性优，可以满足后续大规模推广的需要。

8.8 综合节能及减振降噪技术

8.8.1 交流 25kV 贯通式同相牵引供电系统（电气）

为满足城际线路站间距长、速度高与运量大的需求，从经济性和技术性的角度，线路牵引供电系统采用 AC 25kV 交流牵引供电制式。在传统交流牵引供电系统采用分段供电方式下，运行经验表明，牵引变电所出口处及分区所设置的电分相存在以下问题。

（1）过分相问题。列车每一次过电分相都要通过地面或车载开关完成，在进入过分相区域前需要经过惰滑行等操作，不仅会增大司机的操作难度，也会导致列车运行速度损失、过电压冲击以及增大设备故障风险等问题，造成电分相燃弧等现象时有发生。

（2）电能质量问题。在不对称供电模式下，牵引变电所存在负荷不平衡、电压波动频繁、谐波污染明显、供电能效降低的问题，会在电力系统中产生大量负序电流，造成继电保护误动作或拒动作等现象。

（3）供电能力问题。牵引列车在电分相处存在掉入无电区的风险。

为了解决上述问题，相关单位开发了贯通式同相牵引供电技术。

1）交流 25kV 贯通式同相牵引供电系统技术特点

为了解决传统交流牵引供电系统列车过分相问题，牵引供电系统采用贯通式同相牵引供电技术，牵引变压器采用斯科特接线，设置全套同相供电装置，同时取消牵引变电所出口处以及分区所设置的电分相，在不同供电分区之间设置地面电子开关过分段装置，实现列车全线无断电运行，保障列车运行速度，提高供电和列车运行安全性，降低列车司机劳动强度，同时改善牵引供电系统运行的稳定性。其主要组成及技术特点如下。

（1）同相供电装置

同相供电装置是一种实现了单相、三相对称变换的补偿设备，是实现同相供电的核心设备（图 8-64）。在主变电所牵引变压器侧采用同相供电装置，同相供电装置主要由变流器和变压器组成，其主要功能是满足电能质量关于负序、谐波的要求，使单相负荷反映到三相系统中，三相电流大小相等，无负序分量，同时取消主变出口处电分相。同相供电装置有如下基本功能：

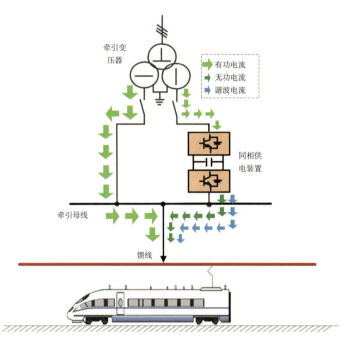

图 8-64 同相供电装置示意图

①取消变电所出口处电分相，使机车运力提升，同时产生经济效益；

②通过对综合潮流控制器的控制，可实现对负序、无功和谐波的综合补偿，两个供电臂间的有功功率达到相等，同时实现无功补偿为零，解决电气化铁路的电能质量问题，提高电源适应性；

③通过综合潮流控制器的调节，实现功率因数的控制；

④提高牵引变压器的容量利用率，可降低牵引变压器安装容量，节约电力资源和运行费用；

⑤提升牵引供电系统的节能效果。

牵引变压器采用斯科特连接形式，同相供电装置接斯科特 M 座。正常运行时，T 座和"M 座 + 同相供电装置"同时为牵引网的牵引负荷供电，T 座担负主要供电负荷，"M 座 + 同相供电装置"担负其余供电负荷以及三相电压不平衡度的调整。同相供电装置与牵引变压器的接口在牵引变压器 M 座出线开关柜的出线端。

同相供电装置可追踪牵引变压器 T 座输出电压，输出匹配的电压，可同时接入 27.5kV 母线，为主变电所承担的所有牵引负荷不分段、同相位、同幅值供电。

同相供电过程记录装置，能实现牵引变电所的关键电压、电流功率等的采集、记录、相量分析以及电能质量的统计分析、图形显示和报表输出，同时能准确、及时地记录故障状态下同相供电装置甚至牵引变电所各关键电流、电压的波形并

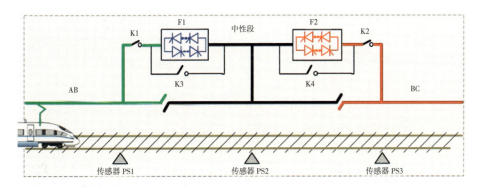

图 8-65 地面电子开关自动过分段装置示意图

计算出真有效值,作为分析变电所故障原因和查找故障点的主要依据,协助技术人员或专家系统对故障进行辨识。

(2)地面电子开关过分相

结合广州市轨道交通 18 号线、22 号线供电系统方案,设置分区所,保留电分段,采用电力电子开关地面自动过分段系统(图 8-65)。

①列车进入中性区前,K3、K4 分闸;

②列车进入中性区时,K3 合闸;

③列车进入中性区后,K3 分闸,K4 合闸;

④列车驶出中性区后,K4 分闸。

通过监测列车位置,控制地面电子开关自动过分段装置的通断,将供电臂电压连接至中性区,实现列车带电过电分段,晶闸管阀组具备过载能力强、响应快、易控制的特点,列车断电时间极短,可实现列车无感知过分相。

2)工程应用及效益

广州市轨道交通 18 号线、22 号线采用交流 25kV 贯通式同相牵引供电系统,其特点是采用单相组合式同相供电方案,取消了牵引变电所出口电分段,牵引变电所供电臂间推荐采用电子开关过分段方案。优点如下。

(1)同相供电装置(变流器输出)电压与牵引网电压同相位,由主变压器担负主要供电任务,同相供电装置提供部分功率,系统侧三相电流对称,从而有效抑制负序电流,兼顾无功补偿、谐波抑制、电压稳定等功能。

(2)依据列车位置信息,通过控制地面电子开关过分段装置的通断,将供电臂电压连接至中性区,实现列车带电过电分段,晶闸管阀组具备过载能力强、响应快、易控制、寿命长、可靠性高的特点,设备维护费用低,列车断电时间极短,可显著抑制电磁暂态,实现列车无感知过分相。

（3）相比于直流牵引供电系统，采用交流同相供电技术可增大牵引供电臂长度，能够促进在线运行列车再生制动电能相互利用，降低牵引供电系统对电网的功率需求，减小牵引变压器容量，增大牵引变电所间距，提高牵引供电系统的可靠性，节约供电系统的投入成本。

8.8.2　飞轮储能装置在轨道交通再生电能利用技术领域的示范应用

随着我国城市轨道交通的快速发展，其耗电量也随之大幅度增加，如何有效节约用电、充分利用再生制动能量，是轨道交通行业节能减排需要解决的挑战性问题。以往做法是将这部分剩余的再生能量通过制动电阻消耗掉，这不仅浪费了能源，而且电阻散热还需进一步消耗能量；近几年开发的逆变回馈型再生电能利用装置可以将一部分电能直接反馈至城市电网，然而并不是所有再生电能都可以被回收利用，仍存在浪费现象。飞轮储能装置可以有效地避免以上问题，能量仅在轨道交通直流系统内部进行回收和利用，可以做到回收的能量的利用率达到100%。

1）飞轮储能装置再生电能利用技术特点

飞轮装置本体主要由飞轮转子、磁轴承、支撑轴承、高速电机定子、真空腔及外壳等组成，如图8-66所示。飞轮在接近真空环境下持续旋转，在磁轴承悬浮及底部轴承支撑下转动达到最佳运行状态。飞轮充电时，其转子消耗电能，在电力驱动下不断提高转速，当转子达到额定转速后，只需要很小的电能以维持转子持续运转，此时，系统已具备条件对外进行放电，当外部电压降低到某一特定值时，触发飞轮对外放电。

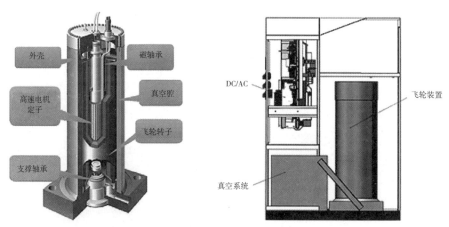

图8-66　飞轮储能装置示意图

飞轮储能装置不仅在轨道交通再生电能利用领域有着创新性，同时还能起到节能减排、稳定直流网压的作用，保证回收的能量100%为轨道交通再次利用。另外，当发生牵引供电故障时，若牵引网本身无故障，可利用飞轮储能系统存储的电量将列车低速牵引至车站进行疏散。其对轨道交通供电技术的发展有着重要的意义。

2）工程应用及效益

北京地铁房山线是国内首条应用飞轮储能系统的线路。该线全长27.2km，其中，地下线长2.8km，高架线长23.8km，过渡段地面线长0.6km。该线路中压供电方式采用分散式10kV供电，牵引网采用DC 750V接触轨供电方式。飞轮储能系统安装于线路中间位置的广阳城站（高架车站），其安装容量为1MW，由三套GTR 333kW的飞轮储能装置并联而成。系统自2019年4月挂网运行以来，运行状态良好，根据北京地铁运营公司目前的测试数据，该系统日平均节电量为1200~1300度，约占总能耗的5%~10%，产生了巨大的经济效益（图8-67）。

图8-67　北京地铁房山线飞轮储能装置

8.8.3　新型轨道交通高架桥防雨帘声屏障

随着地铁高架线的延伸，地铁噪声已成为人民群众关注的热点。地铁高架线的噪声防治被日益重视，对设计提出了更加严格的要求。地铁高架的噪声防治在国内属于难点，地铁高架噪声防治不是单一专业能解决的，必须采取综合治理措

图 8-68 传统构造声屏障桥梁外侧照片　　图 8-69 防雨帘声屏障构造示意图

施。引起高架噪声的车辆、轨道、桥梁结构等相关专业均应重视噪声防治技术的研究和应用。

地铁声屏障是一种设置于铁路噪声源和两侧受保护地区之间的声音屏蔽障碍物，是高架噪声防治的重要措施之一。从发掘高架噪声防治的潜力出发，以提升高架声屏障效果为目的开展研究，研发出防雨帘声屏障，可同时解决既有高架声屏障在应用过程中存在的易污染桥梁挡板问题，做到无挡板青苔、污流痕，提升高架的美观性。

传统构造声屏障屏体直接坐落在桥梁挡板上，下雨时，雨水从上而下在挡板下方流至桥下，长此以往，会在桥梁挡板外侧形成污流痕甚至生长青苔。另外，对于封闭式声屏障，在桥梁下方会形成比较大的雨帘，影响下部交通安全。因此，有必要研发一种适用于轨道交通高架桥的防雨帘型声屏障，既保证降噪效果，又能解决雨帘问题（图 8-68）。

1）新型防雨帘声屏障技术特点

如图 8-69 所示，通过减薄桥梁挡板，在屏体与挡板间留出一定的间隙，雨水可通过此间隙流至桥梁上，通过桥面进行排水。

在挡板内侧设置透水吸声板，是一种多孔吸声材料，一方面允许雨水流通，另一方面具备一定的吸声功能。此外，透水吸声板与桥梁挡板、立柱之间构成空腔共振吸声结构，共同组成了挡板内侧的声屏障，挡板内侧声屏障更靠近列车轮轨主要声源，加强了声屏障的效果。

根据试验结果，该防雨帘声屏障充分发掘了地铁声屏障的潜能，提升了高架声屏障的效果，同时具备了防雨帘的功能，现场安装照片如图 8-70 所示。

图 8-70 防雨帘声屏障节点照片

图 8-71 14 号线声屏障照片

2）工程应用及效益

该新型防雨帘声屏障已被试用于广州地铁 14 号线一期工程。该工程地上线在开通运营前已设置声屏障 33720.5m，为进一步改善高架段沿线噪声环境质量，在对高架沿线排查的基础上采取增加设置声屏障的措施，共增加设置直立声屏障 18975m。目前，新型防雨帘声屏障取得了良好的效果，14 号线已通过环保验收，桥梁挡板外侧也极少有雨渍出现，如图 8-71 所示。

8.8.4 城市轨道交通装配式减振轨道系统成套技术

轨道平顺性及相关问题，如平顺性差、施工工序繁杂、病害多、环境影响突出等，已成为城市轨道交通系统面临的主要问题。高速铁路的预制板式轨道结构，可靠性高，线路平顺性好，乘客舒适度高，且工厂化生产、机械化施工，施工精度高，施工速度快，因此有必要将高铁的预制板式轨道系统引入城市轨道交通中，并结合轨道交通的特点，研发新型的预制板式减振轨道结构类型。此外，预制装配是当前绿色建造技术领域的重要内容，轨道结构的装配化和关键设备的开发是预制装备领域的重要发展方向。目前，高速铁路及城市轨道交通的预制板均采用人工铺设方式，作业效率较低，有必要研发集运输、铺设、定位、精调等全过程于一体的成套智能化施工装备。基于此，开展了城市轨道交通预制板式减振轨道系统成套技术的研究，力图在既有高铁及地铁预制板轨道设计、施工技术的基础上有所突破。

1）预制板的制造工艺研究

预制板的制造工艺涵盖了模具的制作工艺、预制板的生产工艺、预制板制造及验收技术条件的研究 4 个方面。模具的制作工艺研究主要包括侧模、底模、端模的制造工艺，承轨台腔体的制造工艺及与底模的焊接加工，燕尾槽的制作及安装，预埋件的定位方式等方面，通过研究，确保预制板外观质量（尤其是板顶面平整度）、预制板构造、预埋件位置精度等方面满足设计要求。预制板的生产工艺研究从节能、环保、养护和生产效率等方面综合考虑。轨道板生产采用固定台座生产工艺，主要包括预埋件安装、防迷流焊接、合模、混凝土配比及搅拌、混凝土的振动密实、轨道板养护等各个环节，以确保轨道板质量满足设计要求。图 8-72 所示为制造预制板的模具。编制预制减振垫轨道板制造及验收技术条件的目的是为操作人员和检验人员提供轨道板生产技术指导，确保轨道板的产品质量能够更好地满足用户的使用要求。预制减振垫轨道板制造及验收技术条件包括适用范围、规范性引用文件、技术要求、试验方法、检验规则、标识和制造技术证明书、存放、运输和装卸、质保期等 9 个方面的内容。

2）减振垫的构造及制造工艺研究

本节主要包括减振垫材质的选择、结构组成及外观、制造工艺、实现板垫复合的减振垫构造等方面的研究。减振垫材质的选择主要是在天然胶和聚氨酯之间比选。目前，地铁中主要采用这两种材质制作减振垫，研究中采用的减振垫为橡胶材料，其在国内使用最为广泛，在减振效果、耐久性、吸水率控制等方面的表现均较为优异。结构组成及外观研究主要包括减振垫本身的结构组成（包含覆盖层、编织层、夹层、阻尼层等）及圆锥截顶结构。圆锥截顶结构，随着载荷的不断增加，圆锥将被压缩、变宽、变短，圆锥的接触面积增大，同时，圆锥变得更硬，利于固有频率的保持，如图 8-73 所示。

实现板垫复合的减振垫构造研究主要是通过减振的构造设计，实现与预制板复合在一起后，在不影响减振效果的前提下，使板垫复合得更加牢靠，主要包括底板、端板和灌浆套三种部件的构造研究。此外，为确保包套和预制板的装配可靠性，预制板侧面在浇筑时预留燕尾槽，包套底板设计相应的燕尾凸台，装配时充分利用橡胶的柔性和变形能力，将减振垫燕尾棱条紧密压入预制板预留凹槽，

图 8-72　制造预制板的模具

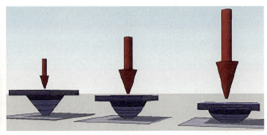

图 8-73　圆锥截顶受力变形

图 8-74　厂内完成板垫复合的减振垫预制板

同时在底板下部和侧面采用多点栓接的方式实现两侧边的包套与预制板的可靠连接，如图 8-74 所示。

8.8.5　风水联动节能控制系统

在目前的轨道交通项目中，通风空调系统设备作为排名前三的能耗大户，每年的耗电量约占整个车站的 30% 以上，故通风空调系统若能产生节能效果，将会降低运营成本。

目前，南宁地铁 4 号线通风空调系统已采用水系统的群控系统，相较于目前已运营线路的在 BAS 系统控制下的水系统能更好地依照模式表，产生一定的节能效果。经过南宁地铁对其他城市轨道交通项目的调研，基于南宁地铁 4 号线通风空调设备功能及供货方式，发现"风—水联动控制系统"更有利于实现系统的模式化运行及避免不必要的浪费。

8.8.6　三维声呐检测技术在地连墙渗漏检测中的应用

为确保深基坑施工过程中，地下连续墙发挥好止水隔水作用，南宁地铁 5 号线广西大学站采用了曾用于军事工程的声呐检测技术，精准定位了地连墙质量缺陷的位置，并针对性地采取了处理措施，形成了有效的事前控制。

利用声呐优异的水下传播特性，产生渗流场，通过矢量声呐传感器阵列，精细地测量出声波在流体中能量传递的大小与分布，依据阵列测量数据的时空分布，显示出渗流声源发出的方向，通过矢量传感器准确判定止水帷幕渗漏部位、渗漏通道以及补给来源，定量测定地下水流速、流向、渗流量等量化指标，建立三维可视化渗流场成像系统和水文地质参数解析模型，揭示三维空间中渗流场分布特征，对渗流量较大的区域进行注浆加固，取得了良好的效果。

8.9 总结与讨论

8.9.1 行业科技创新需求总结

2003年"非典"发生时，我国仅有北京、上海、广州、长春、大连5个城市开通了城市轨道交通，运营线路总长仅244.06km（其中含地面线85.73km），防疫压力尚不突出。"非典"过后，根据当时的防疫经验，国家出台了《突发公共卫生事件交通应急规定》，重点强调了区域交通，未重点关注城市轨道交通。随后出台的《城市轨道交通运营管理规定》和《国家城市轨道交通运营突发事件应急预案》也未对突发公共卫生事件给予重视。至2019年12月新冠疫情发生时，中国累计已有40个城市开通了城市轨道交通，运营线路总长6730km，在建约5500km。如此大的规模，加上城市轨道交通设施大部分位于地下，具有人员密集、通风条件差等不利因素，常态化防疫防控及相关技术已经成为行业关注的重点，智能、绿色、高效、可持续发展等成为城市轨道交通行业技术发展的主要方向。

8.9.2 行业科技创新建议

1）常态化防疫防控及相关技术

通过不懈努力，目前，国内疫情防控形式总体是好的，但是由于境外疫情复杂，外防输入、内防反弹的形势依然严峻。为做好疫情防控和复工复产工作，需要开展以下科技创新工作。

（1）需要对真正防止病毒传播、保障乘车安全的措施标准进行科学论证。例如满载率，目前各地标准不一，上海提出满载率不高于60%，北京提出满载率不超过50%，广州提出在40%满载率的基础上进一步降低。所有措施标准应在科学的基础上整合统一。

（2）需要开拓思路，引入防疫防控新技术、新方法，同时加速应急处置关键技术的研究和应用，例如智能化主动体温监测和风险识别技术，自动化消毒及检测的新技术和新装备，与铁路、民航、汽车客运等的跨部门信息交流平台等。特别是信息化技术在城市轨道交通应急管理中仍有很大的应用空间。建立科学、稳定、规范的信息化平台，可以快速应对不同场景下的管理需要，比如防疫物资的管理和防疫宣传工作等。

（3）需要加强从业人员知识技术培训，提高个人对防疫防控的认识，同时将最新的政策措施、运营计划、新设备使用方法等及时传达至个人，把防疫防控真正落实到城市轨道交通的第一线。

2）智慧地铁及全自动运行

目前，国内主要城市智慧地铁推进情况既有共同点又各有特色：各城市智慧地铁的建设均包括智能调度、智慧服务、智慧管理、智能运维等方面以及为线网生产服务的智能城轨云平台，然而实施的深度和广度各有不同，各城市结合自身发展特点和发展趋势制定了不同的政策和计划，各云平台的资源服务范围也有差异。

根据我国城市轨道交通智慧地铁发展情况，建议进一步开展以下科研工作。

（1）实现云平台的资源整合，重点收集线网各类数据信息，包括生产数据、运维数据、乘客数据、企业管理数据等；同时制定线网生产类全专业的数据存储和应用的格式标准，为线网数据收集之后的大数据深度挖掘打好基础。

（2）研究创新技术在新线路上的试点应用以及推广应用，如新一代无线通信技术的发展（公网5G/NR-U/WIFI 6等）；搭建超高带宽、超高可靠性、超低时延、超多用户、多网融合的无线连接网络；新型的生物或非生物识别技术，如"指静脉""eID电子身份证"等，实现更加丰富的多元支付。

全自动运行方面，从2020年开始，国内全自动运行线路的建设进入了一个高峰。截至2020年12月底，中国内地已运营和正在建设全自动运行城轨系统的城市有北京、上海、深圳、广州、武汉、成都、郑州、太原等26座城市。成都9号线，上海15号线、18号线采用国际最高自动化等级（GoA4）开通，验证了全自动运行系统不仅在技术上已趋于成熟，且在规模工程应用、运营熟悉熟练程度等方面也取得了实际突破。后续发展建议进一步研究以下内容：

（1）当前，全自动运行线路基于车地通信方式，建议进一步研究基于车车通信方式的新一代列控系统以及主动式的列车障碍物探测技术、行车综合自动化系统等；

（2）中低运量轨道交通全自动运行系统的应用和技术方案；

（3）既有线信号系统整体更新改造中全自动运行系统的应用和技术方案；

（4）四网融合方案中，全自动运行技术的应用和技术方案；

（5）全自动运行系统联调联试方案；

（6）无人自动联挂与解编技术突破；

（7）进一步研究全自动运行系统深度融入物联网平台，构建全面的智能运维和设备设施管理系统的方案。

3）建造新技术

目前，装配式车站、预制桥梁桥墩、预制轨道板和大断面的盾构、大断面顶管等都是各地城市轨道交通建造技术创新发展的重要方向。

（1）装配式技术发展

应充分借鉴各既有试点工程经验，因地制宜地采取适合的装配式结构形式。对于内部结构、出入口通道、临时封堵板、内部隔墙等构件，可以发挥一体化设计施工优势，统一标准尺寸，采用预制拼装方式，提高施工效率。车辆基地可应用装配式结构，标准段采用混凝土构件，非标段采用钢混组合结构构件。桥梁可以应用预制桥墩，进一步提升桥梁的预制率和装配率。

由于装配式构件的制作、运输成本比较高，装配式的整体造价仍然比现浇高，因此应选择可以充分发挥装配式免支模、效率高、对现场噪声污染影响小等优势的地方实施，扬长避短，有的放矢。

（2）大断面的盾构和顶管

相关施工技术已渐渐地广泛用于区间、市政隧道甚至车站，为不具备明挖施工条件的工程提供了更高效、更安全的选择，特别是在管线众多、周边环境复杂的市区内。

4）BIM 技术

BIM 技术应用是工程数字化技术手段之一。在推广 BIM 技术的过程中，应结合城市轨道交通工程数字化应用需求、各地业主对于 BIM 应用技术的需要以及"十四五"发展规划中关于工程数字化建设的战略要求，制定 BIM 技术应用总体目标、分阶段工作目标以及各阶段的技术路线，让 BIM 应用快速落地，打造精品工程案例，以精品工程案例引导其他项目开展 BIM 技术应用，为行业走向工程数字化作铺垫。

根据目前 BIM 技术应用规划，建议进一步研究：

（1）基于全生命周期多维 BIM 模型开展全专业协同设计，拓展施工和运维阶段的数字化业务；

（2）新建线路在全生命周期一体化协同设计平台上的应用研究；

（3）基于 BIM 的装配式设计和施工工法研究，将有力地支撑装配式技术在相关项目中的推广。

5）绿色节能技术

2020 年 10 月，国家提出了《中共中央关于制定国民经济和社会发展第十四个五年规划和二〇三五年远景目标的建议》，并指出，到 2035 年，我国需广泛形成绿色生产生活方式，碳排放达峰后稳中有降，生态环境根本好转，美丽中国建设目标基本实现。因此，在"十四五"期间，必须加快推动绿色低碳发展，降低碳排放强度，支持有条件的地方率先达到碳排放峰值。

细化到城市轨道交通方面，"十四五"期间，建议逐步全面落实绿色交通政策，推广应用节能环保的先进技术，在桥梁、隧道等交通基础设施中全面推广节能灯具、智能通风控制等新技术与新设备。目标是初步建成布局科学、生态友好、清洁低碳、集约高效的绿色交通运输体系，通过地铁等公共交通的骨干作用，带动绿色城市公共交通和相关产业的发展。

9 上盖物业开发篇

9.1 概述

9.1.1 TOD 的概念

随着时代进程不断加快，城镇化速度也在加快，于是城市内拥堵、无序蔓延、资源浪费等弊端逐渐被暴露出来，让人们必须要重新思考、优化城市建设模式。TOD（Transit-Oriented Development，公共交通为导向的开发）作为城市建设概念的先进范例，可通过在公共交通枢纽周边及沿线进行混合功能及高密度开发，实现交通、商业、产业、文化、生活等多维一体的集中型综合城市功能聚合，从而疏解城市拥堵的状况。

20世纪90年代，基于对城镇的快速扩张发展引起郊区蔓延的深刻反思，美国逐渐兴起了一个新的城市设计运动——新传统主义规划，后来演变成了更广为人知的新城市主义。作为新城市主义倡导者之一的彼得·卡尔索尔普所提出的公共交通导向的土地使用开发策略逐渐被学术界认同，并在美国的一些城市得到推广应用。TOD 的概念最早由彼得·卡尔索尔普在1992年提出，1993年，彼得·卡尔索尔普在其所著的《下一代美国大都市地区：生态、社区和美国之梦》一书中旗帜鲜明地提出了以 TOD 替代郊区蔓延的发展模式，并为基于 TOD 策略的各种城市土地利用制定了一套详尽而具体的准则。TOD 模式逐渐在世界各国，诸如东京大都市圈、伦敦斯特拉特福德、中国香港西九龙等地，发挥优化城市空间、重构城市形态、提升城市能级的作用，也一次次验证了 TOD 就是更新城市的关键模式这一事实。

TOD 即"以公共交通为导向的发展模式"。其中的公共交通主要是指火车站、机场、地铁、轻轨等轨道交通及巴士干线，然后以公交站点为中心、以400~800m（5~10分钟步行路程）为半径建立中心广场或城市中心，其特点在于集工作、商业、文化、教育、居住等为一身的"混合用途",使居民和雇员在不排斥小汽车的同时能方便地选用公交、自行车、步行等多种出行方式。城市重建地块、填充地块和新开发土地均可以 TOD 的理念来建造,TOD 的主要方式是通过土地使用和交通政策来协调城市发展过程中产生的交通拥堵和用地不足的矛盾。公共交通有固定的线路和保持一定的间距(通常公共汽车站距为 500m 左右,轨道交通站距为 1000m 左右)。这就为土地利用与开发提供了重要的依据,即在公交线路的沿线,尤其在站点周边,土地高强度开发,公共使用优先。

随着我国城市轨道交通和高铁网络的飞速建设,轨道交通对于城市变革的推动力日益增大,而 TOD 视角下的轨道站点及其周边开发,对城市功能和开发价值的提升获得广泛认可,迎来了空前的发展机遇。

9.1.2 日本以"站城一体化"开发模式,进阶城市未来

日本以轨道交通为导向的 TOD 站城一体化开发,经过多次优化变革,已深入贯彻于城市轨道交通规划、设计、建设、运营等各个环节。同时,日本也是世界上"TOD 站城一体化"开发模式实践最早、应用最广、发展最为成熟的地区之一。目前,由"地铁 + 私铁 +JR+ 新干线"等构成的轨道交通网四通八达,贯通城市的每一个角落。

在轨道交通的大力发展下,日本轨道交通站点的开发模式也日益完善,即从"站 + 城"到"站 + 城 + 人"的一体化开发。以轨道交通最发达的东京为例,其在轨道交通建设之初,就以轨道交通系统与土地使用的深度结合为前提,将商业、办公、住宅等功能按照圈层布局。因此在东京,居民可以乘坐轨道交通方便地到达城区的任何目的地,并且从地铁口就能直达办公大楼和商业中心。与世界大多数 TOD 的建设都是从城市空间形态的角度出发,考虑车站周围综合功能的开发不同,日本的站城一体化开发不仅仅局限于城市空间规划,而是由同一主体同时承担轨道交通建设和城市开发,因此日本轨道交通公司并不只是单纯运营轨道交通,其还在房地产、商贸等领域稳步发展。

9.1.3 中国香港 TOD,为改变城市而生

港铁公司运用"轨道交通 + 土地综合利用"的商业模式,成功在中国香港开拓出多条轨道交通线路,积极地综合利用开发沿线土地,为香港市民提供了超过 1200 万 m^2 楼面的多种功能的生活空间。同时,通过东涌线、将军澳线等多条轨道线路,带动了香港多个新市镇的开发、建成、发展及兴起。在这一过程中,港

铁公司积累了大量运用"轨道交通＋土地综合利用"模式的成功经验，如以轨道交通为主导的城市规划与土地利用，住宅、商业、公共设施统筹协调发展，商品住房与政府公屋、廉租房有机融合，城市中心区与城市拓展区、郊区、新市镇协调发展，轨道交通投融资多样化等。这一模式通过轨道交通与土地综合利用的协同效应，集约用地，带动新市镇的形成，以轨道站点为中心形成交通枢纽和商业中心，推动新区建设、旧区改造，关注生态环境保护，减轻公共财政负担，从而使城市可持续发展，加快城镇化的步伐。

借助"轨道交通＋土地综合利用"的发展模式，香港政府不但没有为轨道交通的建设和运营背上补贴的包袱，反而从出售给港铁的土地收益、公开招股收益、股息等方面获得了巨大的利润，而港铁造就的社会价值更是不言而喻。"轨道交通＋土地综合利用"模式的核心在于把轨道交通投资建设和沿线土地开发升值相紧扣，利用物业开发回收的增值部分填补轨道项目的资金缺口，达到合理回报。在这一模式下，大股东——政府给予港铁公司土地发展权，对地块进行总体规划。港铁公司以该地区建设铁路前的地块价值估算，向政府支付地价。港铁公司兴建地铁，同时与开发商合作开发地上物业。物业价值因地铁发展而提升，港铁公司将物业升值所回收的利润"反哺"地铁建设、运营和维护。如今，物业发展及投资已经成为港铁除票务外的一大收入来源。

9.1.4 深圳"轨道＋物业"实践经验

深圳从2004年建成开通第一条地铁，到2020年建成运营城市轨道交通，总计422.6km、263个车站，在建里程达到316.2km、196座车站。未来15年深圳轨道交通仍将处于建设高峰期，据初步测算，未来5年深圳市轨道交通建设投资规模接近6000亿元，平均每年投资超过1000亿元，资金压力巨大，因此有必要探索多元化的投融资方式，确保深圳市轨道交通良性循环发展。深圳是一座土地资源紧缺的城市，2006年深圳率先提出发展面临"四个难以为继"，首个就是土地、空间难以为继。土地资源供给不足与轨道交通建设用地刚性需求的矛盾日渐加剧，制约了轨道交通的发展。

向空间要土地，是深圳解决土地资源短缺和空间发展格局受限问题的重要举措之一。在市委市政府的大力支持下，深铁集团经过近20年的探索实践，通过模式、制度、机制、技术、开发和合作六大创新，形成了具有持续自我造血机制的深圳"轨道＋物业"模式。目前，深铁集团共创造并获取了13个轨道上盖物业开发项目，规划建筑面积合计约500万m^2，占地面积约131万m^2，预计开发收益（地价＋开发利润）达1415亿元，将能覆盖轨道交通一、二、三期及三期调整项目主体工程企业融资还本付息的资金需求1427亿元的99%，可极大缓解财政负担。深铁集团还在轨道上盖累计建设并移交185万 m^2 逾2.2万套的保障性住房，在建约18万 m^2 1800余套的人才安居房。截至2019年底，深铁集团总资产4227.9亿元，净资产总额2739.1亿元，全年营业收入209.9亿元，实现净利润116.67亿元，是中国内地全成本口径核算下营业收入最高、盈利情况最佳的地铁公司，为企业开展市场化融资活动创造了有利条件。

"轨道+物业"模式的核心是土地资源的创造和获取。为此，深圳市在土地出让制度等方面进行了系列制度创新。一是开创立体空间的分层出让。深圳通过逐步完善机制，理顺了轨道交通设施用地及上盖开发用地分层出让形式和用地出让方式。上盖物业与地铁设施在不同标高分层划分用地权属，实现了在轨道交通便利地段立体复合利用土地资源，利于车辆段上盖土地使用权的获取。2008年4月，原深圳市国土资源与房产管理局将这三宗地发布挂牌出让公告，采取三块地捆绑的方式挂牌出让。二是探索上盖物业作价出资的制度创新。2013年深圳出台了《深圳市国有土地使用权作价出资暂行办法》和《深圳市国有土地使用权作价出资工作委内部实施流程》，在深铁集团等三家企业内先行先试，确保封闭运行，风险可控。将经策划而形成的轨道交通上盖物业使用权以注册资本金的方式直接注入深铁集团，作为政府投入轨道交通工程建设的初期资金。以作价出资方式获得土地更加简洁便利，也使轨道与上盖建设同步成为可能。深铁集团通过作价出资共获得了前海枢纽等8块土地。三是适应土地配置方式政策调整。2016年12月31日，国土资源部、国家发展改革委、财政部等八部委联合发布《关于扩大国有土地有偿使用范围的意见》，提出能源、环境保护、保障性安居工程、养老、教育、文化等项目用地，可以土地使用权作价出资的方式供应土地。2017年3月7日，国务院办公厅发布了《关于进一步激发社会领域投资活力的意见》，在2016年八部委意见的基础上，将土地使用权作价出资的范围扩大到医疗用地。根据上述政策变化，市规资局明确表示，住宅、商业、办公等经营性用地不得再以土地使用权作价出资的方式供应，市政府常务会审议轨道四期融资地块配置及开发方案时也明确提出不再采用作价出资的供地方式，改为公开市场招拍挂方式。根据土地配置方式的政策调整，深铁集团在2020年6月以62.56亿元获取长圳车辆段上盖用地，以市场化自筹资金方式支付地价。未来三年，招拍挂资金需求初步估算约650亿元。

9.1.5 TOD国家监测评估平台建设探索

全球环境基金（GEF）"可持续城市综合方式示范项目"中国子项目中的国家层面项目，与北京、天津、深圳、贵阳、宁波、南昌和石家庄共7个试点的城市层面项目构成了"1+7"的组织模式,探索我国 TOD 发展中面临的交通设施建设与城市发展缺乏统合、实施机制研究不足、TOD 理念与规划难以落地实施、公众认知基础匮乏、城市规划建设管理各环节缺乏有效的协同机制等问题的有效解决路径。同时,TOD 也是探索绿色低碳发展路径、推动治理模式转型和体制机制创新的重要领域。形成国家层面 TOD 监测评估平台,以探索我国城市 TOD 发展的监控和管理机制雏形,为城市提供可供学习推广的成功案例和操作范本,建立国内外相关部门间的长效沟通机制,并推广 TOD 发展理念,引导城市居民生活方式的改变为目标。限于项目周期及数据可获得性等因素,该项目在研究内容上以城市轨道交通涉及的相关 TOD 内容为主体,暂未扩展到对火车站、机场等节点区域的研究。

平台搭建了部、省、市三级联动的系统架构。其中,"中国城市 TOD 资源资讯系统"为部、省、市统一入口,通过账号密码进行权限管理;"中国城市 TOD 监测评估系统"为部、省、市独立入口,依各层级管理内容确定数据范围、数据精度及平台功能。该平台的数据库标准及平台建设标准与统筹城市规划建设管理的综合工作平台——城市体检评估信息平台统一设计、同步开发。TOD 作为重要专项之一,与城市安全平台、海绵城市评估监管平台、城市市政基础设施综合管理信息平台等一系列平台,共同构成城市规划建设管理的专项工作平台。"综合"+"专项"的工作平台,向下以城市 CIM 平台为基础,向上以城市运行管理服务平台为服务界面,形成统筹城市规划建设管理的数字化、网络化、智能化的平台体系。

在业务内容上,住房和城乡建设部 2020 年的城市体检工作中,在交通便捷维度上,考虑了绿色低碳发展的新要求,增设了轨道覆盖通勤人口情况、绿色交通出行情况、慢行交通设施情况等方面的评价指标,与其他 7 个维度共同构成了对城市建设整体状况的综合评估。其评估结果将与该项目 TOD 视角的专项评估形成"综合"+"专项"模式的体系化的城市体检评估方法。该项目由中国城市规划设计研究院学术信息中心、交通研究分院共同承担。

9.2 政策与标准

9.2.1 土地政策创新

地铁上盖物业开发首先要解决的依然是"面粉"的问题,土地作为物业开发的生产资料,如何能第一时间合规合法地取得是轨道交通企业要解决的重要问题。轨道交通建设为城市的基础设施建设,而轨道交通物业发展涉及经营性用地建设,轨道交通物业的发展需要占用城市的建设用地指标,加上土地出让收益的分配机制等问题，导致项目的主管政府对轨道交通物业开发的积极性不高。此外，由于轨道交通物业开发的特殊性，物业项目需与轨道交通的建设同步实施，但该阶段轨道交通建设的投资审批不允许包含经营性项目，使得许多轨道交通物业项目无法取得立项，致使项目无法同期实施。很多城市政府有意向鼓励轨道交通公司参与轨道交通物业开发，但实际步伐较小，政策的执行与落实存在一定的过渡期，制约因素仍然较多，无法落实操作条件，使得轨道交通线路在实施时沿线的土地已经规划他用或已经批出，很难进行综合开发，相应弱化了上盖物业开发在拓展城市发展空间、提升城市效益空间、改善城市生态空间方面的主导作用。

我国土地的相关法律规定，经营性用地必须通过公开招拍挂程序进行出让。因此，直接导致地铁公司在参与轨道交通物业开发的过程中无法进行一、二级的联动开发，如车辆段上盖综合利用项目，轨道交通公司在完成车辆段上盖建设后须进入土地储备中心入市交易。近年来，随着轨道交通物业开发的兴起，发展逐渐成熟，国内外大中型房地产开发企业也开始关注并投入开发经营领域，市场竞争明显加剧。受现有轨道交通投融资体制的限制，无论轨道交通项目是否盈利，都有政府财政兜底，轨道交通企业经营业绩与经营者的收入并没有必然联系，企业经营者没有进行综合开发的积极性和主动性，难以进行上盖物业开发。

轨道交通物业开发前期准备和建设用地审批等复杂过程涉及较多政府部门。综观全国情况，绝大部分城市都尚未形成较为完善和统一的轨道交通物业开发审批流程，大多处于一事一议的阶段，事实上导致项目的审批流程较为繁琐和复杂，客观上不利于物业项目的推动和规模化发展。

轨道交通空间综合开发项目用途复杂，包括地下空间、市政道路、公园、销售经营性物业等多种用地类型，涉及供地方式、价格、手续、权属登记等各个环节。由于国内上盖物业开发尚处于起步阶段，为确保轨道交通综合开发项目顺利实施，加强地上地下空间、轨道交通场站与周边用地的统筹规划和协同建设，各地相继出台了相关政策文件。借助城市轨道交通物业发展蓬勃兴起的东风，国内城市也在土地政策方面取得了先行先试的宝贵经验，也助推所在城市的轨道交通企业取得了可观的社会与经济效益。

（1）北京市

北京市出台了《关于加强轨道交通场站与周边用地一体化规划建设的意见》，优化轨道交通周边用地程序审批和土地供应机制，明确投资分摊和收益分配机制，促进轨道交通建设与城市建设的有机融合。例如北京市五路车辆段项目依据上述指导意见，采用分层确权，创新三维立体的方式，以综合服务设备结构转换夹层底板防水层为界，合理划分轨道交通与二级开发使用功能，将结构预留阶段难以实施的融合性设计理念及轨道交通运营安全等相关要求，纳入土地招拍挂文件，由二级竞得人接续落实一体化相关事宜。

（2）上海市

上海市印发了《关于推进本市轨道交通场站及周边土地综合开发利用的实施意见》，对轨道交通场站及周边土地综合开发的规划条件、开发方式、开发主体、收益管理作了积极探索。创新轨道交通综合开发土地利用方式，鼓励主体发挥自身优势，轨道交通建设主体、相关企业可以单独或联合设立开发主体，轨道交通场站综合建设用地可以采取协议的方式出让给开发主体。

（3）广州市

广州市印发了《广州市轨道交通场站综合体建设及周边土地综合开发实施细则的通知》等政策，支持建设综合交通枢纽，打造绿色出行交通系统，推进土地集约高效利用。创新采用高程坐标方式，实现轨道交通上盖用地分层出让新模式，并根据轨道交通场站综合体用地的土地来源，同时结合城市更新政策，按不同类别确定不同的收储补偿标准及流程。

（4）深圳市

深圳市印发了《深圳市地下空间开发利用管理办法》（本节简称《办法》）等政策，从规划管理、用地管理、建设管理、使用管理等方面予以明确规定，以促进地下空间综合、系统开发，集约节约利用城市空间资源。根据管理办法，地下空间优先用于建设交通、市政工程、防空防灾、环境保护等城市基础设施和公共服务设施；鼓励地下空间建设商业、工业、仓储、物流设施以及体育、文化等项目；禁止地下空间建设住宅、幼儿园（托儿所）生活用房、养老生活用房等项目以及中小学普通教室。

在规划管理上，《办法》提出，在专项规划层面，明确地下空间开发利用专项规划应当符合国土空间总体规划，并与人民防空、轨道交通、建筑废弃物治理、环境保护等专项规划相衔接，地下空间开发利用专项规划应当划定重点地区范围，并对近岸海域的地下空间开发作出统筹安排；在控制性详细规划层面，实行重点地区地下空间详细规划和重点地区外规划指引的二元模式。

在用地管理上，地下空间建设用地使用权的深度和范围按照满足必要的建筑功能和结构需要确定。地下空间建设用地使用权符合划拨规定的，按照划拨方式供应；商业等经营性项目，或者同一宗地下空间建设用地有两个以上意向用地者的，应当采用招标、拍卖、挂牌方式供应。符合规划并且满足特定情形的，可以协议出让地下空间建设用地使用权，其中，需要穿越市政道路、公共绿地、公共广场等公共用地的地下连通空间或者连接两宗已设定产权地块的地下连通空间，全天候向公众开放的，可以按照公共通道用途出让，允许配建一定比例的经营性建筑，公共通道用途部分免收地价。

在建设管理上,《办法》明确了市政府可以在地下空间重点地区划定集中开发区域,集中开发区域应当对地上、地下进行整体规划设计。地下空间开发建设中,建设单位在规划的基础上增加城市基础设施、公共服务设施等情形的,可以给予容积转移或者奖励、地价优惠、财政奖补或者依法实施税收减免等,具体办法由相关部门制定后报市政府批准。

在使用管理上,《办法》明确了地下空间建(构)筑物和设施的所有权人为地下空间维护管理责任人。维护管理责任人应当建立地下空间安全使用和维护管理制度、突发事件应急预案,并按照规定配备报警装置和必要的应急救援设施、设备。

(5)杭州市

杭州市出台了《杭州市城市轨道交通地上地下空间综合开发土地供应实施办法》《杭州市城市轨道交通上盖物业预留工程前期审批指导办法(试行)》,开展了地铁车辆段上盖综合开发专题城市设计,编制了《杭州市地下空间开发利用专项规划(2012—2020)》,加强了与轨道交通等专项规划的衔接协调,通过控制性详细规划明确了重点地区开发利用等内容。杭州市采取差异化供地模式,将空间使用权进一步细化,符合《划拨用地目录》的非经营性地上、地下空间,以划拨方式供应;不具备单独规划建设条件的经营性地下空间,以协议方式供应;不具备单独规划建设条件的经营性地上空间,可带技术条件以招拍挂方式公开出让;具备单独规划建设条件或与地铁场站有地下连通要求的经营性地上、地下空间,以招拍挂方式公开出让。

(6)成都市

成都市在市级层面陆续出台了多项顶层实施政策支撑,出台了《关于轨道交通场站综合开发的实施意见》《成都市轨道交通场站综合开发专项规划》《成都市轨道交通场站一体化城市设计导则》《成都轨道交通场站综合开发实施细则》《成都市轨道交通场站综合开发用地管理办法》等政策法规,整体规划、整体供地、分层登记,建立了在同一宗土地上划拨与出让方式相结合、地上与地下项目相结合、经营性用地与市政设施用地相结合的轨道交通上盖综合开发项目协议出让整体供地新模式。依据相关政策支持,成都市数十个站点开展了 TOD 综合开发一体化设计,14 个示范站点逐步进入建设阶段,未来发展可期。

9.2.2 技术标准突破

轨道上盖物业和地下空间都属于新的物业开发形态,国内尚无明确的开发标准,而以往的建设标准又严重地限制了轨道上盖物业和地下空间的综合开发利用。

为最大限度地利用轨道上盖物业和地下空间，针对轨道上盖物业的载重、限高以及防火等技术，要求行业和企业联合开展技术攻关，为新形态的轨道上盖物业及地下空间的综合开发解决技术上的难题，包括突破规范创造车辆段特有的全框支转换结构体系，适用于后期上盖开发各种户型的厚板转换体系，节约成本的车辆段上盖减隔振技术，突破车辆段盖板分缝长度限制、减少漏水隐患的技术等。

9.3 "轨道+物业"开发模式的典型项目

国家自然资源部总结了各地在推动节约集约用地方面的典型经验，组织相关单位围绕轨道交通地上地下空间综合开发利用，编制形成了《轨道交通地上地下空间综合开发利用节地模式推荐目录》，引导各地提高土地利用效率。其中推荐了上海市莲花路地铁站复合利用模式、广州万胜广场地上地下空间综合开发模式、深圳市前海综合交通枢纽站城一体化开发模式、杭州市七堡车辆段上盖综合体模式、成都市崔家店停车场综合开发模式5个项目的开发模式。

9.3.1 上海市莲花路地铁站综合开发项目

上海市轨道交通1号线莲花路站已运营超过20年。随着乘客数量大幅提升，现有站台存在建筑功能缺失、无法站内换乘、建筑老化等问题，已经不能满足运营需求。为缓解区域交通压力，上海地铁资产投资管理有限公司在取得该站点综合开发项目用地的土地使用权后，对莲花路地铁站开展了复合利用改造工作。项目占地17617m^2，其中包括4000m^2地铁站房及附属设施，规划用地性质为商业、交通枢纽综合用地。2021年该项目主体已完工。

1）规划设计理念

加强规划统筹和区域研究评估，体现公共交通导向（TOD）模式，以场站用地为基础，适当扩大规划编制范围。在轨道交通网络规划编制中，同步研究各场站综合开发的总体要求，在轨道交通专项规划编制中，同步研究各场站综合开发的规划控制要求。

2）具体做法

在改造过程中，确保公共效益不受影响，做到地铁和公交在改造期全程不停运，并在建成后实现站内可换乘。将原地面二层侧式站台、展厅拆除，在本次供地范围的基础上，结合供地周边的原地铁站房、13条公交线路首末站、社区配套用房和商业用房，建设综合性轨道交通上盖物业等业态共计建筑面积约50000m^2，供地范围与周边保留轨道交通用地的综合容积率达到2.84。另外，在站台广场地下建设地下停车库，约8620m^2，拟设置约258个停车位，实现地上地下复合利用。

9.3.2 广州万胜广场地上地下空间综合开发项目

万胜广场位于广州地铁4号线和8号线换乘的万胜围站上盖。项目占地面积4.1万m^2，总建筑面积32万m^2（其中商业4.6万m^2，办公17.7万m^2，线网指挥中心6万m^2，停车位1240个），定位为集地铁指挥中心、商业中心、商务办公、公交站场为一体的地铁上盖综合物业。

1）规划设计理念

创新"出让+配建"模式。在地块出让时，通过设置条件，使得万胜广场从地块最初选址到后期开发，全程由广州地铁公司担任开发主体。在建设地铁指挥中心时，广州地铁公司统筹规划物业开发与地铁功能，对地块进行整合开发，实现同步规划、同步开发、同步实施和一体化设计。

2）具体做法

广州地铁公司对项目主体工程采用BT（政府利用非政府资金来建设某些基础设施项目）融资建设模式，通过公开招标的形式，选取在地铁建设中具备雄厚实力的建筑施工单位进行建设，全面保障项目实施。同时，将一部分资金风险转移到施工单位，减轻地铁公司资金压力。

9.3.3 深圳市前海综合交通枢纽站城一体化开发项目

前海综合交通枢纽及上盖项目由地下枢纽和上盖物业两部分构成（图9-1），包括地下五条轨道线路（已运营地铁1号线、5号线、11号线，规划穗莞深城际线及深港西部快线）及口岸和公交、出租、旅游大巴等交通接驳场站。总用地面积约20hm^2。前海综合交通枢纽由政府投资，深圳地铁集团建设。项目分为近期和远期两部分实施。近期建设用地面积116693m^2，主要包括地下的地铁1号线、5号线、11号线车站改造工程，地下交通换乘大厅和社会车辆停车场，地面的公交场站、出租车场站、集散广场以及五条市政道路。远期建设用地面积99092m^2，主要包括地下的穗莞深城际线及港深西部快轨车站，地面的旅游大巴

图9-1 交通枢纽站城一体化开发剖面图

场站、出入境口岸及集散广场、出租车场站、商业开发和 T9 塔楼等。目前地铁 1 号线、5 号线、11 号线前海湾站已经开通，穗莞深城际线即将开工，港深西部快线正在规划中。

1）规划设计理念

项目充分体现了"站城一体化开发"和构建国际化 CBD 的规划设计理念。轨道、交通接驳设施、上盖物业与周边街坊进行一体、复合、多功能、高效集约的规划设计，配合枢纽建设，实现车站与周边街区开发相结合的站城一体化开发建设，充分发挥枢纽的触媒效应和集聚效应，构建以公共交通为导向的国际化 CBD 新城区。

2）具体做法

枢纽建筑地下 6 层，其中，上面 3 层为轨道及交通换乘区，下面 3 层为地下车库，设 4900 多个停车位。枢纽将设置深港过境口岸及公交、出租、社会车辆、旅游巴士等交通接驳场站，通过地下可直接连通市政道路的周边建筑，实现站城无缝对接。上盖开发部分定位为集枢纽立体商业、甲级办公、国际星级酒店及服务式公寓、商务公寓于一体的超级枢纽城市综合体，包括 9 栋超高层塔楼（含裙楼）、地铁 11 号线上盖独栋商业、远期枢纽上盖商业等。总建筑面积预估约 215.9 万 m^2，其中，枢纽地下空间建筑面积 88.1 万 m^2，上盖物业建筑面积约 127.8 万 m^2。人行交通方面，枢纽内部构建以地下一、二层换乘大厅为核心的四条主要人行通道，串联轨道车站、公交场站、出租车场站及上盖物业，实现内部的高效换乘；同时，通过地下、地面和二层人行系统与周边建筑或地块连接。车行交通方面，枢纽交通通过外围主、次干路及地下道路组织进出交通，物业交通通过内部支路组织进出交通，二者相对分离，实现枢纽与上盖物业车辆的有效集散。

9.3.4 杭州市七堡车辆段上盖综合体开发项目

七堡车辆段上盖综合体项目由杭州地铁1号线和4号线车辆运营库、检修库、综合维修大楼、控制中心等地铁功能建筑和住宅、商业、写字楼、学校、公园等开发建筑组成，总建筑面积103万 m^2。

1）规划设计理念

践行"轨道交通地上地下空间综合开发利用"的理念，在满足综合维修大楼、控制中心等建筑布置的情况下，对列车停放区、检修库等区域的土地进行分层利用。以《杭州市地下空间开发利用专项规划（2012—2020）》为基础，突出地铁的引领作用，利用地铁线网建设带动城市地下空间的开发利用，通过"线"（地铁网线），对"点与面"（地下空间、副中心、重点片区）进行有效连通，形成地下空间网络。

2）具体做法

"高起点规划、高强度开发、高标准建设"。通过复合利用土地，分层设立土地使用权，建设了9m和13.5m高两层板。其中落地区0m以下为地铁车站、地下公共过街通道和停车泊位等居住配套；上盖区0~9m板之间为地铁功能区，设置了车辆运营、检修库；9~13.5m板之间设有公共停车位，同时也为13.5m板以上的开发建筑设置了停车位；13.5m以上为绿化、教育、居住等多种用途。

9.3.5 成都市崔家店停车场综合开发项目

崔家店停车场综合开发项目地下为双层地铁停车场设施，用地面积约130.06亩（1亩≈666.67m^2），地上为综合开发项目，用地面积约236.9亩，可修建二类住宅、商业服务业设施、地铁线网控制中心、公园绿地及道路。项目用地通过协议出让方式整体供地给成都轨道集团，地铁停车场已于2017年建成并投入使用，住宅及商业仍在建设中。项目所在区域为成都市老城区，以老旧建筑为主，配套等级较低，土地资源稀缺。

主要做法：崔家店停车场综合开发项目是成都市第一宗地铁车辆基地综合开发用地项目，涉及地下空间使用权及地面市政道路、公园、住宅、商业等多种用地类型，在供地方式、供地范围、供地价格、规划手续、权属登记等各个环节均有不同的创新，实现了项目整体规划、整体供地、分层登记，建立了在同一宗土地上划拨与出让方式相结合、地上与地下项目相结合、经营性用地与市政设施用地相结合的轨道交通上盖综合开发项目协议出让整体供地新模式。

9.3.6　深圳市大运枢纽 TOD 开发项目

大运枢纽 TOD 开发项目位于深圳市龙岗区大运新城南部片区，龙岗大道以西，龙飞大道两侧，为深圳地铁 3 号线、14 号线、16 号线和 33 号线四条轨道线路的换乘枢纽，大运换乘枢纽站为深圳市东部中心唯一集城际、快线、普线于一体的核心门户枢纽，其中地铁 3 号线已于 2011 年投入运营，地铁 14 号线、16 号线为在建地铁线路，地铁 33 号线为地下城际线路，45 分钟可达机场及罗湖中心区。项目总用地面积约 4.9hm^2，项目用地功能规划为"商业服务业用地 + 二类居住用地"，项目总开发量约 50.02 万 m^2，其中住宅 13.1 万 m^2，办公 15.35 万 m^2，商业 9.05 万 m^2。

在土地价值提升方面，按四大策略提升枢纽及周边地区土地价值。一是缝合现状割裂的城市空间，整合既有分散、独立的功能资源（如大学城、阿波罗等），将商业、商务、创新研发等功能混合，形成创意展示、展览、研发、孵化等片区功能互动；二是提高核心区总体开发量，由 126 万 m^2 提高至 250 万 m^2，打造以高科技产业为载体的人性化高效复合中心；三是强化功能场所复合度，将枢纽周边 500m 的商务、商业功能比例由 12% 提升至 50%，激发枢纽区域的活力；四是土地资源碎片整理，调整建设用地及功能布局，下活大运枢纽一盘棋，调整城市总体规划中 18.4hm^2 绿地、18.3hm^2 发展备用地、4.2hm^2 可建设用地为新型产业用地、商业用地及道路，满足大运枢纽未来的开发业态需求。

在交通组织方面，构建"以公共交通为主导"的"外快内慢"交通系统结构，将过境交通引流至核心区外围，谋划更适宜枢纽区域的交通体系；结合机荷高速改扩建的契机，优化荷坳立交，简化横岗至龙华、罗湖方向的匝道，保留并优化调整 3 条匝道，释放用地 10.8 万 m^2；调整爱联立交为灯控平交，便捷周边用地进出交通组织，改善慢行尺度空间，缝合城市空间，释放 5 万 m^2，改善区域用地开发与周边的衔接条件。龙岗大道在枢纽核心区段（约 780m）局部下沉，疏解过境交通功能（对标上海外滩延安路），释放地面空间，提升交通效率。针对核心区内部，将进一步优化、完善内部路网，形成尺度宜人的街道环境。

大运新城是深圳 17 个重点建设区域之一，在深圳"东进战略"中，大运新城将打造成为深圳东部中心核心区和"城市新客厅"。根据《"东部中心"规划及大运新城综合发展规划》，未来大运新城将形成"一核两轴六片区"的功能结构，作为属地街道的龙城街道，将重点塑造以大运新城为核心的大学城片区。大运枢纽在全市轨网中的地位举足轻重，成为带动东部城市产业发展的强中芯，未来发展职能将融合科技创新、金融商务、文体娱乐、绿色生态等多方面内容，打造更多元、更具活力、更生态、更人性化、更高质量的城市发展模式（图 9-2，图 9-3）。

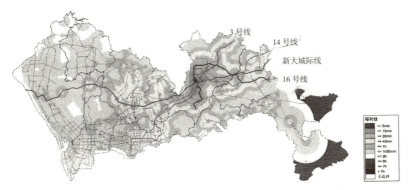

图 9-2 大运核心门户枢纽站示意图

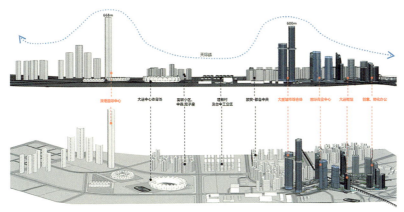

图 9-3 大运枢纽片区开发量分析图

9.4 上盖综合开发设计指标要求和标准

2018年12月中国城市轨道交通协会资源经营专业委员会颁布实行《城市轨道交通物业综合开发建设导则（2018）》（中国城市轨道交通协会资源经营专业委员会、中国城市轨道交通协会工程建设专业委员会主编，中轨交通研究院承编）以及《城市轨道交通物业综合开发建设导则编制研究报告》。

（1）轨道交通物业综合开发迅速发展，编制全国《城市轨道交通物业综合开发建设导则》（本节简称《导则》），提高土地综合开发利用和管理的能力，贯彻国家城市法规建设。

（2）轨道交通物业综合开发行业技术日益精进，相关规范、设计标准纷纷升级，全国《导则》的编制可为将来相关技术标准和规范的制定提供基础。

（3）规范和设计标准、导则的内容存在覆盖未全面、缺项等问题，全国《导则》可更好地引导市场规避风险。

具体内容详见《城市轨道交通物业综合开发建设导则（2018）》《城市轨道交通物业综合开发建设导则编制研究报告》。

10 质量安全篇

10.1 概述

近年来,城市轨道交通工程建设依旧保持较快的发展态势,作为重大民生工程,建设周期长、难度大、风险高,探索建立建设单位质量安全首要责任,层层压实参建各方主体责任,加强质量安全监督管理,是确保工程安全和高质量发展的首要前提。

近年来,城市轨道交通工程质量安全管理制度不断完善,为提升城市轨道交通工程质量安全管控能力,保障人民群众生命财产安全,建立涵盖全过程管理、全员参与的安全生产标准化管理技术体系,实现施工现场安全标准化,编制了《城市轨道交通工程建设安全生产标准化管理技术指南》(建办质〔2020〕27号)。围绕工程建设地质风险控制,总结各地应对地质风险的成功经验,编制了《城市轨道交通工程地质风险控制技术指南》(建办质〔2020〕47号)。为推进全国城市轨道交通工程质量安全信息化监管工作,规范数据标准,编制了《城市轨道交通工程质量安全监管信息平台共享交换数据标准(试行)》(建办质〔2020〕56号)。

10.2 《城市轨道交通工程建设安全生产标准化管理技术指南》解读

10.2.1 编制背景

2019年,住房城乡建设部组织开展城市轨道交通工程建设安全生产标准化专项研究,面对城市轨道交通工程地质条件和周边环境复杂、技术难度大、施工风险高、管理人才摊薄、新开工城市经验不足等问题,在全国范围深入调研,归纳总结各地的好经验、好做法,提出指南初稿,研究通过标准化措施,夯实安全生产基础,提升安全管理水平,建立完善长效机制,促进安全生产规范的实施。

经广泛征求意见,反复修改完善,《城市轨道交通工程建设安全生产标准化管理技术指南》(以下简称《指南》)于 2020 年 6 月印发,适用于城市轨道交通新建工程的安全标准化建设与管理,改建和扩建工程可参照执行。

10.2.2　编制意义

《指南》坚持问题导向,围绕安全管理行为标准化和现场安全生产标准化,对城市轨道交通工程参建单位,对现场安全文明施工、不同工法施工等提出标准化管理要求。有利于规范安全行为标准化,促进参建单位规范安全管理行为,打造"让标准成为习惯,让习惯符合标准"的企业安全文化;有利于安全风险全过程管理,促进企业形成风险自辨自控、隐患自查自治的常态化预防工作机制,筑牢安全生产事故防线;有利于规范现场安全生产标准化,促进工程建设各环节实施标准化管理。通过标准化管理实现安全管理体系和管理能力的提升。

10.2.3　核心内容

《指南》明确了各参建单位的安全管理职责、安全风险管理目标、现场施工安全控制措施、各工法及各工序安全生产控制要点。涵盖城市轨道交通工程建设各阶段内容,对标《危险性较大的分部分项工程安全管理规定》《城市轨道交通工程质量安全检查指南》等要求,着眼解决如何达标的问题,提出通用性、针对性的标准化要求。《指南》共分十章,包括:总则与基本规定、安全管理行为、安全风险管理、安全文明施工、明挖盖挖法施工、盾构/TBM法施工、矿山法施工、高架施工、机电系统设备与装修施工和智能建造。

1)安全管理行为

规范建设、勘察、设计、施工、监理和第三方监测等参建单位关于安全生产管理的工作职责、工作流程、工作要求,就应承担的安全责任、义务等作出相应规定,满足"体系健全、制度完备、责任明确、风险可控"的要求,共计六小节。

（1）建设单位对项目建设的安全质量负总责。包括：管理机构与人员配置、责任体系与管理制度、安全教育与培训交底、建设过程中的技术、施工与协调管理等。

（2）施工单位承担建设工程安全生产主体责任。包括：资质资格与管理机构、管理制度与教育、施工组织设计与专项施工方案、现场施工管理等。

（3）勘察单位对工程项目的安全质量承担勘察责任。包括：资质资格与管理机构、勘察大纲策划与实施、勘察成果交付与配合施工等。

（4）设计单位对工程项目的安全质量承担设计责任。包括：资质资格与管理机构、设计依据获取与设计安全控制、设计配合施工等。

（5）监理单位对工程项目的安全质量承担监理责任。包括：资质资格与管理机构、监理规划与实施细则、监理审查管理、现场管理与协调等。

（6）第三方监测单位对工程项目的安全质量承担监测责任。包括：资质资格与管理机构、仪器设备要求、监测方案制定、审查与实施等。

2）安全风险管理

安全风险管理包括风险分级管控、隐患排查治理、应急管理、危大工程管理、关键节点条件核查、周边环境安全与不良地质影响管理、特殊气候安全管理、监控量测与预警管理，共计六小节，贯穿工程建设全过程。规范工作流程，构建工作机制，落实建设、施工等参建单位的主体责任，标准化开展管理工作。

（1）各地宜根据实际制定不少于4个等级的风险分级标准，建设单位牵头，会同设计、施工等单位构建各参建单位共同参与、各负其责的风险管理体系，可委托风险咨询单位提供风险咨询服务。采用动态、智能信息化等手段，有延续性地按照规划、可行性研究、勘察设计、招投标与合同签订、施工五个阶段开展风险界定、辨识、估计、评价、控制、分析与评估工作。

（2）隐患分为一般隐患和重大事故隐患。《指南》包含隐患分类和分级、工作机制及各方职责、危险源辨识和隐患清单、隐患排查治理实施等内容。建设单位应定期组织参建单位开展隐患排查治理，落实"群防群治"理念，一般隐患治理闭环，重大事故隐患挂牌督办。

（3）应急管理主要包含应急管理机制、应急预案、培训与演练、应急响应、现场处置和事故处理等内容。各参建单位应根据当地特点和项目特征按规范编制、评审综合应急预案、工程项目应急预案和现场处置方案，建立完善应对工作机制，加强区域联动，定期开展培训和联合演练，统一组织、协调、指挥调度，分级开展应急处置，遵守"四不放过"原则进行事故处理。

（4）重大风险管理包含危大工程管理和关键节点条件核查等内容。各地应严格执行《危险性较大的分部分项工程安全管理规定》（住房和城乡建设部令第37号），开展危险性较大的分部分项工程或超过一定规模的危险性较大的分部分项工程的管理。应严格遵守《住房城乡建设部办公厅关于加强城市轨道交通工程关键节点风险管控的通知》（建办质〔2017〕68号）的要求，对轨道交通工程开（复）工或施工过程中风险较大、风险集中或工序转换时容易发生事故和险情的关键工序和重要部位组织开展施工前的安全条件核查。

（5）特殊条件风险管理包含周边环境安全与不良地质管理、特殊气候安全管理。建设单位组织工程周边环境调查、风险识别及现状评估，并组织参建单位在不同阶段对周边环境风险源，包括对管线、建（构）筑物、河流水体、既有线和穿越工程施工实行动态管理。特殊气候主要包括暴雨及地质灾害、大风、雷电、低温、冰雪（雹）、大雾和高温，应成立特殊气候应急管理体系，制定相应管理制度，落实相关责任，明确特殊气候下施工应采取的相应安全措施和应急预案，进行专门的培训教育和演练，提高相关人员的自我防范能力和应急反应能力。

（6）监控量测与预警管理包含标准化建立风险预警监控管理体系，明确各参建单位职责，规范实施施工监测和第三方监测，根据预警分类和等级划分标准进行信息报送，组织预警响应与处置，结合预警处置措施要求及现场情况，由预警发布单位提出消警申请报告，经监理单位和建设单位同意后消警。

3）安全文明施工

安全文明施工是确保轨道交通工程施工现场安全的前提和保障，《指南》"安全文明施工"章节梳理了国家法律法规中的各项现场安全生产标准化要求，形成了可复制、可推广的相关做法及控制要点，包括文明施工、安全防护、临时用电、消防安全、机械设备和设备作业管理等现场安全文明施工以及脚手架、钢筋、模板支架等通用工程施工，共计两小节。书中其他章节凡涉及此类通用项目，均参照该章内容执行。

4）明挖、盖挖法施工

明挖、盖挖法施工以基坑工程工序为轴线，重点关注深基坑围护结构质量可能引发的施工风险，降水及土方开挖对基坑稳定性的影响，主体施工阶段脚手架、模板支架、混凝土浇筑等工序作业的施工前置条件核查、过程控制，包括一般规定、基坑支护、降排水、基坑开挖、结构施工、作业环境、支撑拆除、基坑施工监测、基坑防坍塌措施和盖挖法施工，共计十小节。

（1）深基坑施工前，施工单位应编制围护结构、钢筋笼吊装、降水、开挖、支撑、主体结构、脚手架、高处作业吊篮、卸料平台、操作平台、模板支架、支护拆除、周边建构筑物/管线保护、特殊季节、施工测量、监测等重要部位/工序的专项施工方案并审核通过；深基坑开挖前，监理单位应组织并通过基坑开挖关键节点条件核查；围护结构施工前应确保车站范围内无市政管线影响施工。

（2）《指南》介绍了地铁施工常用的地下连续墙、钻孔灌注桩、三轴搅拌桩、SMW工法桩、高压旋喷桩等围护结构的安全控制要点，介绍了如何规范选择并安全使用钢支撑或混凝土支撑体系，用土钉墙或锚杆（索）等进行基坑边坡支护时的专项施工方案和规范要求。

（3）基坑降水效果直接影响基坑开挖安全及基坑稳定性，《指南》从设计、施工等角度规定各方职责，明确基坑降水关键控制点和基坑因降水问题出现险情的处理措施。

（4）基坑开挖包括围护结构检测、开挖节点条件核查、土方开挖和围护结构缺陷应对措施。针对现场土方、支撑、降水存在交叉作业，容易发生机械伤害事故的情况，明确现场作业机械区域区分和管理要求。

（5）基坑作业环境包括坑边荷载、上下通道、基坑安全距离、防护措施和安全监护，对坑边荷载、堆载水平净距、堆载高度进行量化，对场内各类作业机械、架空电线等的安全距离进行细化。

（6）基坑施工监测对监测项目、监测预警指标、监测点布置要求和管线监测要求等进行了详细描述和规定。针对施工过程中可能对基坑围护结构及坑内土体稳定性产生影响的各种因素，列举了十一条防坍塌措施。

（7）对车站采用盖挖法施工区别于明挖法施工的开挖、支撑工序进行阐述，其余工序要求参照明挖法，强调土方开挖阶段应根据作业人员、机械数量和实际需求，分区域对作业环境的设备进行设置。

5）盾构/TBM法施工

盾构/TBM法是隧道施工的主要工法，重点关注工程地质条件、水文条件、周边环境保护要求、加固措施、设备设施作业管理及监控量测等因素，包括一般规定、盾构/TBM选型、安装调试、始发接收、盾构机掘进施工、管片堆放与管片拼装、施工运输、开仓作业、隧道洞门施工、联络通道冻结法施工、作业环境、盾构隧道监测、盾构监控、盾构隧道防坍塌措施和TBM法掘进施工，共计十五小节。

（1）盾构施工前，施工单位应编制盾构吊装、始发、接收、解体、掉头、过站，端头加固，围护结构破除，负环及洞门管片拆除，穿越重要建（构）筑物、管线、水体、既有轨道线路，盾构机开仓，联络通道、施工监测等重要部位/工序的专项施工方案并审核通过。其中，盾构吊装、盾构机始发/接收、穿越重大风险或复杂环境、空推段施工、盾构开仓、联络通道、施工监测等专项方案应经专家论证。监理单位应组织并通过盾构吊装，盾构机始发/接收，穿越重要建（构）筑物、管线、水体、既有轨道线路（含铁路），盾构机开仓，联络通道开挖的关键节点条件核查。

（2）盾构机选型包括从设计到施工准备阶段的盾构机选型要点和规范以及盾构机改造工作和验收流程。

（3）盾构机/TBM安装调试完成后，应按照盾构机/TBM设计的主要功能及使用要求组织现场验收。

（4）按工序对始发、接收条件核查，端头井加固，探孔施工，盾构洞门钢环及密封装置，反力架及托架，盾构机过站调头，始发、接收管片固定，围护结构破除七项内容作规范要求。

（5）规范盾构机掘进施工的掘进参数控制要点，明确同步注浆的浆液配比、注浆量和注浆压力的控制方法。根据地质情况、沉降监测、周边环境及隧道变形情况，选择合适的材料进行二次注浆。对盾构机穿越重要建（构）筑物、既有线路（含铁路），或长期停滞在地质软弱地层时的安全要点进行规范。

（6）规定管片堆放的场地、基座和间距要求，要求管片拼装必须严格执行三定制度，对各类材料在各类运输方式中的设备、轨道、运行空间和人员安排明确要求。

（7）明确开仓作业的施工要求，包括方案编制和论证，作业人员的资质和培训，条件核查、操作规程和具体安全控制要点，强调刀具运输及储存要点。

（8）隧道洞门施工中，洞门管片拆除前必须组织条件核查，按照设计、施工规范、专项方案对洞口设计加固范围强度，壁后注浆的饱满度、凝固情况、止水情况等进行条件核查，土体强度和止水性能应满足设计要求。

（9）联络通道冻结法施工主要包含基本要求、冻结孔施工、冻结站布置及安装、冻结壁检测、开挖及支护、充填注浆与融沉注浆六项内容。按设计和方案要求进行管片开孔、冷冻打孔并安装冻结管。冻结站布置安装各工序应由监理组织验收。冻结帷幕冻结效果经检测满足设计要求后，根据验收要点对联络通道组织条件核查，根据开挖顺序、尺寸、步距和临时支护相关要求进行开挖，并及时完成主体结构施工。冻结机组停冻后应尽快割除隧道管片上的孔口管和冻结管，并按设计要求封堵。《指南》明确了充填注浆与融沉注浆的工作要点、顺序、数量及记录要求。

（10）盾构施工的作业环境包括安全防护与保护措施、通风和有害气体检测。《指南》明确了隧道内的人行通道、排水、警示标志、消防器材、应急照明及通信联络设备的设置要求，按照工作的最多人数、稀释内燃机、隧道内焊接废气和瓦斯绝对涌出量计算隧道需要的风量，使用有出厂合格证的风管，建立独立的隧道机械通风系统，24小时不间断通风。按专项方案设置有害气体检测装置，按气体检测制度对相关施工段进行管控。

（11）根据专家评审通过的专项监测方案开展隧道监测。监测项目及频率可参考《指南》中所列表格，明确监测点的设置、验收及保护、初始值的采集及复核要求，监测数据的记录、反馈、分析和处理应按方案规定程序进行。可采用盾构施工风险实时监控系统对盾构隧道进行监测，及时有效地规避或降低施工风险。

（12）《指南》列举了十六条隧道防坍塌措施，施工中对照执行。

（13）对采用TBM施工区别于盾构施工的掘进和豆砾石吹填工序进行阐述，其余工序要求参照盾构法，强调TBM机安全操作规程，掘进穿越各类不良地质时的应对措施。详细明确豆砾石吹填中的操作要点和注意事项。

6）矿山法施工

矿山法是传统施工工法，重点关注工程地质条件、水文条件、周边环境，施工中降水排水、超前加固措施是否到位以及通道畅通、区段分明、工序衔接、各作业工序互不干扰等因素，包括一般规定、降水排水、竖井、洞口工程、超前支护、开挖、初期支护、防水作业、二次衬砌、隧道运输、作业环境、冬季施工防护措施、施工监测和防坍塌措施，共计十四小节。

（1）矿山法施工前，施工单位应至少编制施工临建、竖井、横通道开挖及支护、矿山法隧道开挖及支护、超前地质预报、隧道监测、隧道测量、地下水控制（降水排水）、地层超前支护及加固、卸料及物料平台、二次衬砌、模板工程及支撑体系、临时用电、穿越既有轨道线/建（构）筑物、联络通道、人工挖孔桩、应急救援预案等重要部位/工序的专项施工方案并审核通过，对特殊部位、工艺［特殊地质地段，有毒气体地层，穿越既有轨道线/建（构）筑物，降水，洞口、横通道、竖井或正洞连接处，非标准段高支模施工，工程周边环境保护等］明确专门措施。其中，爆破工程，超过5m深竖井、横通道开挖及支护，矿山法隧道开挖及支护，隧道监测，搭设高度8m及以上，或搭设跨度18m及以上，或施工总荷载（设计值）15kN/m^{2}及以上，或集中线荷载（设计值）20kN/m^{2}及以上的模板工程及支撑体系，穿越既有轨道线/建（构）筑物，降水排水工程，开挖深度超过16m的人工挖孔桩等专项方案应经专家论证。监理单位应组织并通过竖井开挖、马头门开挖、多导洞施工扣拱开挖、大断面临时支护拆除、扩大段开挖、仰挖、俯挖、钻爆法开挖、穿越重大风险或复杂环境、围岩等级突变处开挖、区间联络通道开口施工的关键节点条件核查。

（2）降水排水包括竖井与洞口排水、洞内排水和降水施工等内容。对竖井口、竖井底的防水排水措施提出具体要求，强调降水施工中的试运行时间及降水效果和降水过程中的监测要求。

（3）竖井包括关键节点条件核查、隔水帷幕、竖井开挖及支护、喷射混凝土、垂直运输、人行通道等内容，强调各工序在行为规范、设备管理、影响安全质量等方面的要求。

（4）洞口工程包括关键节点条件核查和洞口工程施工等内容。对洞口工程关键节点核查相关内容作出规定，明确洞口工程石方爆破要求，细化洞口工程邻近建构筑物施工时的具体安全措施。

（5）对超前支护中超前地质预报、超前管棚及小导管和注浆加固的施工方法和安全质量控制要求进行细化。明确防水作业中涉及的高空作业防护和临电措施要求。强调隧道运输时运输车辆管理的重要性，对隧道运输车辆的车况、安全装置等作出具体规定。

（6）对隧道内的作业环境，诸如警示标志、应急照明、进出水管等，具体说明设置的要求和位置。重点关注有害气体，测定粉尘和有害气体的浓度，计算各工作面需要的最大风量，按规范设置通风管进行通风。明确特殊工种作业人员的防尘口罩、耳塞等防护设施。

（7）强调冬季施工的防护措施，包括专项方案技术交底和培训，保温物资和供热能源准备，设备检修、保养，洞外、洞内、住房、仓储等场所具体的保温要求和措施，防滑抗冻设备和措施。

（8）列表明确矿山法隧道监测项目及监测点布设要求。列举了九条防坍塌措施，施工中对照执行。

7）高架施工

高架施工通常包含高架车站和高架区间施工，重点关注工程地质条件、地基承载力、受力检算、高空作业安全、大型设备操作、预应力施工安全、跨既有线路安全条件等因素，包括一般规定、桩基、承台、墩台帽（墩柱、系梁、盖梁、垫石及支座）、预制梁制作与架设、支架现浇梁施工、悬臂施工连续梁、钢梁架设、桥梁附属结构、高架车站施工、施工监测、防坠落措施，共计十二小节。

（1）高架施工前，施工单位应至少编制基坑开挖及支护、基坑降水、现浇梁/板/柱混凝土浇筑、挂篮悬臂梁浇筑、模板支撑工程、承重支撑体系、大型起重机械安装及拆卸、预制梁架设、钢箱梁吊装、跨越铁路、道路的梁体施工、施工监测、应急预案等重要部位/工序的专项施工方案并审核通过，深基坑工程、模板工程及支撑体系、起重吊装及起重机械安装拆卸工程、钢结构安装工程等专项方案应经专家论证。监理单位应组织并通过深基坑开挖、跨越铁路或道路的预制梁架设、跨越铁路或道路的挂篮悬臂混凝土浇筑施工、架桥机安装、架桥机走行、预制梁架设、钢箱梁吊装、模板工程及支撑体系的关键节点条件核查。

（2）桩基根据工序顺序，重点关注钻孔施工的安全交底、钻机安装和钻孔施工时的钻渣堆积、钻头放置、孔口临边防护和周边环境安全；关注泥浆池的选址设置和泥浆配合比；关注钢筋笼吊装过程中的吊装安全；关注水下混凝土灌注时的安全措施；关注桩头破除时的人员、机械操作安全和桩头吊装安全。人工挖孔桩作为高风险的作业工序，《指南》从技术准备、提升设备、护壁、通风及检测、开挖、上下井梯及通道、井边荷载、配合与监护、井边及孔内防护以及施工条件核查等十个方面进行了详细阐述。

（3）墩台帽（墩柱、系梁、盖梁、垫石及支座）包括脚手架及作业平台搭设、钢筋安装、模板安装及拆除、混凝土浇筑、支座施工等内容。对支座安装、支座存放、吊运支座、抬运支座、施工顺序、千斤顶使用和顶落梁等施工安全控制要点予以明确。特别强调使用千斤顶顶梁安放支座时，应及时落梁到支座上，严禁长时间用千斤顶支承梁体。

（4）预制梁制作与架设包括预制梁制作、设备安装调试、架梁条件、提梁、运梁及架设等内容。高架施工，提、移、运、架梁是整套系列作业程序，《指南》对施工涉及的设备、人员、作业程序、安全防护、天气情况、周边环境、技术要求等予以明确。其中，架梁作为高风险施工工序，架桥机走行前和预制梁架设前均应进行关键节点条件核查。

（5）支架现浇梁施工中，支架地基处理、支架搭设与拆除、钢筋吊装、预应力工程等是支架现浇梁施工安全主要的控制要点。支架应按规范搭设，搭设时应按设计荷载进行预压，预压应分级加载，分级卸载。浇筑混凝土的过程中应对支架及基础进行观察，做好安全防控。

（6）悬臂施工连续梁施工时，0号块施工主要在支（托）架上完成，应按方案落实安全防护措施，施工时应在永久支座两侧设置临时固结支座，防止发生梁体倾覆事故。悬臂浇筑挂篮施工、悬臂浇筑0号块施工、悬臂浇筑段施工、悬臂浇筑合龙段施工等各工序施工，包括悬臂浇筑跨越铁路、道路安全防护、悬臂拼装梁段预制及运输、悬臂拼装节段等作业环节中均应严格按专项方案落实相关安全措施。

（7）钢梁架设主要涉及运输、架设、焊接和涂装四个工序，钢梁安装有支架拼装法、纵移法、悬臂拼装等多种方式，应根据选用的方式做好安全防控。钢箱梁吊装前，施工单位应进行关键节点条件核查。钢梁架设过程中应有防雷、防滑、防高强螺栓摩擦面污染的措施。钢结构焊接前应进行焊接工艺评定，焊接后应进行焊缝探伤检测。

（8）《指南》重点说明了支座、栏板、桥面防水、防撞栏杆、声屏障和伸缩缝等桥梁附属结构施工时应注意的相关施工措施及安全警示注意事项。

（9）高架车站施工分为高架车站混凝土结构施工和高架车站钢结构施工。高架车站梁、板混凝土模板支撑工程施工前，施工单位应进行关键节点条件核查。

（10）施工监测包括监测项目、监测布点及频率和监测数据等内容。列举七条防坍塌措施，主要通过设置围栏、安全网、防护措施、专用扶梯、防护栏杆、安全带、专用通道或楼梯、防滑措施等方式，加强高空及临边作业安全。

8）机电、系统、设备与装修施工

机电、系统、设备与装修施工，重点关注轨行区作业安全管理、各专业交叉施工中的安全界面、系统调试阶段的安全调度管理工作，包括一般规定、车站属地管理、轨行区施工管理、轨道工程、二次结构及装饰装修、机电设备安装及系统调试，共计七小节。

（1）机电、系统、设备与装修施工前，施工单位应编制起重吊装、龙门吊安装拆除、钢轨非常规吊装、工程车吊装运输、轨排架轨法施工、散铺法施工、有砟轨道施工、无缝线路施工、脚手架工程、建筑幕墙工程、钢结构工程、高压送电、限界检测、冷（热）滑、综合联调等重要部位/工序的专项施工方案并审核通过，危险性较大的分部分项工程专项方案应经专家论证。

（2）《指南》统一了各类轨行区和综合联调的概念，明确了这一阶段施工中需要使用到的小型机具的使用安全规定及使用人员的资格。

（3）强调车站属地管理的重要性，由建设单位牵头，组织各参建单位成立属地管理综合协调机构，指定属地管理单位，明确各方职责，参建单位通过与属地管理单位签订安全协议，办理相关入场许可手续的方式明确各自的安全职责、义务、场地移交方式及交叉作业措施要求。属地管理综合协调机构组织建立会议制度，通过例会或专题会的形式进行协调和管理。

（4）轨道铺设前成立轨行区管理机构，编制、发布轨行区管理办法，健全协调工作机制，组织轨行区施工、请销点、施工及行车的安全管理，充分运用信息化的定位视频监控调度系统，盯控和规范轨行区作业行为。

（5）明确铺轨基地建设和布置的安全要点，明确轨排架轨、散铺、有砟轨道和无缝线路的施工安全要点。

（6）二次结构及装饰装修包括二次结构、吊顶、墙面、地面、钢结构、装饰幕墙和挡烟垂壁的施工及安装等内容，涉及方案的编制审批，设施、设备的规范安装和使用，人员的作业安全行为和安全防护用品的配备以及关键工序的安全操作要点。

（7）机电设备安装前，施工单位应根据设计单位提供的管线综合图进行深化设计，明确支吊架的具体做法及要求。特别需要配合设计单位进行支吊架的力学设计，提供每个支吊架的设计详图和计算书等。管线综合图深化完成后，各相关专业应进行会签，由设计单位复核审批，为工程安全打好基础。安装施工时，支吊架及抗震支架、风管、水管、桥架、线管、线缆、设备、场段工艺设备的安装、敷设、调试和检验的控制要点都不尽相同，《指南》均予以明确。列车（电客车）作为大型设备，运输吊装及接车需要在勘测完成后编写运输吊装方案并经专家评审，要关注运输途中的限高、限宽及转弯半径要求，应对卸车场地地面承载力进行核算。吊装完成后的防溜及牵引都应设置安全措施。

（8）系统调试包括单机单系统调试和系统联调联试。单机单系统调试阶段，调试区域实行通行证制度，设备调试执行工作票制度，相关警示标识应设置完善，设备、设施应重复接地，停电、验电、放电操作按程序执行，带电操作应设专人监护。管道试压、变电所调试试验、变电所启动送电、通信调试、信号调试、限界检测、冷热滑试验、列车静态动态调试均应按相关要点执行。系统联调联试阶段应建立综合联调组织机构，分"综合联调领导组""综合联调工作组"和"综合联调调试组（信号调试组、车辆调试组、通信调试组、供电调试组、综合监控调试组等）"三级进行管理。负责编制综合联调管理、会议、质量、安全和考核制度，明确联调方案等各类文件的编制、审批、发布管理流程，筹备、指挥、管理、协调、实施综合联调过程中的各项工作。

9）智能建造

智能建造有利于促进城市轨道交通工程高质量发展，实现安全风险静态与动态管理，改进施工中人、机、料、法、环之间以及各级管理层之间的交互方式，建立互联网协同、安全监控、数据收集、智能分析等信息化生态圈，达到智能化、多元化的安全生产目标。《指南》推荐介绍综合或实际运用效果显著的四项信息化管理新技术，期望各地能合理选择使用，从而进一步促进轨道交通安全高质量发展。

（1）基于 CPS 的施工风险主动控制技术，可通过信息物理系统实现地铁工程物理世界与信息世界之间的深度融合，对施工现场风险进行主动控制。

（2）基于 BIM 的施工风险管控技术，能充分运用信息化手段规范施工风险管控流程，改变传统的分散管理，实现地铁施工安全风险的全员和全过程管控。

（3）城市轨道交通安全风险管控技术，可采用 GIS、无线通信、光纤专网等手段，对轨道交通建设全过程参建各方的安全风险进行静态与动态管理。

（4）"互联网+"地铁工程施工质量安全大数据管理成套技术，整合物联网、云计算、大数据、人工智能等信息化手段，形成适应大规模地铁建设的质量安全大数据管理集成平台，提升参建各方的质量安全监管水平，实现质量安全管理模式的转型升级。

10.2.4　工作保障

各地要深刻认识《指南》印发的重要意义，结合实际推进落实，督促参建单位系统谋划、统筹部署，增强整体性和协同性。

（1）加强组织领导。认真组织实施，完善管理体系，层层压实、强化建设、施工等单位的责任。

（2）加强监督指导。指导工程参建单位根据当地施工工法、地质条件和周边环境特点，推进标准化工作。加强监督，建立健全标准化考核体系。

（3）加强科技支撑。组织开展重点项目科技攻坚，推动危险性较大的分部分项工程和关键工序的"机械化换人、自动化减人"工作，提升管理效率。

（4）加强宣传培训。多种形式开展宣传教育，将安全生产标准化管理理念、机制、方法、手段等纳入培训内容，强化意识，提升安全生产管理能力。

10.3　《城市轨道交通工程地质风险控制技术指南》解读

10.3.1　编制背景

城市轨道交通工程属高风险工程，多以超深基坑和暗挖隧道为主，工程建设面临复杂的地质环境。中国幅员辽阔，地质条件复杂，地质风险差异大，是影响工程建设质量安全的重要因素，急需通过先进、适用的技术管理措施防控地质风险，化解不利影响，减少生产安全事故和工程风险。

1）政策背景

地质条件是城市轨道交通工程的载体，是工程施工改造的对象，是工程与周边环境相互作用的媒介，直接影响着工程建设的工期、造价和质量安全，所以地质条件是城市轨道交通工程建设的基础，是重要的客观条件和风险因素，而不良地质条件作为地质风险中最为重要的风险因素，是城市轨道交通工程建设不得不重视的研究内容。

《国务院办公厅关于促进建筑业持续健康发展的意见》（国办发〔2017〕19号）提到：加强施工现场安全防护，特别要强化对深基坑、高支模、起重机械等危险性较大的分部分项工程的管理以及对不良地质地区重大工程项目的风险评估或论证。

住房和城乡建设部37号令《危险性较大的分部分项工程安全管理规定》第六条规定：勘察单位应当根据工程实际及工程周边环境资料，在勘察文件中说明地质条件可能造成的工程风险。

2）行业现状

生产安全事故时有发生。随着城市轨道交通工程建设规模的扩大和地域的扩充，工程建设中的地质风险问题不断出现，通过对111起国内外地铁建设发生的地质环境安全事故进行统计分析得知，其中，明挖法工程事故41起，矿山法工程事故34起，盾构法工程事故36起，每起事故发生均与其特殊的地质条件相关，工程事故的地质原因统计分布图见图10-1~图10-3。

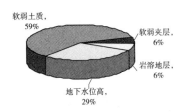

图10-1 明挖法事故的地质原因统计分布图

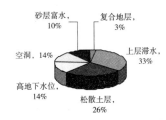

图10-2 矿山法事故的地质原因统计分布图

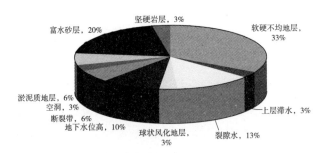

图10-3 盾构法工程事故的地质原因统计分布图

某地铁工程，采用注浆止水，造成地面道路严重隆起，该事故的主要原因为施工人员对地质条件的认识程度不够，采用错误的控制措施（黏性土中注浆），从而引发事故；某地铁车站工程，采用旋喷桩帷幕止水，结果帷幕桩止水失败，在帷幕桩外围又重新施工连续墙止水，事故主要原因是设计与施工出现脱节，设计方没考虑到工艺的地质条件适用性；杭州某地铁区间联络通道采用冷冻法施工，联络通道位于粉质黏土和淤泥质黏土层中，横通道以上均为③-1~③-6粉细砂层，一旦出现涌水涌砂，便很难控制，加之因降雨导致地下水位上升，发生了坍塌事故，造成了巨大损失；某地铁区间处于汇水盆地，存在多种不良地质条件，包括填土、风化岩、可液化土层等，存在多层地下水，且地质变异性较大，因降水影响，可液化地层变异为高流动性地层，导致坍塌事故，多名工人遇难；某地铁区间盾构穿越松散富水砂层，上部为淤泥质土，因未及时更换盾构尾刷，尾刷密封渗漏导致水土流失，地层变形，引起管片破裂，局部隧道坍塌，造成多人死伤。

上述案例均因设计、施工人员对地质条件以及不良地质条件认识程度不够，设计方案或者施工工艺的选择没有结合地质条件，采取的控制措施缺乏针对性以及控制措施操作不当，造成风险控制措施不到位从而导致工程事故。

3）不良地质条件分布广泛

我国城市轨道交通建设规模宏大，遍布全国各地，北到哈尔滨、长春，南到广州、深圳，西至乌鲁木齐，跨越软土地区、冲洪积土层地区、黄土地区、膨胀土地区、基岩地区等岩土地层；沿海到内陆地层差异悬殊，地层的成因（构造、水文气象、母岩成分）复杂。

各地的大地构造、地形地貌、水文气象等基础地质条件不同，同时，不良地质条件分布广泛：宁波、杭州、上海、天津等城市分布有软土，力学性质较差，同时地下水丰富，承压水对工程影响突出；北京、石家庄、郑州、长春、沈阳、成都等城市为冲洪积地区，不同土层岩土的稳定、变形及渗流特征差异大；西安、兰州等城市为黄土地区，具有遇水湿陷的特点，容易出现隧道和边坡失稳的问题；南宁、合肥等城市分布有膨胀土，具有吸水膨胀和失水收缩的特点；广州、深圳、重庆、大连、青岛、珠海等地区基岩或地质单元复杂，地层变化大，不良地质条件众多。

城市轨道交通工程属高风险工程，多以超深基坑和暗挖隧道为主，工程建设面临复杂的地质环境，地质风险差异大，是影响工程建设质量安全的重要因素。但一些城市，尤其是新开工城市仍存在着地质风险认知程度不高、系统性研究不够、风险辨识不到位、风险评价不规范、控制措施针对性不强等问题，从而导致地质风险在实际工程建设中未得到应有的重视。

2019 年，住房和城乡建设部工程质量安全监管司组织开展了"城市轨道交通工程施工应对不良地质条件的措施"专项课题研究，在全国范围内开展广泛调研，并实地考察北京、青岛、宁波、广州、贵阳、重庆等地质条件复杂的城市，总结各地应对地质风险的成熟做法，研究可复制、可推广的技术管理措施，形成《城市轨道交通工程地质风险控制技术指南》（征求意见稿）。经广泛征求意见、反复修改完善，于 2020 年 9 月正式印发《城市轨道交通工程地质风险控制技术指南》（后简称《风险控制指南》）。

10.3.2 编制意义

近年来，各地加强了城市轨道交通工程建设全过程风险管控，取得了积极的工作成效，但一些城市，尤其是新开工城市仍存在着地质风险认知程度不高、系统性研究不够、风险辨识不到位、风险评价不规范、控制措施针对性不强等问题，需要规范和指导。

《风险控制指南》聚焦城市轨道交通工程建设地质风险控制面临的突出问题，结合近年来的典型事故和工程风险，提出复杂地层结构的概念，督促各地高度重视复杂地层结构导致的工程风险。同时，提出了地质风险评估方法，探索构建城市轨道交通工程地质风险控制长效机制，为确保工程质量安全奠定牢固的基础。

《风险控制指南》的出台，有利于落实企业安全生产主体责任，提升建设单位以及勘察、设计、施工、监理和第三方监测等对地质风险的认知水平，实现全员参与、关口前移；有利于提高参建各方对地质风险的辨识、评价和施工现场处置能力，减少因地质风险造成的各类事故，筑牢安全生产防线。

10.3.3 核心内容

《风险控制指南》将地质风险控制贯穿于城市轨道交通工程规划、建设、管理全过程，分为总则与基本规定、地质风险管理基本要求、不良地质作用、特殊性岩土、复杂地层结构、地下水共六章内容，分析了城市轨道交通工程建设各阶段所涉及主要施工工法的地质风险及评估方法与内容，系统梳理了不良地质作用、特殊性岩土、复杂地层结构以及地下水对工程建设的不利影响，按照不同施工工法分别提出有针对性的勘察、设计、施工措施。

1）地质风险管理基本要求

地质风险管理包括一般规定、风险单元划分、风险辨识、风险评估与分级、风险控制措施及建议，共计五个小节。城市轨道交通工程建设应将地质风险评估纳入安全风险管理体系，在勘察设计和施工阶段明确建设、勘察、设计、施工、监理、监测等单位的工作内容。

（1）一般规定

城市轨道交通工程应开展地质风险管理工作。地质风险管理包括地质风险因素识别、地质风险单元划分、地质风险辨识、地质风险评价与分级、地质风险控制措施建议等。

城市轨道交通岩土工程勘察技术交底，应在地质风险辨识的基础上说明地质条件可能造成的工程风险。

设计单位在开展工程设计时，必须充分熟悉场地的不良地质条件，对存在疑问的地方，书面向勘察单位提出。

城市轨道交通工程建设范围内存在不良地质条件时，应开展地质风险专项评估工作，划分地质风险单元、预测地质风险事件、判定地质风险等级、提出地质风险控制措施建议。

城市轨道交通工程应将地质风险评估纳入安全风险管理体系，在勘察设计和施工阶段明确建设、勘察、设计、施工、监理、监测等单位的工作内容。

城市轨道交通工程应采用先进的科学技术和管理方法进行地质条件验证、地质超前预报、地质风险评估和地质风险管理，提高不良地质条件风险控制的质量和效果。

城市轨道交通工程应在勘察设计和施工过程中进行地质风险跟踪，当环境影响造成地质条件变化、导致设计方案变更以及实际地质条件与原勘察成果不符或针对地质风险的处理效果不满足要求时，均应进行地质风险再评估。

（2）地质风险单元划分

地质风险评估应依据工程区域地质、水文、气象、自然环境等资料，工程规划、可行性研究和岩土工程勘察报告等资料，工程区域内的建（构）筑物、市政管线、铁路、公路等周边环境资料，城市轨道交通工程设计资料，城市轨道交通工程相关事故资料等基础资料划分地质风险单元。

地质风险单元划分应遵循逢变必分的原则，根据地质条件复杂程度，结合线路敷设方式、线路埋设深度、构筑物结构形式、施工方法、环境条件等进行划分，遇下列情况时应划分地质风险单元：

a. 地形地貌发生变化时；

b. 穿越地层围岩等级变化时；

c. 岩土类型及岩土参数发生较大变化时；

d. 地下水类型不同或水位、含水层厚度发生较大变化时；

e. 敷设方式发生变化时；

f. 线路埋设深度变化较大时；

g. 结构形式发生变化时；

h. 施工方法发生变化时；

i. 穿越环境类型发生变化时。

当遇下列对工程风险影响较大的特殊部位时，应进一步细分地质风险单元：

a. 隧道洞径范围内存在两级以上围岩（如软硬复合地层）的部位；

b. 隧道上方存在厚层人工填土或软土的部位；

c. 开挖面地层严重不均匀的部位；

d. 存在特殊地质现象（含不良地质作用、特殊性岩土、孤石、漂石、硬质岩脉、风化深槽、富水砂层等）、特殊地形的部位；

e. 隧道地下水条件发生变化的部位；

f. 隧道围岩变形不能及时反映到地表，地表变形监测效果不明显的部位；

g. 受现场环境条件影响，勘察精度不足或未进行勘察的部位；

h. 隧道上方及周边存在变形控制要求高的既有轨道交通线（站）、既有管线或建（构）筑物的部位。

（3）地质风险辨识

地质风险辨识应根据地质风险单元的工程地质、水文地质条件，结合类似工程的事故案例、工程经验以及可能采用的施工工艺、工法，分析预测可能发生的地质风险。

明挖施工应分析基坑坍塌、基底隆起、基底突涌、围护结构渗漏、围护结构变形、地表过量沉降、爆破振动、降水困难、中毒窒息等风险。

盾构施工应分析地面坍塌、进出洞坍塌、进出洞突涌、中途换刀检修、密封失效、过大沉降、掘进受阻、刀盘刀具非正常磨损、中毒窒息、爆炸等风险。

矿山法施工应分析地面坍塌、掌子面坍塌、掌子面突涌、初支过载、过量沉降、爆破飞石、降水困难、中毒窒息、爆炸等风险。

城市轨道交通工程应分析结构渗漏、结构上浮、结构不均匀变形、结构坍塌、周边环境变化等风险。

（4）地质风险评估与分级

a. 地质风险评价指标体系

地质风险评价指标体系包括可能性指标与后果严重程度指标，分级标准：

可能性等级分为频繁的、可能的、偶尔的、罕见的、不可能的五级；后果严重程度宜按风险损失的严重性程度划分灾难性、非常严重的、严重的、需考虑的、可忽略的五级。

地质风险可能性等级可采用定量或定性方法确定。地质风险可能性采用定量评价时，应针对不同地质风险单元搜集近年地质风险发生情况，结合行业实践经验，进行地质风险事件发生可能性评价，确定地质风险发生可能性等级。地质风险发生可能性等级的判别指标宜采用概率或频率表示，风险可能性等级分级如表 10-1 所示。

可能性等级（定量表达） 表 10-1

等级	1	2	3	4	5
可能性	频繁的	可能的	偶尔的	罕见的	不可能的
概率或频率值	>0.1	0.01~0.1	0.001~0.01	0.0001~0.001	<0.0001

注：（1）当概率值难以取得时，可用年发生频率代替。
（2）风险发生概率等级应优先采用定量判断标准确定。当无法进行定量计算时，可采用定性判断标准确定。

地质风险可能性采用定性评价时，可根据不良地质条件的类型及其与工程的位置关系进行评价。根据明挖、矿山及盾构法在不良地质条件下施工可能发生的地质风险，依据专家评价、事故案例及行业经验，确定某种风险事件发生的可能性大小，将风险可能性分级定为频繁、可能、偶尔、罕见、不可能。

同时，不良地质条件与工程的位置关系可分为开挖范围内、主要影响区、次要影响区和一般影响区，当不良地质条件覆盖整个工程影响区或者位于开挖范围内和主要影响区时，可能性等级不作调整；当不良地质条件主要位于次要影响区及以外时，可能性等级可下调一级。基坑工程影响区划分见表 10-2，矿山及盾构隧道工程影响区划分见表 10-3。

基坑工程影响区划 表 10-2

工程影响分区	区域范围
主要影响区	基坑周边 0.7H 范围内
次要影响区	基坑周边 0.7H~1.0H 范围内
一般影响区	基坑周边 1.0H 范围外

注：H 为基坑设计深度。

矿山及盾构隧道工程影响区划   表10-3

工程影响分区	区域范围
主要影响区	隧道正上方及周边 0.7H 范围内
次要影响区	隧道周边 0.7H~1.0H 范围内
一般影响区	隧道周边 1.0H 范围外

注：H 为矿山法隧道底板的埋深。

地质风险后果严重程度等级可采用定量或定性方法确定。应根据不同地质风险单元可能发生的风险事件，结合工程规模、工法特点、周边环境，分析风险事件发生后可能造成的最大人员伤亡、经济损失、工期延误、环境影响和社会影响，综合参考类似工程事故案例，进行综合评价。

当地质风险后果严重程度采用定量评价方法时，可参照《城市轨道交通地下工程建设风险管理规范》相关内容进行定量评价；当地质风险后果严重程度采用定性评价方法时，可根据地质风险危害程度等级、可能发生的部位、影响周边环境情况、事件发生紧急程度、应急措施实施难度等确定地质风险后果的严重程度。

b. 地质风险等级划分

地质风险等级划分为四级，可按表10-4，根据地质风险发生的可能性和后果严重程度采用风险矩阵的方式进行分级。

地质风险等级标准   表10-4

可能性等级	后果严重程度	A 灾难性的	B 非常严重的	C 严重的	D 需考虑的	E 可忽略的
1	频繁的	一级	一级	一级	二级	三级
2	可能的	一级	一级	二级	三级	三级
3	偶尔的	一级	二级	三级	三级	四级
4	罕见的	二级	三级	三级	四级	四级
5	不可能的	三级	三级	四级	四级	四级

当出现下列情况时，应及时开展地质风险再评估重新评定地质风险等级：

（a）周边建设活动、自然灾害、气象条件变化，导致地质条件发生变化；

（b）设计方案（工法、工艺、埋深、工程规模等）发生变化；

（c）周边环境变化导致风险发生后经济损失等级变化；

（d）社会环境发生变化导致风险发生后社会影响等级变化；

（e）施工过程中地质风险控制效果较差；

（f）通过补充勘察或超前探测等手段探明了前序勘察工作地质条件不明区域情况。

c. 工程风险等级调整

工程风险等级可参照地质风险等级进行修正：当地质风险为一级时，整个工程风险等级应定为一级；当地质风险为二级时，整个工程风险等级应上调一级（工程风险等级已经为最高级时维持不变）；当地质风险为三级时，整个工程风险等级保持不变；当地质风险为四级时，整个工程风险等级可根据工程实际情况保持不变或下调一级。

d. 地质风险评估报告

地质风险评估报告应包括：工程概况（含设计条件、施工工法工艺、地质条件、环境条件）；编制依据；评估方法；地质风险单元划分；各单元地质风险分析及风险等级；地质风险控制措施建议；地质风险清单。

（5）地质风险管控措施

各参建单位应根据不同地质风险单元的风险等级，明确风险管控责任、制定相关制度、实施风险管控，将地质风险控制在可接受范围之内，防范生产安全事故发生。城市轨道交通工程应急预案应包含各类不良地质条件可能引起的安全风险控制措施。当发生地质条件突变、地质风险控制措施效果较差，导致工程整体风险高时，应根据应急预案采取地质超前预报、设计施工措施，控制风险发展。

a. 建设单位

建设单位宜委托专业机构开展地质风险评估，并将评估结果及时提交给建设、设计、施工、监理等单位。

b. 勘察单位

勘察单位应在详细勘察成果中对拟建场地的工法适用性进行评价，分析并说明地质条件可能造成的工程风险，提出地质风险控制措施建议。当地质风险等级为一、二级时，宜根据工程实际情况开展专项勘察。

c. 设计单位

设计单位应根据地质风险评估报告，采取设计措施降低风险等级。根据地质风险调整后的工程风险为一、二级时，应开展专项设计。

d. 施工单位

施工单位应根据勘察成果及地质风险评估报告，结合施工方案对施工过程中可能遇到的地质风险进行评估，采取施工措施。

施工单位采取管控措施之前应首先进行地质条件核查，采取技术手段核查开挖面地质情况与原勘察结果的一致性，当差异较大时，应及时上报建设、勘察、设计单位，由建设单位组织勘察、设计、施工、监理单位进行现场踏勘并提出处理意见。

施工单位应严格按照设计单位提出的地质处理措施实施并将处理效果反馈给设计单位。

2）不良地质作用

不良地质作用是指由地球内力或外力以及人类活动产生的对工程可能造成危害的地质作用。《风险控制指南》中"不良地质作用"一章包括一般规定、岩溶、采空区、地裂缝、断裂带、有害气体、空洞、水囊等，共计七个小节。根据不良地质作用对城市轨道交通建设影响机理的不同，各小节内容包括特性与评价、明挖法风险、矿山法风险、盾构法风险、勘察措施、设计措施及施工措施等，共计七个部分。

城市轨道交通工程建设场地存在不良地质作用时，应采取措施查明其种类、发育程度并分析、评价其对工程建设可能造成的危害，必要时进行专项地质风险勘察评估。城市轨道交通线路穿越不良地质作用中强发育区时，勘察、设计单位应进行专项勘察、专项设计（专项设计中应包含应急预案要求），施工单位应按照相关要求编制专项施工方案，并经过专家论证。受不良地质作用影响的场地，应按照施工工序逐项分析不良地质作用给明挖、矿山及盾构等工法施工带来的工程风险，并提出相应措施。

3）特殊性岩土

特殊性岩土是指含有特殊矿物成分和结构，具有特殊的物理、力学和化学性质，并影响工程地质条件的岩石与土体。《风险控制指南》中"特殊性岩土"一章包括一般规定、填土、软土、风化岩、孤石、湿陷性黄土、膨胀岩土、富水砂层、卵石地层等，共计九个小节。根据特殊性岩土对城市轨道交通建设影响机理的不同，各小节内容包括特性与评价、明挖法风险、矿山法风险、盾构法风险、勘察措施、设计措施及施工措施等，共计七个部分。

城市轨道交通工程建设场地存在着特殊性岩土时，应采取措施查明其种类、岩土特性并分析、评价其对工程建设可能造成的危害，必要时进行专项地质风险评估。特殊性岩土对城市轨道交通工程的影响不同，应按其不同特点进行重点勘察，在对工程建设影响较大的情况下，可进行专项设计及专项施工方案的编制。当建设场地存在特殊性岩土时，应按照施工工序逐项分析其给明挖法、矿山法及盾构法等工法施工带来的工程风险，并提出相应措施。

4）复杂地层结构

复杂地层结构是指一种地层空间分布复杂或地层组合多变的地质现象。"复杂地层结构"一章包括一般规定、复合地层、基岩凸起、风化深槽、隐伏冲沟、暗浜、岩性突变、岩相突变、硬质岩脉、地貌突变等，共计十个小节。根据复杂地层结构对城市轨道交通建设影响机理的不同，各小节内容包括特性与评价、明挖法风险、矿山法风险、盾构法风险、勘察措施、设计措施及施工措施等，共计七个部分。

当在复杂地层结构分布范围内进行勘察时，应按复杂场地考虑钻孔布置或在详细勘察阶段根据钻探情况加密钻孔；当复杂地层结构对工程影响很大时，设计单位应针对复杂地层结构进行专项设计，必要时进行专家评审；当复杂地层结构对工程影响很大时，施工单位应针对复杂地层结构制定专项施工方案，必要时进行专家评审。

5）地下水

地下水是储存在地面以下岩石和土的孔隙、裂隙及溶洞中的水，城市轨道交通工程修建过程中常见的地下水主要有上层滞水、潜水、承压水、层间水、岩溶水和裂隙水等。"地下水"一章包括一般规定、明挖法风险、矿山法风险、盾构法风险、冻结法风险、工程结构风险、勘察措施、设计措施及施工措施等，共计九个小节。

当城市轨道建设过程中存在着多层地下水、承压水、地下水丰富等水文地质条件，对工程影响较大时，应开展水文地质专项勘察工作，查明地层及地下水赋存条件；当地下水风险高时，应开展地下水控制的专项设计。地下水控制设计应充分考虑环境保护和工程安全的双重要求，可采用"降、截、排、灌、冻"等方法。施工过程中应对地下水进行分层长期观测，施工单位在土方开挖前应对地下水的控制效果进行检测和评估。施工过程中出现渗漏水、降水效果不佳、水降不下去等异常情况时，应及时汇报给业主方，并通报给设计单位和勘察单位。

10.3.4 工作建议

（1）加强督促指导。指导工程参建各方根据当地施工工法、地质条件和周边环境特点，明确地质风险控制工作的具体措施。加强责任的落实监督，不断完善地质风险控制体系机制。

（2）加大投入力度。参建各方要组织开展相关技术项目科技攻坚，保障地质风险控制必要的投入,也可委托第三方机构开展地质风险专项评估工作,提高地质风险控制专业化水平和效率。

(3)加强宣传培训。开展多种形式的宣传教育,将地质风险控制技术管理措施纳入培训内容,强化地质风险控制意识,不断提升安全风险管理能力。

10.4 《城市轨道交通工程质量安全监管信息平台共享交换数据标准》解读

10.4.1 编制背景

1)政策背景

2014年7月1日,住房和城乡建设部印发《关于推进建筑业发展和改革的若干意见》(建市〔2014〕92号),提出:"推进建筑市场监管信息化与诚信体系建设。加快推进全国工程建设企业、注册人员、工程项目数据库建设,印发全国统一的数据标准和管理办法。各省级住房城乡建设主管部门要建立建筑市场和工程质量安全监管一体化工作平台,动态记录工程项目各方主体市场和现场行为,有效实现建筑市场和现场的两场联动。"

2016年8月23日,为贯彻落实《中共中央国务院关于进一步加强城市规划建设管理工作的若干意见》及《国家信息化发展战略纲要》关于推进城市智慧管理的相关要求,进一步提升建筑业信息化水平,住房城乡建设部印发《2016—2020年建筑业信息化发展纲要》,提出了"全面提高建筑业信息化水平,初步建成一体化行业监管和服务平台","加强信息技术在工程质量安全管理中的应用","建立完善工程项目质量监管信息系统,对工程实体质量和工程建设、勘察、设计、施工、监理和质量检测单位的质量行为监管信息进行采集"的发展目标。

2017年2月24日,国务院办公厅颁布了《国务院办公厅关于促进建筑业持续健康发展的意见》(国办发〔2017〕19号),指出了"建筑业大而不强、监管体制机制不健全、工程建设组织方式落后、建筑设计水平有待提高、质量安全事故时有发生、市场违法违规行为较多、企业核心竞争力不强、工人技能素质偏低"等突出问题,提出了"推进信息技术与安全生产深度融合,加快建设建筑施工安全监管信息系统,通过信息化手段加强安全生产管理"的要求。

2)城市轨道交通建设工程质量安全信息化监管现状

近年来,随着经济建设的持续发展,城市轨道交通工程建设规模不断扩大,建设工程质量监督活动与日俱增,相关法律法规不断健全,要求工程质量监督工作的效率相应提高。为了加强城市轨道交通工程建设的质量安全监督管理，很多城市的轨道交通建设主管部门、各参建单位积极运用信息化手段提升质量安全生产管理水平，建立了质量安全信息化管理平台，并取得了积极的工作成效。但截至2019年，国内缺少适用于统一监管全国各城市轨道交通工程建设的信息化平台，不同城市、不同单位所建立的信息化平台存在着功能模块不完整、数据标准不统一、分析指标不全面、各信息平台间的数据无法实现共享交换等问题。

为了规范城市轨道交通工程质量安全信息化管理数据标准，推进全国城市轨道交通工程质量安全监管信息平台的建设，2020年，住房城乡建设部工程质量安全监管司（以下简称"质安司"）组织开展了城市轨道交通工程质量安全信息化平台的专题研究工作。会同住房城乡建设部科技委城市轨道交通建设专业委员会在全国范围内开展了需求分析调研，于2020年9月形成《城市轨道交通工程质量安全监管信息平台共享交换数据标准（试行）》征求意见稿，并在全国范围内广泛征求各地城市轨道交通工程质量安全监管部门、建设单位及有关专家意见，经过与各地和各位专家进行充分沟通，在不断修改完善的基础上，于2020年形成了《城市轨道交通工程质量安全监管信息平台共享交换数据标准（试行）》[以下简称《标准（试行）》]。

10.4.2 编制意义

这有利于推进全国城市轨道交通工程质量安全信息化监管工作，在行业内实现质量安全信息平台的模块、数据和功能的统一，规范城市轨道交通工程质量安全信息化管理数据标准；有利于推进信息技术与质量安全管理的深度融合，提高主管部门的监管效率，促进企业形成对安全风险全过程的管理机制；有利于促进城市轨道交通工程质量安全信息共享和业务协同，提升城市轨道交通工程质量安全信息化管理水平，促进城市轨道交通建设行业的持续健康发展。

1）明确质量安全信息化管理平台的建设要求

《标准（试行）》坚持问题导向，聚焦当前城市轨道交通工程建设质量安全信息化管理方面的突出问题，围绕信息共享交换的目标，对城市轨道交通行业质量安全信息化管理平台的建设提出了明确的指标要求。

2）提高城市轨道交通建设主管部门的监管效率

《标准（试行）》推进建设规范化的城市轨道交通工程建设质量安全监管信息平台，实现了信息技术与质量安全管理的深度融合，有利于强化政府对城市轨道交通工程建设过程的监督管理，提高各级建设工程质量安全主管部门的监管能力和工作效率，凸显政府向社会的服务职能。

3）促进城市轨道交通建设行业的持续健康发展

《标准（试行）》实现了质量安全信息平台的模块、数据和功能的统一，有利于增强建设、施工、设计、勘察、监理、第三方监测等参建单位的标准化意识，促进工程建设各环节实施标准化监管，建立城市轨道交通工程质量安全监管长效机制，促进城市轨道交通建设行业的持续健康发展。

10.4.3　核心内容

《标准（试行）》主要包括适用范围、基本规定、线路信息、工点信息、标段信息、监督检查信息、企业信息、设备信息、事故与风险信息、政策法规、标准指标解释、基础数据字典表共十二章节的内容。

（1）适用范围。该章节明确了《标准（试行）》适用于全国城市轨道交通工程质量安全监管信息平台的数据填报和与各地区城市轨道交通建设质量安全信息平台以及有关部门信息系统间的共享交换数据。

（2）基本规定。该章节对于《标准（试行）》中所包含数据的来源、管理范围、填报方式、交换指标项的数据类型及属性进行了基本说明。

（3）线路信息。该章节包括建设阶段和运营阶段的城市轨道交通线路信息。

（4）工点信息。该章节包括在建城市轨道交通线路各工点（车站、区间、车辆基地）的基本信息及土建施工进度信息。

（5）标段信息。该章节包括在建城市轨道交通线路各标段相关的参建单位的基本信息和项目负责人信息。

（6）监督检查信息。该章节包括城市轨道交通质量安全监督机构的基本信息和执法信息。

（7）企业信息。该章节包括城市轨道交通建设单位和各参建单位的信息。

（8）设备信息。该章节包括城市轨道交通关键机械设备信息、设备驾驶员及培训信息。

（9）事故与风险信息。该章节包括城市轨道交通工程安全生产事故信息和工程风险事件信息。

（10）政策法规信息。该章节包括城市轨道交通工程建设领域的国家或地方政策、法规信息。

（11）标准指标解释。该章节对《标准（试行）》中每章节所列数据的含义进行了说明。

（12）基础数据字典表。该章节对《标准（试行）》中需要进行标准化填报的指标规定了相应的选项内容。

10.4.4　工作建议

（1）加强组织领导

各级城市轨道交通工程建设主管部门要高度重视城市轨道交通建设工程质量安全管理的信息化、标准化工作，按照各自的职责任务，加强督促指导，防止形式主义、官僚主义，切实抓好，贯彻落实。主管部门担负起主体责任，精心组织实施，利用媒体平台或组织培训，积极开展《标准（试行）》的宣传、贯彻、解读工作，增强自身和各参建单位在工程建设各环节的标准化管理意识。

（2）加强队伍建设

各级城市轨道交通工程建设主管部门要明确城市轨道交通建设工程质量安全信息化管理工作中的机构和人员，确保信息化工作有机构承担、有专人负责。相关工作机构和人员要定期督促城市轨道交通建设、施工、设计、勘察、监理、第三方监测等参建单位依据《标准（试行）》针对城市轨道交通工程质量安全监管信息平台所需数据进行录入与共享，加强各单位间信息化管理的业务协同。

（3）加强监督评价

各地区、各部门要把推进城市轨道交通建设工程质量安全管理的信息化、标准化工作情况作为年度工作成效的重要内容，列入绩效考核指标体系。住房和城乡建设部要对《标准（试行）》的落实工作进行督促指导和跟踪评估，确保工作有序推进、取得实效。

10.5　2020年度城市轨道交通工程生产安全事故统计与案例

10.5.1　2020年度生产安全事故统计分析

2020年，各省、市认真贯彻落实住房城乡建设部关于加强建设系统质量安全管理工作的有关要求，积极开展工程质量安全提升行动，以《城市建设安全专项整治三年行动实施方案》为抓手，构建和完善风险分级管控和隐患排查治理双重预防工作机制，落实工程质量安全主体责任，推进实施城市轨道交通

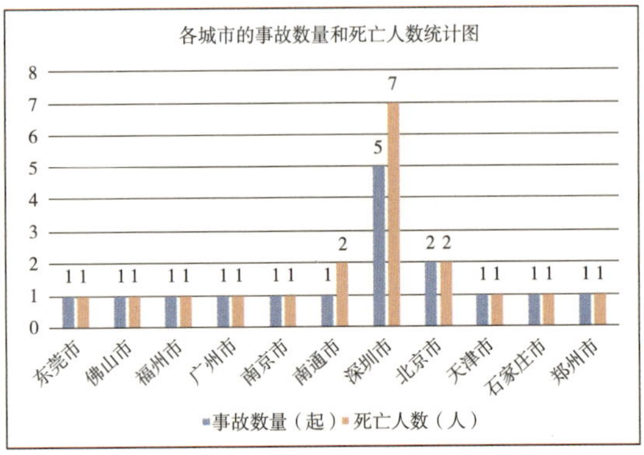

图 10-4 2020年各城市的事故数量及死亡人数统计图

工程质量和安全标准化建设，加大安全生产投入，强化工程质量安全监管，生产安全形势总体平稳。

1）各城市事故起数及死亡人数统计

据上报统计，2020年全国有11个城市的轨道交通工程建设项目共发生生产安全事故16起，死亡19人，其中一般事故15起，死亡16人，较大事故1起，死亡3人。与2019年同期相比，事故起数（2019年24起）减少8起，死亡人数（2019年29人）减少10人。详情见表10-5，统计分析见图10-4。

2020年城市轨道交通工程事故起数、伤亡人数统计表　　表10-5

序号	事故发生时间	发生地点	事故类型	死亡人数	失踪人数	重伤人数
1	2020-11-08 07:40	河南省郑州市	坍塌	1	0	0
2	2020-09-12 18:10	广东省深圳市	起重伤害	3	0	0
3	2020-08-15 23:50	广东省深圳市	车辆伤害	1	0	0
4	2020-07-25 10:18	广东省深圳市	高处坠落	1	0	0
5	2020-06-09 16:00	广东省广州市	物体打击	1	0	0
6	2020-06-09 12:21	福建省福州市	机械伤害	1	0	0
7	2020-05-25 06:30	广东省深圳市	物体打击	1	0	0
8	2020-05-22 07:05	北京市	机械伤害	1	0	0
9	2020-05-21 18:00	广东省深圳市	高处坠落	1	0	0
10	2020-05-16 18:20	河北石家庄市	起重伤害	1	0	0
11	2020-05-07 21:48	北京市	物体打击	1	0	0
12	2020-04-17 21:50	天津市	机械伤害	1	0	0
13	2020-04-17 21:30	广东省东莞市	车辆伤害	1	0	0
14	2020-04-16 16:40	广东省佛山市	其他	1	0	0
15	2020-04-06 08:20	江苏省南京市	高处坠落	1	0	0
16	2020-03-14 14:05	江苏省南通市	车辆伤害	2	0	2
合计				19	0	2

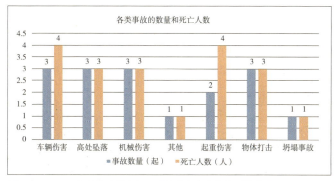

图 10-5 2020 年城市轨道交通工程安全生产事故类型统计图

图 10-6 2020 年城市轨道交通工程各类生产安全事故死亡人数比例图

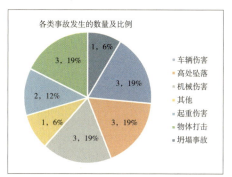

图 10-7 2020 年城市轨道交通工程各类生产安全事故起数及比例统计图

2）各类型事故数量及死亡人数统计

按事故类别进行分类统计，全国城市轨道交通工程生产安全事故中，车辆伤害 3 起 4 人，高处坠落、物体打击和机械伤害各 3 起 3 人，起重伤害 2 起 4 人，坍塌 1 起 1 人，其他 1 起 1 人，统计情况见图 10-5。

各类事故造成的死亡人数及比例：车辆伤害 4 人，占比 21%；起重伤害 4 人，占比 21%；高处坠落、物体打击和机械伤害各 3 人，占比 16%；坍塌、其他各 1 人占比 5%。统计情况见图 10-6。

各类事故数量及比例：车辆伤害、高处坠落、物体打击和机械伤害各 3 起，各占比 19%；起重伤害 2 起，占比 12%；坍塌、其他各 1 起，各占比 6%。统计情况见图 10-7。

10.5.2　2020 年度较大以上事故案例

1）事故简介

某城市轨道工程两台门式起重机倾覆，压塌轨道终端附近的部分集装箱组

图 10-8 事故现场

合房，造成多人死伤。经调查认定，是一起因突发强对流天气微下击暴流引发的自然灾害事件，事故现场如图 10-8 所示。

2）事件原因和性质

（1）事件原因

为查明事件原因，调查组组织现场踏勘，起重机与板房距离情况如图 10-9 所示，并对相关人员进行了调查询问，调取相关书证和视听资料，并聘请国内权威专家对事件发生时的气象条件、起重机管理情况进行调查分析，对防风加固措施进行力学核算，并模拟还原事发过程。综合相关情况，调查组认定，该事件中，项目施工单位等涉事单位采取的安全防范措施和应急处置措施均符合相关规定。

一是门式起重机管理符合国家有关标准规定。生产环节，由具备国家特种设备制造许可资质的企业生产并出厂合格，办理了产权备案；安装环节，由相关单位组织了起重机进场验收，办理了安装告知，按方案进行安装，安装后进行了检验和验收；使用环节，办理了使用登记手续，按要求进行了日常维保等，管理程序符合国家和行业有关规定。

二是在正常预知的气象条件下，门式起重机的防风加固措施符合防风抗滑要求。施工单位制定了《龙门吊防风加固措施》，并按此要求配置了牵缆式地锚等防风加固用具，针对可能遇到的 10 级以上大风，明确了应采取的防风措施，并预备了备用钢丝绳、倒链等加固器具；经专家组计算复核，施工单位不同工

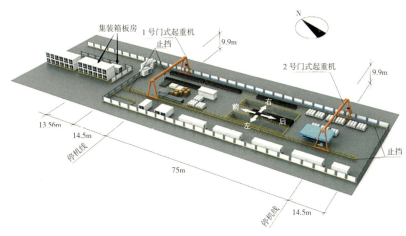

图 10-9　起重机与板房距离情况

况下要求采取的防风加固措施能够满足起重机防风抗滑要求。

三是事发前的吊运作业符合起重机操作规程有关规定。门式起重机起吊第二块轨排时,视频显示当时天气良好,周边自动气象站测得风速均不超过 6 级,符合操作规程的有关规定;收到停工加固起重机指令时,第二块轨排正吊运到竖井上方,采取将轨排吊运完毕再停工加固的做法符合对天气情况的正常认知,没有违反操作规程等有关规定。

四是施工单位已采取应急措施应对天气变化。强风暴雨来临前,管理人员孙某某观察到天气转阴,在没有天气预警的情况下,已下达了停工进行防风加固的指令;起重机锁紧夹轨器、拉设缆风绳等防风措施日常由起重机司机负责,事发前设备管理员何某、安全员冯某某已参与应急处置,分别负责起重机两侧的防风加固工作。

调查组认定事件发生主要因突遇小概率极端强对流天气微下击暴流引发的突发性极强、水平尺度小、强度极高的强阵风灾害所致。原因如下。

a. 现场微下击暴流发生概率低,引发的罕见强阵风突发性强,水平尺度小,在目前气象科技条件下无法预报预警。微下击暴流引发的强阵风天气非常罕见,2018 年以来该市记录到极大风天气 8 级及以上的共 173 天、10 级及以上的共 20 天,仅此次由微下击暴流引发;由视频分析,现场风速在很短时间内迅速增强,事发地 2.32km 外的某机场北站,风力由 9m/s(5 级)迅速增大到 17.5m/s(8 级),2 分钟内风力连增 3 级,突发性极强;综合气象模拟数据和周边环境破坏情况分析,强阵风水平影响尺度约 60~80m,深入陆地不超过 800~1000m,水平尺度极小,且移动路径与门式起重机轨道非常接近。在目前的气象科技条件下,气象部门尚无法对此类强对流天气进行实时监测和预警,相关单位无法预见、预判和预防。

b. 此次微下击暴流引发的罕见强风强度极高，超出现场防风加固措施的防风能力。事发前，该市未发布台风或 10 级以上大风预警，施工单位按照《龙门吊防风加固措施》要求，没有按照防御 10 级以上大风配置起重机防风措施，而是按照正常情况以防御 9 级风为标准配置，符合正常认知和预判范围。9 级风的防风措施为每台门式起重机除装设夹轨器和制动器外，还需另外装设 4 道缆风绳。本次微下击暴流引发的罕见强风强度极高，经气象模拟，2 号门式起重机横梁处风速为 32.5m/s（风力近 12 级），已超过"山竹"台风登陆期间事发地记录的最大阵风，超出了事发时现场防风措施的防风能力。经专家组计算校核，即便施工单位在事发前已完成了以上所有防风措施，依然无法抵御本次微下击暴流引发的罕见强风。

c. 突发强风暴雨，现场人员无足够的时间完成防风加固措施。一是事发时，现场两台门式起重机正处在从作业状态转入停止状态，设置防风加固措施的过程中。二是起重机被强风袭击发生滑移时，在极端恶劣天气下，现场有关人员仍正在进行防风加固，工作人员最后时刻因处境危险而采取的避险措施并无不当。三是调查组委托第三方单位组织情景模拟，组织操作熟练的人员，模拟完成与事件现场相同型号门式起重机的防风措施，由 1 名模拟人员完成 2 台门式起重机一侧缆风绳和夹轨器（挂设 4 道缆风绳，锁紧 2 台手动夹轨器）的操作，经过 6 次模拟，平均操作时间为 5 分 52 秒，远超过事件发生时门式起重机到达停机位至因风滑移的时长 3 分 57 秒，考虑到事发时强风暴雨恶劣天气导致操作难度加大，事发时完成操作时间要比模拟操作时间更长，现场人员无足够的时间完成全部防风措施。

d. 事发单位突发事件处置能力不强。项目应急预案仅针对事先设定的风险情形，未充分考虑和预判海边突发极端天气等影响因素，针对性和指导性不强，项目相关人员缺乏对突发极端天气的处置经验。施工单位没有充分考虑沿海地区多变的气候特点，采用能迅速并方便投入使用的电动夹轨器等临时辅助稳定装置，增加起重机的整体抗倾覆稳定性。

（2）事件性质

经调查认定，该门式起重机倾覆事件，是一起因突发强对流天气微下击暴流引发的自然灾害事件。

3）调查中发现的日常安全管理和其他问题

调查组在对事件的从严延伸调查中，发现事件所涉单位在日常安全生产管理中存在一些问题。具体如下。

（1）事件所涉企业单位

一是施工单位编制的应急预案未充分考虑突发极端天气等影响因素，预案的针对性和指导性不全面，导致突发极端天气下应急人员安排和应对措施不足。施工单位虽然按规定编制了《气象灾害应急预案》，预案中对台风、大风等气象灾害进行了风险灾害评估，规定了在不同级别的台风、大风天气下的应急响应处置措施，但未充分考虑和警惕突发极强阵风等极端恶劣天气的危害因素，未制定有针对性的应急预案。突发极端天气情况下，起重机司机无法根据原有工作安排离开驾驶室自行到地面采取起重机加固措施时，缺乏相关协助人员调配机制，仅在场的两名管理人员前来协助防风加固，且一侧轨行区内设置有供电轨，难以进入轨行区进行锁紧夹轨器以及挂设缆风绳的操作，不能最大限度地发挥应急协同作用，应急人员在应急时紧张程度还不够。

二是施工单位对重点岗位作业人员的安全培训教育不到位，技术交底不及时。涉事信号司索工高某某于2020年9月4日进场，施工单位对高某某的安全培训教育主要采取口头教育及现场跟班的形式，没有按照规定对其进行专门的三级安全教育，培训内容和培训时间均不符合要求。高某某于2020年9月10日下午开始正式上班，但项目部提供的技术交底记录显示，9月11日才对其进行技术交底。

三是施工单位对重点岗位作业人员特种作业资格审查不严。事发时，涉事的两名门式起重机司机持有洛阳市市场监督管理局颁发的特种作业操作资格证，但其在进行特种作业人员报审时提供的《建筑施工特种作业操作资格证》经查询不是住建部门颁发，不符合住建部门关于特种作业人员管理的规定。

（2）政府相关行业主管部门

市政站对门式起重机在极端天气下的风险认识不足，未严格督促施工企业制定有针对性的防风应急预案，未督促指导施工企业提高应急处置能力。

为认真汲取事故教训，事故调查组对上述问题进行了责任认定，并对涉事单位和相关责任人提出了行政处理建议。

4）事故调查组防范和整改措施建议

（1）进一步强化极端气象条件预警预报研究，完善预警预报发布机制。事发地属于亚热带海洋性气候区，天气复杂多变，每年4—10月容易受到强对流、强飑线等极端天气影响，近年来，自然灾害的风险趋强趋多，防灾减灾的形势仍然严峻。建议市气象部门根据本市的气象特点，有针对性地开展强对流、强飑线、短时强风暴雨等极端气象灾害预警预报研究，进一步提高气象预报的精准度和准确率，同时，继续完善气象灾害预警发布机制，加强研究对易受灾害影响的单位、工程进行定点精准发布、实时高效发布的规则和途径,为全面提升全市气象灾害防御水平提供有力的支撑。

(2)进一步强化气象灾害防御措施,提高在建工程灾害性天气防御标准。各部门、各单位要充分认识灾害性天气的极端情况和不利因素,及时关注气象部门有关预警预报信息,严格按照气象部门的天气预警信息,落实防御措施。同时建议市住房和建设部门针对施工现场的实际情况,结合该市的强对流天气多发、突发的气象条件,研究并细化深基坑、高边坡、建筑起重机械等易受强风暴雨影响的风险源的防汛防风措施,进一步提高在建工程防御标准和防御能力。

(3)采取安全、可靠的技术措施,切实提高起重机械防风抗风能力。各部门、各单位要严格按照《建筑机械使用安全技术规程》等规范标准,进一步强化建筑起重机械管理。针对灾害性天气情况下建筑起重机械安全管理问题,建议市住房和城乡建设部门在原有规范标准的基础上,应用先进的技术措施提高建筑起重机械抗风能力。通过安装电动夹轨器等措施提高防风固定效率,在原有架设缆风绳的基础上,落实插销式、牵缆式地锚、加粗、加宽端部止挡装置,切实提高建筑起重机械防风抗风能力。

(4)完善灾害天气应急预案,切实提升突发事件应急处置能力。各部门、各单位应认真贯彻防风防汛各项工作,压实防风防汛安全主体责任。要充分考虑该市地处沿海,极端天气易发的气象特点,进一步完善应对极端天气的应急预案和操作规程,使其更加具有针对性、科学性、全面性及操作性,规范和细化各类突发事件、恶劣天气条件下的应急处置措施和程序,储备充足的物资、器材、设备,常态化开展有针对性的应急演练,严格落实汛期主要管理人员在岗 24 小时值班制度,切实提升突发事件应急处置能力。

(5)构建多层次安全培训体系,全面提升施工作业人员安全意识。各部门、各单位要严格落实安全生产教育培训及安全技术交底制度,尤其是针对实施危大工程等重大风险源作业人员,要进一步强化安全教育培训和技术交底工作。各工程建设主管部门要进一步推动产业工人队伍建设,研究制定建筑行业产业工人队伍建设工作实施计划,通过组织上门宣传、集中宣讲等方式,重点加强对机械工程师、挖掘机司机、盾构/TBM 司机、起重机械司机、信号司索工、电焊工、桩机操作工等关键操作岗位人员的安全教育,全面提升施工作业人员的安全防范意识。

5)专家补充建议

(1)严格高风险工程专项施工方案编制、论证和审批。按照《危险性较大的分部分项工程安全管理规定》和《住房城乡建设部办公厅关于实施〈危险性较大的分部分项工程安全管理规定〉有关问题的通知》（建办质〔2018〕31号文）的要求，认真编制起重吊装专项施工方案，并根据需要进行专家论证，指导现场施工。要严格按照既定程序组织专业人员进行龙门吊投入使用前的安全条件验收，各相关方在验收中要逐条逐项检查、核实、确认并签字，明晰责任。

（2）切实加强沿海地区在特殊气候条件下建筑起重机械安全管理。近年来，沿海地区因强对流天气突袭而引发的起重设备倾覆事故时有发生，如2016年4月13日广东东莞东江口预制构件厂起重机倾覆重大事故、2020年5月2日福州地铁4号线远洋路站龙门吊倒塌事件，各施工单位应认真汲取事故教训，在严格遵守龙门吊安装、操作规程的基础上，标准设置龙门吊走行轨端头车挡、防溜夹轨器、铁鞋和缆风绳，并针对当地特殊气象条件对建筑起重机械抗风防溜能力进行安全检算，切实提高建筑起重机械防风抗风能力，杜绝此类事故。

（3）强化施工过程安全风险管控和隐患排查治理工作。进一步深化城市轨道交通工程安全风险分级管控和事故隐患排查治理双重预防机制构建工作，坚持超前风险辨识评估，提前掌控和分析风险的特点和难点。要进一步加强起重吊装设备的进场检查验收和报备管理，优选先进设备，落实管理责任，特别是针对起重设备和吊装作业等事故易发环节的安全隐患要进行重点管控，明确责任人，定期开展起重吊装设备安全管理专项检查，逐项落实整改措施，遏制和防范生产安全事故发生。